U0553573

国家社科基金
后期资助项目
GUOJIA SHEKE JIJIN HOUQI ZIZHU XIANGMU

中国数字人文宗教交叉研究
——以互联网佛教舆情为例

向　宁　著

社会科学文献出版社
SOCIAL SCIENCES ACADEMIC PRESS (CHINA)

图书在版编目（CIP）数据

中国数字人文宗教交叉研究：以互联网佛教舆情为例／向宁著. -- 北京：社会科学文献出版社，2024.
12. -- ISBN 978-7-5228-5034-4

Ⅰ. B948；G219.2

中国国家版本馆 CIP 数据核字第 2024YU7382 号

国家社科基金后期资助项目

中国数字人文宗教交叉研究
——以互联网佛教舆情为例

著　　者／向　宁

出 版 人／冀祥德
责任编辑／孙美子
责任印制／王京美

出　　版／社会科学文献出版社·人文分社（010）59367215
　　　　　 地址：北京市北三环中路甲 29 号院华龙大厦　邮编：100029
　　　　　 网址：www.ssap.com.cn
发　　行／社会科学文献出版社（010）59367028
印　　装／三河市龙林印务有限公司

规　　格／开本：787mm×1092mm　1/16
　　　　　 印张：15　字数：238 千字
版　　次／2024 年 12 月第 1 版　2024 年 12 月第 1 次印刷
书　　号／ISBN 978-7-5228-5034-4
定　　价／128.00 元

读者服务电话：4008918866

版权所有 翻印必究

国家社科基金后期资助项目
出版说明

后期资助项目是国家社科基金设立的一类重要项目，旨在鼓励广大社科研究者潜心治学，支持基础研究多出优秀成果。它是经过严格评审，从接近完成的科研成果中遴选立项的。为扩大后期资助项目的影响，更好地推动学术发展，促进成果转化，全国哲学社会科学工作办公室按照"统一设计、统一标识、统一版式、形成系列"的总体要求，组织出版国家社科基金后期资助项目成果。

全国哲学社会科学工作办公室

前　言

　　中国数字人文宗教研究与中国互联网宗教、互联网宗教舆情、互联网宗教信息、互联网宗教信息服务、数字宗教、计算宗教学等研究密切相关，相伴而生而渐趋深入，尤其是互联网宗教舆情研究是中国数字人文在宗教学应用的重要着眼点和切入口。伴随互联网对宗教影响的深入，学界在 20 世纪 90 年代已关注到相关议题，"互联网＋"时代的宗教中国化、人类命运共同体、宗教治理、宗教新形态和新状况、宗教传播分析、互联网宗教舆情研判、舆情演化动态机制、互联网宗教信息、政府信任、政府执行力、宗教商业化治理、计算宗教学、人工智能、数字人文宗教、文献计量学、数字典藏、数据驱动等逐渐进入研究视野。

　　国内数字人文宗教研究的学科化、体系化建构主要开启于中国社会科学院世界宗教研究所等机构，诸如 2016 年郑筱筠研究员在《中国宗教》发表的《全方位开展互联网宗教研究》，2016 年第 4 期《世界宗教文化》的期刊封面选题中包含的"理论前沿·互联网宗教研究"，2016 年 8 月中国社会科学论坛（2016·宗教学）设置了"互联网宗教与全球治理"主题分论坛，2019 年 12 月世界宗教研究所"数字人文宗教与宗教舆情研究室"成立，2020 年世界宗教研究所首次立项"世界宗教热点及宗教舆情研究"创新工程项目并在 2024 年初启动"中国式现代化进程中的数字人文宗教与宗教舆情研究"的创新工程项目。互联网＋宗教舆情论坛自 2019 年以来，已连续举办 4 届。2022 年 10 月，首届数字人文宗教研究论坛暨第四届互联网＋宗教舆情论坛召开。2023 年 11 月，第二届数字人文宗教研究论坛暨第五届互联网＋宗教舆情论坛召开。2022 年 12 月、2023 年 12 月中国社会科学院世界宗教研究智库主办、中国社会科学院世界宗教研究所与中国宗教学会承办的"中国社会科学院宗教研究智库论坛（2022）""中国社会科学院宗教研究智库论坛（2023）"分别发布有《2022 年度中国宗教舆情报告》《2023 年度涉宗教类舆情分析》。

　　2023 年 11 月，郑筱筠、向宁主编的《数字化时代的"互联网＋"宗教研究》正式出版，该书从前沿研究、数字治理理论研究、理论概念辨析、互联网宗教信息、互联网宗教与数字人文的对话、研究动态六个方面展开探讨。其中，"前沿研究"着重宏观架构和学术前沿，"数字治理理论研究"强调全局性、即时性和跨学科性，"理论概念辨析"紧扣学科框架整体结构和概念辨析，"互联网宗教信息"注重当代性、应用性，"互联网宗教与数字人文的对话"关注中国宗教学在数字人文方向的开拓成果，"研究动态"聚焦学术交流平台和学科话语体系建设的主体进展，进而呈现学科制度视角下"互联网＋"宗教研究的体系化建设动态。其中，"互联网宗教与数字人文的对话"包含了"中国数字人文宗教研究的现代转型""孔庙从祀人物从祀时间考""杜诗内典的 e 考证：数字人文与宗教文学研究例谈""数字方法与传统人文的多元共生""当代宗教与灵性心理学学科制度图景""面向古籍整理与研究的数字人文技术与实践——以北京大学团队的工作为核心""道教研究对数字人文宗教技术的应用"等主题内容。

中国宗教学对"数字人文"本质的学科特异性解读，接续其"数字人文"的历史视角。中国宗教学在数字人文研究的发展遭遇的瓶颈主要体现在五个方面：一是概念纷繁，内涵、外延及结构有待进一步阐述，学科化建构有待充盈；二是结构化的涉宗教全国调研数据挖掘有待深入，对跨学科成熟分析模型的吸纳有待拓展；三是需更充分吸收宗教学研究范式迭代、跨学科理论及方法论；四是基于宗教学专题问题域，对计算力充足的领域结构性对话不足，宗教学研究者切入困难；五是研究实践对跨学科方法论的引入多以方法论自身逻辑为先，缺乏对宗教学研究逻辑的观照，交叉研究难度大。

为找寻中国宗教学在数字人文方向五个瓶颈的解决方案，本书以中国佛教研究为根基，紧扣"中国数字人文宗教交叉研究"，以互联网佛教舆情为例，从核心概念丛的辨析、互联网宗教舆情后效评估、互联网宗教舆情的机制规律及预测研究、互联网宗教舆情治理、跨学科方法论的结构化吸纳及流程化提炼等多个角度展开，探索中国数字人文宗教交叉研究的自主进阶之路。

本书的学术价值和现实意义主要体现在以下五个方面。

一是伴随"线上—线下"二元结构凸显，宗教学研究正处在从以变量为中心到以行动者为中心、从模型驱动到数据驱动的范式更迭的阶段。中国宗教学推进数字人文研究发展历程可归纳为三个导向：学科传统资源的创造性转化，研究议题共同体及多维基础设施建设，问题导向及数据驱动范式的创新性发展。

二是吸纳跨学科方法论，将计算社会学的行动者中心建模、计量经济学的三重差分、人工智能的深度学习引入中国宗教学研究。通过跨学科的适配深化中国宗教学在数字人文方向研究的理论提炼，分析宗教政策与宗教行为对政府执行力感知和政府信任感知等的影响，以期为宗教治理的精准研判提供支撑。

三是结合宗教社会心理学组织舆情案例，案例涵盖了宗教戏谑行为、景区微博改名事件、"法海事件"、涉佛教谣言事件、公司运维却挂寺名景区的涉佛教商业化治理事件、佛教去商业化行动，为中国互联网宗教舆情研究提供可行性路径。

四是尝试与涉及宗教舆情的现实议题进行对话，提出对策建议。本书对七大主流概念丛进行了结构化建构，结合微信公众号群发消息对互联网宗教信息开展类型学划分，进而探索《互联网宗教信息服务管理办法》落实的可行路径；通过深度学习方法，对挂寺名景区的涉佛教商业化治理问题进行精细研判，纠正大众媒体对景区与祖庭等不同主体的混淆与误判，及时消弭对大众的误导；多维度提升大众媒体及公众的涉佛教数字素养及媒介素养。

五是尝试以宗教社会心理学为中间阶梯，以行动者中心建模为例，从结构化吸纳和流程化提炼两个角度形成行动者中心建模方法应用于中国宗教学数字人文研究的六大步骤，为跨学科对话提供参照。

本书成稿得到了诸多亲人善友师长的支持、帮助和指导。在中国社会科学院世界宗教研究所领导、科研处及同事的指导和支持下，在社会科学文献出版社的引导和帮助下，在北京大学博士生导师的严谨学风和至诚学术追求的熏陶下，更是在父母亲属师长朋友以及同辈青年学者润物细无声的理解、鼓励、指引、呵护下，本书才有机缘得以完成。

目　录

绪　论

　　绪论以涉宗教时空二元结构的挑战和应对为主线，分析"线上—线下"二元结构凸显给宗教学研究带来的四个方面的挑战，概述宗教学研究正经历从以变量为中心到以行动者为中心、从模型驱动到数据驱动的范式迭代，厘清中国宗教学推进数字人文研究的主体脉络及现存问题。

　　绪论详细阐释本书择选舆情事件案例的关注维度，即第一范式以质性研究支撑的数字人文宗教与互联网宗教舆情相关的七大主流核心概念丛辨析、第二范式以计量经济学支撑的互联网宗教舆情后效评估、第三范式以行动者中心建模支撑的互联网宗教舆情机制规律及预测研究、第四范式以人工智能支撑的互联网宗教舆情治理研究，并力图使互联网宗教舆情事件案例契合宗教社会心理学的解释水平，以便后续研究更好地吸纳已有成果。

一　时代挑战与范式迭代契机

（一）"线上—线下"二元结构凸显

　　伴随互联网的发展和个人计算机的普及，"线上—线下"二元结构已凸显，其引发的关注伴随移动互联网、社交媒体及各类 App 的发展进程。移动互联网对"网随人走"的落地，[①] 极大促进了线上平台吸引的人数规模、时间和注意力的总体占比。截至 2023 年 12 月，我国网民规模达 10.92 亿人，互联网普及率达 77.5%；其中，我国手机网民规模已达 10.91 亿人，使用手机上网的网民占比达到 99.9%；每周上网时长为 26.1 小时。其中，各类应用的用户规模及在网民整体人数规模的占比分别为即时通信 10.60 亿人（97.0%）、网络视频 10.67 亿人（97.7%）[其中，短视频 10.53 亿人（96.4%）]、在线政务 9.73 亿人（89.1%）、线上办公 5.37 亿人（49.2%）、网络文学 5.20 亿人（47.6%）、网络音

---

① 唐绪军主编《中国新媒体发展报告（2013）》，社会科学文献出版社，2013，第 1～28 页。

乐 7.15 亿人（65.4%）、网络直播 8.16 亿人（74.7%）、搜索引擎 8.27
亿人（75.7%）、网络支付 9.54 亿人（87.3%）、网络购物 9.15 亿人
（83.8%）、网上外卖 5.45 亿人（49.9%）、网约车 5.28 亿人
（48.3%）、在线旅行预订 5.09 亿人（46.6%）、在线医疗 4.14 亿人
（37.9%）。①

"线上—线下"二元结构为人文研究与数字的相遇及深度交叉研究
提供了基础的观察视角，该结构对宗教学研究的影响主要体现在以下四
个方面。

一是传统研究关注点的深化与拓展。伴随宗教学对宗教的观念/思
想、情感/体验、行为/活动、组织/制度的持续关注，② 中国宗教功能和
结构的研究，③ 宗教性质七维度框架，④ 互联网场域宗教行动者⑤的数字
化生存⑥痕迹等，促使宗教学研究中的"人文"与"数字"相遇且深度
交叉。

二是新关注点的凸显。2009 年，《科学》（Science）杂志的一篇论文
《计算社会科学》⑦ 引发人文社科研究者的关注。二元结构下，互联网场
域的数字痕迹为宗教学研究拓展了研究对象，宗教行动者在日常数字化
生存⑧中产生的大量数字痕迹⑨更新并完善了传统宗教学研究的维度和
细节。

三是宗教行动者观点表达渠道的平台和技术支撑。移动互联网的普

---

① 中国互联网络信息中心（CNNIC）：《第 53 次〈中国互联网络发展状况统计报告〉》，
https://www.cnnic.net.cn/NMediaFile/2024/0325/MAIN1711355296414FIQ9XKZV63.pdf。
（阅读时间：2024 年 3 月）
② 吕大吉主编《宗教学纲要》，高等教育出版社，2019，第 34～41 页。
③ 杨庆堃：《中国社会中的宗教》，范丽珠译，四川人民出版社，2020。
④ 宗教性质七维度框架，即实践和仪式的维度、体验和情感的维度、叙事或神话的维度、
教义和哲学的维度、伦理和法律的维度、社会和制度的维度、物质维度，参见李建欣
《新时代宗教学学科体系建设刍议》，《世界宗教文化》2020 年第 5 期。
⑤ 方文：《文化自觉之心》，中国人民大学出版社，2022，第 192～219 页。
⑥ 〔美〕尼古拉·尼葛洛庞帝：《数字化生存》，胡泳、范海燕译，电子工业出版社，2017。
⑦ Lazer, David, et al., "Computational Social Science," Science, 2009, 323 (5915), pp. 721 - 723.
⑧ 〔美〕尼古拉·尼葛洛庞帝：《数字化生存》，胡泳、范海燕译，2017。
⑨ 〔美〕阿莱克斯·彭特兰：《智慧社会：大数据与社会物理学》，汪小帆、汪容译，浙江人民出版社，2015，第 12 页。

及形成了"人随网走"到"网随人走"的发展态势。从第一代互联网到第二代互联网，信息从单向传播转为双向传播，① 独特圈子文化深度传播的微信、小微能量大的微博等②基础设施的建设和社交媒体的发展为大众提供了表达观点、态度、情绪的平台。随着媒介的更迭、浸媒介和超媒介的发展，③ 宗教行动者的观念/思想、情感/体验、行为/活动、组织/制度会进一步更迭。

四是研究对象数据的获取及分析方法论的基础设施建设。2012年计算宗教学④的提出，再次将计算机建模等方法论作为核心驱动力之一。二元结构中互联网基础设施建设包括数据及方法论的建设，尤其是预训练模型的深度学习已进入应用领域，为宗教学研究落地更迭研究范式、拓展研究维度提供了更适切的工具。

"线上—线下"二元结构在宗教学领域促进了互联网宗教、互联网宗教舆情研究的开拓和深化。⑤ 伴随互联网技术的发展，基于宗教特有的线上—线下传播途径和模式，实体宗教发展几千年才形成的格局逐渐被打破。⑥ 互联网宗教研究重要性越发凸显、研究主题渐趋多元。郑筱筠从互联网宗教的重要性、基本意涵、核心议题、发展特点及宗教工作落实关键点五个方面陈述了全方位开展互联网宗教研究的重要性和急迫性。⑦ 随着大数据时代、移动互联网时代的来临，大众的主舆论场已从传统媒介转移到互联网，互联网舆情已成为社会舆情的主体，⑧ 并相应呈现出"五V"特点，即规模性（Volume）、多样性（Variety）、真实性（Veracity）、价值性（Value）、速度性（Velocity）。互联网从跨领域到全领

---

① 刘畅：《"网人合一"：从Web1.0到Web3.0之路》，《河南社会科学》2008年第2期；沈阳：《元宇宙的大愿景》，《青年记者》2022年第4期。
② 〔加拿大〕马歇尔·麦克卢汉：《理解媒介：论人的延伸》，何道宽译，译林出版社，2015。
③ 李沁：《沉浸媒介：重新定义媒介概念的内涵和外延》，《国际新闻界》2017年第8期。
④ Nielbo, K. L., et al., "Computing Religion: A New Tool in the Multilevel Analysis of Religion," *Method & Theory in the Study of Religion*, 2012, 24 (3), pp. 267 – 290.
⑤ 郑筱筠：《全方位开展互联网宗教研究》，《中国宗教》2016年第7期。
⑥ 郑筱筠：《互联网宗教与人类命运共同体》，《世界宗教文化》2018年第1期。
⑦ 郑筱筠：《全方位开展互联网宗教研究》，《中国宗教》2016年第7期。
⑧ 喻国明、李彪：《2009年上半年中国舆情报告（下）——基于第三代网络搜索技术的舆情研究》，《山西大学学报》（哲学社会科学版）2010年第1期。

域的发展趋势，推动涉宗教的时空观、情感、行为、组织等随之发生变化。近年涉及宗教的热点事件，大多是通过网络快速形成社会舆情，并引起了相关问题的讨论，[①] 互联网宗教舆情研究可涵括舆情指标体系建构、舆情分析系统架构、传播路径梳理、舆情内容分析等多样研究主题。互联网舆情通常与网络舆情学[②]、社会舆情[③]等相关，早期以舆论学[④]为根基。互联网宗教舆情的研究基础是宗教史的大事记[⑤]、宗教热点研究[⑥]、热点事件评析报告[⑦]等。学界对"舆情"研究颇多，"舆情"比较有共识的基本含义是民众的观点、情绪、意愿、态度和意见等，"网络舆情"是指"社会公众（网民）在网络这一公共空间对公共事务，社会热点、焦点问题，某些组织或个人带有公共性的问题，政治问题等方面的具体事件而产生或发表的情绪、意见、看法、态度、诉求的交汇与综合"。[⑧] 诸多学者从国家治理、民意、司法，以及个人心理和社会心态的视角来定义舆情。基于周蔚华等对舆情概念的梳理，舆情的主体是大众，客体是情绪，其内涵是大众情绪背后的社会心理在可见形式下的表达。[⑨] 新媒体的出现带来了信息传播链的创新发展，公共领域是"一个关于内容、观点，也就是意见的交往网络"，[⑩]网络时代的新媒体创造出了"线上—线下"二元结构交错的公共领域。

"线上—线下"二元结构拓展了宗教学以线下时间、线下地域为主逻辑的历史和区域研究。此主逻辑既增加了对线上的关注，又侧重于关注宗教在线内容。在这一结构下，互联网将宗教行动者线下的物理性区隔重新布局和连接。不同宗教行动者的"临近"与"聚集"在线上、线

① 周齐：《2013 年中国佛教发展形势及其热点事件评析报告》，邱永辉主编《中国宗教报告（2014）》，社会科学文献出版社，2015，第 23 页。
② 曾润喜、张薇：《网络舆情学》，科学技术文献出版社，2017。
③ 喻国明、李彪主编《中国社会舆情年度报告（2020）》，人民日报出版社，2020；方兴东、熊剑主编《网络舆情蓝皮书（2013—2014）》，电子工业出版社，2015。
④ 陈力丹：《舆论学——舆论导向研究》，上海交通大学出版社，2021。
⑤ 夏德美：《世界佛教通史》（第十四卷），中国社会科学出版社，2015。
⑥ 熊坤新：《世界民族宗教热点问题年度追踪报告（2005—2014）》，民族出版社，2018。
⑦ 周齐：《2013 年中国佛教发展形势及其热点事件评析报告》，邱永辉主编《中国宗教报告（2014）》，社会科学文献出版社，2015。
⑧ 杨兴坤、周玉娇编著《网络舆情管理：检测、预警与引导》，知识产权出版社，2019。
⑨ 周蔚华、徐发波主编《网络舆情概论》，中国人民大学出版社，2016。
⑩ 王晓升：《"公共领域"概念辨析》，《吉林大学社会科学学报》2011 年第 4 期。

下两个空间并不总是同步。以空间为主坐标，行动者会存在线下与线上皆同处、线下与线上皆不同处、线下不同处但线上同处、线下同处但线上不同处的四种状态。将时间、空间皆纳入其中，因线上时间存在一定程度被编辑可能性，不同宗教行动者会呈现出八种相对状态：前四种是在线下线上时间皆同时的前提下，线下与线上皆同处、线下与线上皆不同处、线下不同处但线上同处、线下同处但线上不同处；后四种是在线下同时但线上不同时的前提下，线下与线上皆同处、线下与线上皆不同处、线下不同处但线上同处、线下同处但线上不同处。

（二）宗教学研究范式在两个维度的更迭和驱动

宗教学领域出现了从以变量为中心到以行动者为中心、从模型驱动到数据驱动两个维度的范式更迭。

1. 从以变量为中心到以行动者为中心

研究起点方面，在传统的心理计量学范式（psychometric paradigm）和跨学科研究范式（interdisciplinary paradigm）中，[①] 简单的线性切割和碎片化的变量描述无法真实还原人们在参与网络集群时的行为，也无法还原和描述整个事件发生过程中大量互不相识的行动者不间断地非线性互动的逻辑和运行机制。对此，本书认为每一位舆情事件的参与者，即社会学中的社会行动者都必须处在中心位置。

方文指出，社会行动者"作为整体的不可解析的社会存在，是生物行动者、文化行动者、社会能动者的三位一体"，[②] 这从社会行动者与社会行为、社会生活的关系等方面梳理了社会行动者的定义及边界。社会行动者是社会行为的负荷者，其实际社会行为是基于社会行动者自身的生物特质、文化资源及社会语境进行生发的。对于社会生活而言，社会行动者既是参与者，也是建构者。社会行动者不能化约并还原为社会结构中的地位、身份、角色，抑或微观的人体个体特征、内在欲望冲动，乃至宏观的社会结构、制度、过程或文化规范等。拉图尔的行动者网络理论的核心概念之一就是"行动者"，他赋予"行动者"新的内涵和外

---

① Emmons, R. A., & Paloutzian, R. F., "The Psychology of Religion," *Annual Review of Psychology*, 2003, 54 (1), pp. 377 – 402.

② 方文：《群体边界符号如何形成？——以北京基督新教群体为例》，《社会学研究》2005 年第 1 期。

延，其革新主要体现在能动性和广泛性上。拉图尔认为，任何行动者都是转义者而非中介者，并且行动者不仅指人，还包括许多非人的物体等。① 本书主要采纳方文对社会行动者的定义作为研究起点。

在宗教行动者的架构上，互联网成为重要的变量之一。互联网从 1.0 到 3.0 不仅是工具的变迁，伴随元宇宙②及虚拟人等议题的提出，互联网对多元社会行动者心理变量的塑造也不容忽视。互联网日益成为当今时代影响人类生存格局与心理状态的最大变量之一。互联网不仅是传统社会传播链条的延伸和补充，而且是以截然不同的运作逻辑框定着当今大众的行动空间，影响着人们的心理状态，甚至在一定程度上决定着当今世界的价值评估。互联网与新媒体工具左右着大众注意力的分配，钳制着日常生活的走向。面对互联网日新月异的发展速度，亟待迅速切入、郑重面对、深入研究，以剥离出前沿技术的正面价值。

2. 从模型驱动到数据驱动

中国宗教学研究也正经历第二和第三范式（模型驱动）到第四范式（数据驱动）的更迭。数据驱动范式为中国宗教学研究带来了新的学术增长点，但宗教学在模型驱动和数据驱动方面的研究还有待丰富。

2006 年，吉姆·格雷（Jim Gray）发表《第四范式：数据密集型科学发现》（The Fourth Paradigm: Data-Intensive Scientific Discovery），开启了学界对第四范式及数据驱动研究的关注。"实验科学"的第一范式以记录和描述自然现象为主，"理论科学"的第二范式开始启用模型归纳总结过去记录的现象，"计算科学"的第三范式基于计算机的出现及普及侧重对复杂现象进行模拟仿真并对复杂现象进行推演，"数据密集型科学"的第四范式主要特征是能够快速处理海量数据，通过分析总结归纳得到理论发现。③

---

① 吴莹、卢雨霞、陈家建、王一鸽：《跟随行动者重组社会——读拉图尔的〈重组社会：行动者网络理论〉》，《社会学研究》2008 年第 2 期。

② 胡泳、刘纯懿：《元宇宙作为媒介：传播的"复得"与"复失"》，《新闻界》2022 年第 1 期；喻国明、耿晓梦：《元宇宙：媒介化社会的未来生态图景》，《新疆师范大学学报》（哲学社会科学版）2022 年第 3 期；沈阳：《元宇宙的大愿景》，《青年记者》2022 年第 4 期。

③ 孟天广、张小劲：《大数据驱动与政府治理能力提升——理论框架与模式创新》，《北京航空航天大学学报》（社会科学版）2018 年第 1 期。

模型驱动上，相较其他人文社科领域，宗教学对调查数据的分析及统计学模型研究等以第二范式为主。卢云峰、张春泥基于 CGSS 和 CFPS 调查数据，探讨了当代中国基督教的三个面向：基督徒的规模和格局、基督徒的人口及社会分层特征、基督徒的社会心态；[①] 黄海波基于 Stata14.0 的 robust 回归，讨论了宗教信仰与政府信任的关联；[②] 王卫东、金知范、高明畅基于 KGSS 数据，从韩国社会的宗教结构及其多样性、不同宗教群体的社会人口特征、宗教态度与行为、宗教对社会态度与行为的影响四个维度，分析了当代韩国社会的宗教特征及其影响。[③] 2012 年，克里斯托弗·尼尔博等提出的计算宗教学[④]侧重于计算机建模仿真方法在宗教学中的应用。在宗教学研究领域中，计算机建模研究颇为鲜见。

数据驱动上，数据科学的研究热点及发展趋势[⑤]、元数据（关于数据的数据），以及元分析（关于分析的分析）更为频繁地引起学界关注。2009 年，"计算社会科学"与大数据进入人文社科视野，其中提到了"一门计算社会科学正在浮现，充分利用对史无前例的宽度、深度和规模的数据进行收集和分析的能力"。[⑥] 2013 年 5 月，世界第一个数据公地——科特迪瓦整个国家的数据受到关注，[⑦] 揭幕仪式由阿莱克斯·彭特兰主持。以信息和想法流为内核的社会物理学引发了国内较为广泛的关注，其中社会物理学是一门"旨在描述信息和想法的流动与人类行为之间可靠的数学关系"的定量的社会科学。[⑧] 阿莱克斯·彭特兰等提出

① 北京大学宗教文化研究院课题组，卢云峰执笔《当代中国宗教状况报告——基于 CFPS（2012）调查数据》，《世界宗教文化》2014 年第 1 期。

② 黄海波：《信任视域下的宗教：兼论基督教中国化——基于长三角宗教信仰调查数据的分析》，《世界宗教研究》2017 年第 3 期。

③ 王卫东、金知范、高明畅：《当代韩国社会的宗教特征及其影响：基于韩国综合社会调查 2003—2018》，《世界宗教文化》2022 年第 1 期。

④ Nielbo, K. L., et al., "Computing Religion: A New Tool in the Multilevel Analysis of Religion," *Method & Theory in the Study of Religion*, 2012, 24 (3), pp. 267 – 290.

⑤ 朝乐门、邢春晓、张勇：《数据科学研究的现状与趋势》，《计算机科学》2018 年第 1 期。

⑥ Lazer, David, et al., "Computational Social Science," *Science*, 2009, 323 (5915), pp. 721 – 23.

⑦ 〔美〕阿莱克斯·彭特兰：《智慧社会：大数据与社会物理学》，汪小帆、汪容译，第 15 页。

⑧ 〔美〕阿莱克斯·彭特兰：《智慧社会：大数据与社会物理学》，汪小帆、汪容译，第 7 页。

了数据"面包屑""社会之镜",以及涵盖了拥有权、使用权和处置权的"个人数据商店"(PDS)等理念,并指出"和显微镜和望远镜为生物和天文研究带来革命一样,生活实验室里的'社会之镜'将会让关于人类行为的研究焕然一新"。①尼古拉·尼葛洛庞帝令数字化生存成为一门显学,其对比特、关于比特的比特、比特的时代的陈述,使人们得以透视第四范式研究"数据"的底层逻辑。在中国,基于大数据开展的数据驱动范式的宗教学研究仍有待开启,并进一步拓展。

二　中国数字人文宗教研究的转型*

中国宗教学对"数字人文"本质的学科特异性解读,接续其"数字人文"的历史视角。其他人文学科对数字人文的梳理通常以计算机在人文研究领域的应用为标志,数字人文在宗教学领域的定义可将"以计算机在宗教学的应用"作为一种可选的方法;"数字"可抽象理解为打破传统宗教研究对象存储、分析及呈现的新方式。尤其是关于比特的比特、元数据(关于数据的数据)、元分析(关于分析的分析)的提出,新方法、新技术、新思路、新视角在宗教学中得以应用,进而带来了新现象、研究对象的拓展、新范式、新成果等。在宗教学领域,数字人文不是突发事件,在历史上是有延续、传承的,是自然发生之事。宗教学视角下的"数字人文"既新颖又复古。宗教研究对象的存储、分析及呈现变迁从未中断,只是二进制、互联网及人工智能的计算力对人的冲击使计算机在宗教学研究方面的应用显得尤为突出。本书依此本质特征,梳理中国宗教学推进数字人文研究脉络的三个分支。

借鉴跨学科领域数字人文脉络的梳理方法,本书从中国宗教学在数字人文方向取得的三个标志性的阶段成果切入,梳理中国宗教学推进数字人文研究的发展脉络。人文社科的数字人文探索多由数字化踏入人文计算,②进而发展到计算人文。宗教学以计算人文为先导的路径取向,

---

① 〔美〕阿莱克斯·彭特兰:《智慧社会:大数据与社会物理学》,汪小帆、汪容译,第5~19、185~212页。

* 本节部分内容曾刊于《西南民族大学学报》(人文社会科学版)2023年第2期,修改后收入本书。

② 〔美〕安妮·伯迪克等:《数字人文:改变知识创新与分享的游戏规则》,马林青、韩若画译,中国人民大学出版社,2018。

与 2013 年前后中国互联网宗教舆情的现实压力①、诸多研究者的交叉学科背景等密切相关，因而中国宗教学在数字人文方向的研究积累相较其他学科既有共通性，也有基于自己领域的特殊性。

（一）三个标志性的阶段成果

1. 学科传统资源的创造性转化

此阶段的代表性成果主要包括四个部分：文献计量学，典籍图片等学科资源数字化、数据库建设及再出版，专题数据库建设及应用场景查询上线，知识深加工及可视化的呈现与互动。

（1）文献计量学研究已起步，但与中国宗教学的对话有待深入。吴俊聚焦 CSSCI 于 2003～2007 年收录的四种宗教学来源期刊的引文数据，统计分析了期刊引用网络、引用网络的学科分布、引用外文期刊等，对期刊学术影响力、学科交融性等维度进行分析评价。② 孙立媛等基于文献信息计量学方法，以 CSSCI 于 1998～2016 年收录的 179 篇论文为研究对象，从论文数量与基金分布、作者与单位分布、期刊分布、基于关键词的研究热点与发展趋势分析，探究了马克思著作对我国宗教学的影响、研究现状及研究热点。③ 郭硕知基于 Web of Science（2009～2018）英文文献的原始数据，通过发掘国际宗教心理学研究领域具有较高学术影响力的作者、刊物、文献与关键词，描绘了宗教心理学研究在不同时期的热点问题及前沿趋势，进而分析该领域的知识结构框架与发展进程。④ 蒋谦、方文对 2001～2020 年 Web of Science 数据库中宗教与灵性心理学 2329 篇期刊论文进行计量分析，并援引学科制度视角，从重要学刊、典范文本、权威研究者及权威研究机构维度，力图描

---

① 周齐：《2013 年中国佛教发展形势及其热点事件评析报告》，邱永辉主编《中国宗教报告（2014）》，2015。

② 吴俊：《我国宗教学期刊引用网络分析》，《西南民族大学学报》（人文社会科学版）2011 年第 9 期。

③ 孙立媛、孟凯、王东波：《基于 CSSCI 的马克思著作对宗教学影响力探究》，《西南民族大学学报》（人文社会科学版）2019 年第 1 期。

④ 郭硕知：《宗教心理学研究领域的可视化分析——基于 Web of Science 数据库的 CiteSpace 的研究》，梁恒豪主编《宗教心理学（第六辑）》，社会科学文献出版社，2021，第 202～218 页。

绘当代宗教与灵性心理学的学科制度图景。①

　　（2）典籍图片等学科资源数字化、数据库建设及再出版较为成熟。1994 年中华电子佛典工作开始筹备，1996 年《法音》在互联网发布电子版。② 方广锠对如何使用数字化技术整理、保存和检索佛教典籍及书目进行了说明。③ 2016 年 3 月，浙江大学佛教资源与研究中心成立，利用数字化手段扫描、编目、收集、识别、分类多国佛教文本、图像等研究资料。④ 庞娜娜认为数字人文方法对基督宗教研究范式影响主要体现在三个方面，即数字典藏、数字文本分析与"远读"、可视化。⑤ 丛颖男、李务起梳理了宗教艺术科技化的转向，诸如宗教艺术的NFT 转向、虚拟现实技术赋能宗教艺术展升级，提出宗教艺术科技化面临的挑战并提出三方面建议：应完善市场规则、应弘扬中华文化、应加强数字监管。⑥ 全球首座道教数位博物馆⑦由香港中文大学道教文化研究中心主任黎志添教授及其研究团队于 2015 年建成开放，该项目利用地理信息系统（GIS）等技术，展示了明清至现代广州及其周边十三个州县道教庙宇的文字、碑刻、历史和空间资料，以及相关的三维模型、全景图、视讯短片。陶金介绍了"上海道教科仪数字化保存项目"，称其为从宗教教职人员自身视角出发进行文化遗产保护的尝试，该项目搭建的资源库包含道教科仪的文献类资料，科仪文本，口述历史类、器物类及其他来源的数字化资料。⑧ 已有研究成果基于数字化资料和专题数据库，围绕研究对象和研究主题进行检索、收集和整理，

---

① 蒋谦、方文：《当代宗教与灵性心理学学科制度图景》，《世界宗教文化》2022 年第5 期。

② 《〈法音〉在国际互联网（Internet）上发布电子版》，《法音》1996 年第 5 期。

③ 方广锠：《古籍数字化视野中的〈大正藏〉与佛典整理》，《上海师范大学学报》（哲学社会科学版）2015 年第 4 期。

④ 《宗教学术动态》，《中国宗教》2016 年第 4 期。

⑤ 庞娜娜：《数字人文视阈下的基督宗教研究：回溯、范式与挑战》，《世界宗教研究》2022 年第 5 期。

⑥ 丛颖男、李务起：《数字时代宗教艺术科技化发展趋势研究》，《中国宗教》2022 年第10 期。

⑦ 道教数位博物馆，http://dao. crs. cuhk. edu. hk/digitalmuseum/CH/。（阅读时间：2022 年9 月）

⑧ 陶金：《互联网 + 时代的宗教生活 上海道教科仪的数字化保存》，《中国宗教》2016 年第 4 期。

并将整理后的数字化成果进行纸质出版，太虚大师研究史料①和以中国古典数字工程为基础出版的《禅宗六祖师集》②是该研究域的代表性成果。

（3）专题数据库建设及应用场景查询上线，开放性和功能性有待进一步拓展。方广锠指出，起于最底层、信息全覆盖、过程可追溯、功能可扩展系佛教文献数字化总库建设的基本原则。③数字敦煌类专题数据库助力中国佛教艺术研究。罗华庆、杨雪梅、俞天秀概述了流失海外敦煌文物的数据库平台设计。④俞天秀等指出，数字敦煌资源库架构设计采用了动态资源与静态资源分离、应用服务器与数据库分离等技术，优化并提高了性能，进而满足高性能、高可用、可扩展和安全等需求。⑤王开队将数字人文应用于区域史研究，以徽学为例，基于徽学区域史"碎片"研究及徽州区域历史文献类型多样、内容丰富、系统完整的现状，设计、制作、应用专题性数据库和综合性数据库，组成了徽学文献数字化的经与纬。⑥李湘豫、梁留科梳理了佛教书目、佛教拓片、佛教典籍、佛学数字图书馆四类佛教史料数据库，并指出佛教史料数字化建设仍存在资源整合、数据库兼容、资源共享三方面问题。⑦

（4）知识深加工及可视化的呈现与互动，吸纳了信息管理等跨学科的多元方法论，呈现出体系化的研究发展态势。王晓光等开展了敦煌图像的图像语义描述研究，在敦煌智慧数据研究与实践的研究中开展了敦煌图像数据的建设基础、信息组织、词表构建、数据模型、资产管理系

① 王颂主编《太虚大师新出文献资料辑录·民国报刊编》，宗教文化出版社，2019；杨浩：《数字化时代太虚大师研究史料的新发掘 评〈太虚大师新出文献资料辑录·民国报刊编〉》，《中国宗教》2020年第2期。
② 明贤：《佛教中国化的数字文献新成果 评〈禅宗六祖师集〉》，《中国宗教》2022年第10期；明贤：《佛教中国化数字文献新成果：〈禅宗六祖师集〉正式出版发行》，https://mp.weixin.qq.com/s/X-9mbTgwacy72LVT1KrhUA。（阅读时间：2022年10月）
③ 方广锠：《谈汉文佛教文献数字化总库建设》，《世界宗教研究》2016年第1期。
④ 罗华庆、杨雪梅、俞天秀：《流失海外敦煌文物数字化复原项目概述》，《敦煌研究》2022年第1期。
⑤ 俞天秀、吴健、赵良、丁晓宏、叶青：《"数字敦煌"资源库架构设计与实现》，《敦煌研究》2020年第2期。
⑥ 王开队：《数字人文与区域史研究：以徽学为例》，《江汉论坛》2017年第11期。
⑦ 李湘豫、梁留科：《佛教史料数字化的运用与展望》，《中国宗教》2011年第6期。

统、数字叙事系统等应用服务。① 巩一璞等将命名实体识别技术应用于
数字敦煌。② 金良等阐述了莫高窟 249 窟虚拟现实展示的设计与实现,并
列出了总体结构。③ 余生吉等将三维重建方法应用于敦煌莫高窟第 45 窟
彩塑的高保真研究,以进一步保证重建精度、准确还原文物表面的色彩
信息。④ 付心仪等基于机器学习方法对敦煌莫高窟烟熏壁画进行数字化
修复的应用实践。⑤

2. 研究议题共同体及多维基础设施建设

基础设施包括三个方面:研究议题及核心概念丛共同体建设,方法
论共同体建设,平台建设。中国宗教学在数字人文方向的探索更为显著
的阶段性成果是研究议题及核心概念丛共同体建设和平台建设,方法论
共同体建设仍处于起步阶段。

(1) 研究议题共同体凸显。与其他人文学科的方法论共同体先导的
发展路径不同,宗教学领域在数字人文方向上研究议题共同体成果更为
凸显。与数字人文宗教、互联网宗教舆情密切相关的七大主流概念丛为
互联网宗教、互联网宗教舆情、互联网宗教信息、互联网宗教信息服务、
数字宗教、数字人文宗教、计算宗教学。这七大主流概念丛各有侧重,
其结构及关系仍需结构化、流程化梳理;各概念丛有其深意,有待进一
步结合实例系统阐释其内涵和外延。

(2) 方法论共同体建设。宗教学领域数字人文研究的方法论共同体
建设仍处于起步阶段。基于新范式和新方法的研究逻辑,在数字化基础
上充分吸纳计算力资源,对宗教学传统议题的开拓性应用研究的潜力较
大。与此同时,中国宗教学研究可关注历史地理信息化、人工智能

---

① 王晓光、徐雷、李纲:《敦煌壁画数字图像语义描述方法研究》,《中国图书馆学报》
2014 年第 1 期;王晓光、谭旭、夏生平:《敦煌智慧数据研究与实践》,《数字人文》
2020 年第 4 期。

② 巩一璞、王小伟、王济民、王顺仁:《命名实体识别技术在"数字敦煌"中的应用研
究》,《敦煌研究》2022 年第 2 期。

③ 金良、薄龙伟、宋利良、吴健、俞天秀:《莫高窟第 249 窟 VR (虚拟现实) 展示系统
的设计与实现》,《敦煌研究》2021 年第 4 期。

④ 余生吉、吴健、王春雪、俞天秀、胡琢民:《敦煌莫高窟第 45 窟彩塑高保真三维重建
方法研究》,《文物保护与考古科学》2021 年第 3 期。

⑤ 付心仪、李岩、孙志军、杜鹃、王凤平、徐迎庆:《敦煌莫高窟烟熏壁画的数字化色彩
复原研究》,《敦煌研究》2021 年第 1 期。

（DIKW 的信息处理的智能化晋级管道、特征工程、深度学习、数据挖掘、自然语言处理、计算机视觉、知识图谱等）等多学科数字人文领域共同关注的热点议题，分析 5G/6G、微纳制造、区块链、量子计算机、元宇宙对宗教的互联网数据结构、存储、分析、呈现的影响。

（3）平台及基础设施建设。平台建设渐趋成熟，基础设施建设还需进一步对话与整合。一方面，在平台建设上，2016 年 8 月至 2023 年 11 月，"中国社会科学论坛（2016·宗教学）"（"互联网宗教与全球治理"为其分论坛之一）、"互联网＋宗教事务"福州论坛（2017 年 12 月）、首届互联网＋宗教舆情论坛（2019 年 10 月）、第二届互联网＋宗教舆情论坛（2020 年 10 月）[①]、第三届互联网＋宗教舆情论坛（2021 年 11 月）、首届数字人文宗教研究论坛暨第四届互联网＋宗教舆情论坛（2022 年 10 月）、第二届数字人文宗教研究论坛暨第五届互联网＋宗教舆情论坛（2023 年 11 月）等相继召开，学术研讨频繁，学术平台建设渐趋成熟。2019～2023 年，中国社会科学院世界宗教研究所共举办五届互联网＋宗教舆情论坛，含两届数字人文宗教研究论坛，以"共建网络空间命运共同体""宗教与网络安全""数字文明建设与互联网宗教研究""宗教学交叉研究新范式的建构与互联网宗教""对话：数字人文宗教研究的拓展与开新"为主题，搭建交流平台，研讨了互联网宗教舆情研究的发展趋势及热点议题、舆情事件的预判与分析、多元数据源的挖掘及跨学科方法论的应用、概念梳理和学科建构等议题，助力中国宗教学三大体系建设。中央统战部宗教研究中心于 2020 年 12 月举办世界宗教形势研讨会[②]，2021 年 12 月举办国内、国际宗教形势研讨会。[③] 2020 年 12 月，四川大学宗教学研究所举办"数字宗教学与智库发展论坛"，[④]聚焦数字宗教学的界定、人工智能在宗教学研究中的应用、智库发展规划等议题；

① 马文婧、向宁：《宗教与网络安全 第二届互联网＋宗教舆情论坛综述》，《中国宗教》2020 年第 10 期。

② 中央统战部宗教研究中心：《世界宗教形势研讨会征文启事》，https://www.sara.gov.cn/xzxk/344352.jhtml。（阅读时间：2020 年 10 月）

③ 中央统战部宗教研究中心：《2021 年国内、国际宗教形势研讨会征稿启事》，https://mp.weixin.qq.com/s/XanKO9gXCh42SeadR2nVYg。（阅读时间：2021 年 11 月）

④ 褚国锋：《我所主办的"数字宗教学与智库发展论坛"成功举行》，《宗教学研究》2020 年第 4 期。

2021 年 12 月，再次举办"数字宗教学与智库发展论坛 2021"。2021 年 10 月，国家社科基金后期资助项目"宗教学在数字人文方向的研究初探"（21FZJB009）立项；2022 年 1 月，中国社会科学院青年科研启动项目"人工智能在互联网宗教舆情的应用"（2022YQNQD007）立项。2022 年，国家社科基金项目课题指南中增加了"互联网宗教事务管理研究"；国家宗教事务局 2022 年度招标科研项目将"互联网宗教事务管理研究"列为重点选题。另一方面，在基础设施建设上，2016 年 1 月 18 日，正式上线的藏传佛教活佛查询系统，① 以及 2017 年开题的"中国宗教研究数据库建设（1850—1949）"项目②都是中国宗教学数字人文研究基础设施建设的重要组成部分。胡士颖着重讨论了数字化与数字人文范式、道教资源数字化与推进、道教数字人文平台建设三方面内容。③

3. 问题导向和数据驱动范式的创新性发展

基于宗教学对宗教行为、情感、组织、制度的关注，技术、数据、事件对宗教学研究对象造成的影响也成为宗教学数字人文研究中的核心内容。现阶段，宗教学数字人文的研究常常借鉴、迁移其他学科的研究结构，故问题导向和数据驱动范式的代表性成果常被忽略不计或归类于学科传统资源创造性转化类成果，存在与中国宗教学传统学科资源对话不足等问题。此阶段的代表性成果主要包含三个部分：其一，互联网对宗教的影响，以及互联网场域对宗教信仰者数字痕迹的分析；其二，互联网宗教舆情事件的描绘、规律，以及后效影响分析，宗教史的书写向"实时"史、"全路径"史、"全景"史、"可视化"史迈进；其三，宗教互联网数据的深度挖掘。

（1）互联网与宗教的双向作用。此主题的代表性成果由四部分组成：互联网对宗教影响的趋势判断及反思；宗教媒体及宗教界互联网信息服务建设、反思及社会性回应；以宗教为主线分析线上空间不同宗教的发展概况及形态；对中国互联网场域宗教行为的调研与分析。

---

① 张国产：《藏传佛教活佛查询系统正式上线 首批可查 870 名活佛》，《中国西藏》2016 年第 2 期。
② 默生：《"中国宗教研究数据库建设（1850—1949）"开题》，《社科院专刊》2017 年 3 月 24 日。
③ 胡士颖：《道教数字人文平台建设刍议》，《中国道教》2019 年第 6 期。

①互联网对宗教影响的趋势判断及反思。1997 年，国内宗教学界已关注到网络与宗教融合后的变迁，王建平探讨了互联网究竟会不会改变以及在多大程度上改变宗教的问题，① 之后又分析了膜拜团体（cult）与网络的结合导致严重社会问题的现实案例。② 陈戎女关注到美国作家杰夫·扎列斯基1997 年的著作《数字化信仰》（*The Soul of Cyberspace*），并对书中数字化时代的信仰变化进行了提炼总结。③ 2003 年，基于国际互联网的十个特性和宗教网站的类型与设立目的，刘金光分析了国际互联网和宗教网站对国家宗教事务管理的冲击及挑战，并给出对策。④

此阶段的成果着重数字化时代的宗教安全问题，诸如中国垂直领域互联网治理经验仍在积累，国内研究将国外"宗教"概念范畴下的"宗教团体"最新动态及案例转译到国内，国内对破坏性膜拜团体（destructive cults）的治理经验和遗留问题被延展到互联网场域，等等。

②宗教媒体及宗教界互联网信息服务建设、反思及社会性回应。宗教媒体应对机遇与挑战的两条路径，在纸媒办刊方面，保持继续深耕的定力，"以不变应万变"；在新兴媒体方面，增强传统媒体与新兴媒体融合发展的能力，"以变应变"。⑤ 宗教工作法治化水平进一步提高，宗教界维护合法权益的法治化进程进一步推进，⑥ 诸如涉宗教互联网谣言得到关注，被纳入治理范畴。⑦ 2016 年 5 月，佛教界与学术界共同发起大规模联署《全面抵制毁谤佛教恶性言论，全面维护宗教界合法权益》，进一步凸显了形势之紧迫，⑧ 互联网平台宗教团体官方账号被冒名顶替等问题也及时得以澄清。⑨ 各界充分探讨了涉宗教互联网建设等

---

① 王建平：《电子网络会改变宗教吗?》，《世界宗教研究》1997 年第 4 期。
② 王建平：《电子网络与宗教》，《中国宗教》1998 年第 2 期。
③ 陈戎女：《数字化时代的信仰》，《世界宗教文化》2000 年第 3 期。
④ 刘金光：《国际互联网与宗教渗透》，《中国宗教》2003 年第 8 期。
⑤ 胡绍皆：《新时代宗教媒体的机遇与挑战》，《中国宗教》2020 年第 7 期。
⑥ 《〈网络综艺节目内容审核标准细则〉：不得恶搞、调侃、攻击宗教》，《法音》2020 年第 2 期。
⑦ 《12377 盘点 4 月份十大网络谣言》，《中国信息安全》2017 年 5 月（谣言 5）。
⑧ 中外法制网：《2016 年终盘点：中国佛教年度二十大网络热点》，http://zwfz.net/news/shehui/zongjiao/61063_2.html。（阅读时间：2017 年 2 月）
⑨ 中国道教协会：《关于抖音账号"中国道教协会"非我会抖音账号的声明》，https://mp.weixin.qq.com/s/-Jx9umHejopV0JW0IFnD6A。（阅读时间：2022 年 10 月 12 日）

相关议题。张高澄从道教网站形式和内容的高质量创办、网络技术人才的引进和培养、网络系统创建的反思三个维度，探讨了道教网络化数字化管理体系的建设。① 基于道教界互联网建设现状，姜子策指出了中国道教互联网建设在宏观和微观层面的入手处。② 张诚达提出了在互联网时代促进道教文化弘扬和道教健康发展的七个着手点。③ 张阳从互联网传播对当代道教研究的影响、借助互联网数据分析研究当代道教问题、关注道教网络舆情的搜集与研究三个维度进行了分析；④ 与此同时，阐述道教研究从利用数字化技术进行文献整理，到道教影像化重制以及道教舆情分析应对的发展历程，梳理了数字人文宗教与道教研究所发生的联系演变，并提出数字人文宗教学视域下的道教问题研究已经成为道教中国化的一种表现形式。⑤ 张耀法、孙雅国、李峰主要从三方面介绍了杭州市基督教互联网宗教信息服务平台的启用：首先，提炼了互联网教会牧养系统在数字平台共享模式的五方面优势；其次，梳理了杭州教会数字平台的主要功能模块，诸如视频播放、门户资讯、聚会预约、消息通知、即时沟通；最后，介绍了平台所设置的三级审核机制，包含初级管理员审核、主任牧师二级审核、杭州市基督教两会办公室三级审核。⑥ 王玉鹏概述了数字人文给天主教学术带来的新机遇，即圣经文本的数字化、圣经工具书编纂、圣经研究提供新视角与技术支撑、历史文献整理与研究、天主教会舆情的追踪研判和风险管控。⑦

③以宗教为主线，分析线上空间不同宗教的发展概况及形态。吴义雄对基督教在互联网上的传播状况进行了梳理和介绍。⑧ 肖尧中以佛教网站为例

---

① 张高澄：《对道教网络化数字化管理体系建设的思考》，《中国宗教》2010 年第 6 期。
② 姜子策：《道教界的"互联互通"转型中的道教互联网建设与新媒体发展》，《中国道教》2016 年第 5 期。
③ 张诚达：《互联网时代道教发展的方向和举措》，《中国宗教》2017 年第 6 期。
④ 张阳：《浅议互联网传播视域下的当代道教研究》，《中国宗教》2021 年第 3 期。
⑤ 张阳：《数字人文宗教学视阈下的道教问题探析》，《宗教学研究》2023 年第 2 期。
⑥ 张耀法、孙雅国、李峰：《杭州市基督教互联网宗教信息服务平台启用》，《天风》2022 年第 10 期。
⑦ 王玉鹏：《"数字人文"与天主教学术研究》，《中国天主教》2021 年第 5 期。
⑧ 吴义雄：《互联网上的基督教新教》，《世界宗教文化》2000 年第 2 期。

开展佛教传播研究。① 赵国军梳理了中国穆斯林网络传媒的发展、现状及主要的中国穆斯林网站。② 敏敬概述了 2008 年美国伊斯兰媒体的发展概况。③ 也有学者以宗教市场论观察分析中国宗教互联网现象，④ 并尝试概述互联网时代的宗教形态。⑤ 有学者以日本为例，梳理了宗教网站功能，并关注信息化对宗教生活的影响⑥；还有学者梳理了日本宗教团体的 O2O 模式。⑦

多位学者以线下区域的线上状况为主题进行研究分析。许正林、乔金星从梵蒂冈网络传播兴起的背景和原因、网络传播的双面性价值取向、网络传播的格局、网络媒体对天主教传播的影响、网络传播面临的问题五个方面分析了梵蒂冈网络传播的态势。⑧ 石丽侧重实体宗教网上传播和实践活动的情况，分析了 S 市网络宗教的基本情况和主要问题，并给出了对策建议。⑨ 赵冰分析了 S 市基督教群体的互联网使用情况、基督教网络动员特征及行为的运作机制，并给出了治理建议。⑩

④调研分析互联网场域的宗教行为。唐名辉对长沙市圣经学校教堂开展调查问卷，分析在线宗教行为的基本特征。⑪ 赵冰分析了当代西方基督教教会的网络传教行为。⑫ "微言宗教"⑬群发消息为互联网场域中

① 肖尧中：《试论网络视域中的宗教传播——以佛教网站为例》，《宗教学研究》2008 年第 4 期。
② 赵国军：《中国穆斯林网络传媒的兴起与现状》，《甘肃社会科学》2010 年第 5 期。
③ 敏敬：《美国伊斯兰媒体的发展概况》，《世界宗教文化》2008 年第 1 期。
④ 赵冰：《中国宗教互联网状况简析》，《理论界》2010 年第 4 期。
⑤ 赵冰：《"网上宗教"现象在中国的现状、特征与影响》，《世界宗教文化》2015 年第 1 期；张华、张志鹏：《互联网＋时代的宗教新形态》，《世界宗教文化》2016 年第 4 期；王伟：《互联网时代萨满教的公众关注及存在形态研究》，《世界宗教文化》2016 年第 4 期。
⑥ 金勋：《互联网时代世界宗教的新形态》，《中国宗教》2015 年第 4 期。
⑦ 黄绿萍：《日本宗教团体的 O2O 模式探索——以金光教桃山教会为例》，《世界宗教文化》2018 年第 1 期。
⑧ 许正林、乔金星：《梵蒂冈网络传播态势》，《世界宗教研究》2011 年第 1 期。
⑨ 石丽：《网络宗教、网络社会与社会治理研究——以 S 市调研为例》，《世界宗教文化》2016 年第 5 期。
⑩ 赵冰：《国内宗教群体网络动员行为分析——基于基督教的调研》，《科学与无神论》2020 年第 1 期。
⑪ 唐名辉：《在线宗教浏览行为的基本特征探索——以长沙市圣经学校教堂为调查点》，《宗教学研究》2009 年第 3 期。
⑫ 赵冰：《"四全媒体"与"神圣网络"：当代西方基督教教会"网络传教"行为分析》，《世界宗教文化》2016 年第 4 期。
⑬ 此微信公众平台的微信号为"zgzj-wyzj"，账号主体为"中国宗教杂志社"。

国合法宗教团体、宗教活动场所、宗教教职人员的宗教行为提供了更完整的图景。此领域的学术共同体在拓展和深化中国互联网场域宗教行为的调研与分析时，需规避个人视野的偏狭，共同努力以完整呈现互联网场域中国宗教行为的全貌。

（2）互联网宗教信息服务管理相关法治化建设的细化与深化。董栋梳理了网络宗教事务管理的概念界定、管理原则、法律责任。[①] 杨文法针对互联网宗教事务智库建设提出了三个层面的关注点。[②] 濮灵梳理了我国网络宗教事务法治化管理进程的四个阶段。[③] 2021 年 12 月 3 日，国家宗教事务局颁布了《互联网宗教信息服务管理办法》（以下简称《办法》），自 2022 年 3 月 1 日起施行。[④] 董栋指出"压实互联网平台主体责任"是《办法》各项规定落实的关键所在，[⑤] 促使其加强对互联网涉宗教信息的自我把关、自我审核，并把有害信息封堵在源头，进而把好互联网宗教事务管理"第一道关口"。董栋指出，《办法》的颁布是对《条例》的细化，在行政成本高、工作力量不足的情况下，《办法》对宗教事务日常工作开展有所助益。《中国宗教》在 2022 年第 7 期组稿了"学习贯彻《互联网宗教信息服务管理办法》依法加强互联网宗教事务管理"的专题，佛教、道教、伊斯兰教、天主教、基督教等宗教团体基于各自视角提出了贯彻和落实《办法》的侧重点。[⑥] 王海全梳理了《办法》的立法依据、基本状况、意义、可能遇到的情况和问题

① 董栋：《关于我国网络宗教事务管理问题的思考》，《世界宗教文化》2016 年第 5 期。
② 杨文法：《积极打造高水平互联网宗教事务智库》，《信息安全与通信保密》2018 年第 3 期。
③ 濮灵：《网络宗教事务法治化管理进程回顾》，《中国宗教》2019 年第 6 期。
④ 《国家宗教事务局公布〈互联网宗教信息服务管理办法〉》，《中国宗教》2021 年第 12 期；《国家宗教事务局相关负责人就〈互联网宗教信息服务管理办法〉答记者问》，《中国宗教》2022 年第 1 期。
⑤ 董栋：《压实互联网平台主体责任把好互联网宗教事务管理的"第一道关口"》，《中国宗教》2022 年第 1 期。
⑥ 演觉：《规范互联网宗教信息服务 促进佛教健康传承》，《中国宗教》2022 年第 7 期；李光富：《学习贯彻〈办法〉扎实推进宗教工作法治化进程》，《中国宗教》2022 年第 7 期；杨发明：《学习〈办法〉精神 依法依规做好互联网宗教信息服务》，《中国宗教》2022 年第 7 期；马英林：《贯彻落实〈办法〉提升互联网宗教信息服务工作水平》，《中国宗教》2022 年第 7 期；吴巍：《以落实〈办法〉为契机 推进全面从严治教》，《中国宗教》2022 年第 7 期。

及对策建议，其重大意义包含充分保障宗教信仰自由和宗教界合法权益、有效遏制非法互联网宗教信息的传播、完善我国互联网法律体系和宗教事务管理法律体系、形成各部门协同配合及各主体共担责任的综合治理格局四个方面。①

　　董琳从数字化技术的内涵及其对经济社会的影响、数字化应用与互联网宗教信息方式的变化两个方面看出数字化及其作为互联网宗教信息的"基质"，并提炼了互联网宗教信息的特征及治理困境，总结了《办法》加强互联网宗教信息服务管理的路径和意义，并提出加强互联网宗教信息引导，推进宗教中国化深入发展。②李凌梳理了互联网宗教信息的传播形态、传播特征及风险，并提出了增加正面信息供给、增强制度可操作性、提高技术治理能力、适度超前研究引导的治理方略。③贾志军基于大数据的重大现实意义，提出以大数据的"实时性"理顺基层宗教事务管理关系、用大数据的"共享性"增强基层信众凝聚力、以大数据的"快速性"提升基层宗教事务管理效率、以大数据的"综合性"提升基层宗教事务管理执行力，探索大数据思维赋能基层宗教工作，进而构建基层宗教事务管理新格局，以提高我国宗教治理水平。④陈华、乔博基于互联网宗教事务治理法治化的重大意义，结合互联网时代宗教信息传播的新特征，提出从正确认知互联网宗教事务治理法治化建设、构建互联网宗教事务治理良好环境、完善互联网宗教事务治理法律体系三个方面进一步提升互联网宗教事务治理法治化水平，推动互联网宗教事务治理呈现新局面。⑤

　　（3）对涉"互联网""数字"的宗教学核心概念丛的内涵及外延开展中国化建构。郑筱筠指出，互联网宗教是"互联网时代的宗教，是在互联网中的宗教"，并概述了互联网宗教、网络宗教事务与宗教网络舆情的交

---

① 王海全：《〈互联网宗教信息服务管理办法〉颁布实施的重大意义及贯彻落实的对策建议》，《世界宗教文化》2022 年第 4 期。
② 董琳：《数字化技术视域下互联网宗教信息的特征及管理——兼论〈互联网宗教信息服务管理办法〉的实施意义》，《世界宗教文化》2022 年第 6 期。
③ 李凌：《互联网宗教信息传播形态、风险及其治理》，《世界宗教文化》2023 年第 1 期。
④ 贾志军：《以大数据思维构建基层宗教事务管理新格局》，《中国宗教》2023 年第 7 期。
⑤ 陈华、乔博：《新时代提升互联网宗教事务治理法治化水平探析》，《中国宗教》2023 年第 11 期。

叉点。① 互联网宗教与人类命运共同体，以及宗教中国化议题映入眼帘。②
明贤从上层架构、中层策略与落地路径来看互联网宗教的研究与治理。③
在以冯诺依曼体系结构为主导的互联网发展背景下，笔者认为"互联网
宗教研究是指基于冯诺依曼体系结构及其二进制支撑的运算、控制、存
储、输入、输出体系，将网络空间及其相关的线下空间的宗教学领域问
题、研究对象及其时空坐标系、理论及方法进行映射的研究"。④ 李华伟
从《办法》所述"互联网宗教信息"与"互联网宗教信息服务"两个基
本概念出发，将互联网宗教信息分为国内互联网宗教信息、外媒涉华宗
教议题、境外互联网宗教信息三种类型。⑤ 陈丽结合对宗教社会学和社
会学研究历史沿革的哲学思考，阐述了数字宗教学的研究域和研究方法，
并认为"数字宗教学"是一种基于"宗教存在"的信息加工范式，其以
问题研究为核心，其研究方法的三个主要取向分别是实证、诠释和批判。
邵彦敏、侯文鑫、李开从"数字宗教"的概念形成及其演进、数字宗教
研究的主要问题、数字宗教研究中的道德伦理思考三个角度梳理了"数
字宗教"的产生、发展及其研究现状。⑥

　　（4）宗教的互联网数据的深度挖掘。明贤分析了全国佛教活动场所
"互联网＋"的应用程度，发现"互联网＋"（网站、微博、微信）应用
程度和佛教活动场所的地理分布不一致，随着网站、微博、微信可及性、
便捷性的提升，互联网应用程度逐步深化和普及。⑦ 此研究又将"互联
网＋"应用程度数据与县域生产总值、宗教舆情热度、公共卫生事件中

---

① 郑筱筠：《全方位开展互联网宗教研究》，《中国宗教》2016 年第 7 期。
② 郑筱筠：《互联网宗教与人类命运共同体》，《世界宗教文化》2018 年第 1 期；明贤：
　《新时代佛教中国化：佛教网络舆情监测与公共美誉度维护探究》，《世界宗教文化》
　2018 年第 6 期；赵冰：《互联网传播环境下的"基督教中国化"论析》，《世界宗教文
　化》2018 年第 1 期。
③ 释明贤：《互联网宗教研究与治理：上层架构、中层策略与落地路径》，《世界宗教文
　化》2020 年第 6 期。
④ 黄奎、王静、张小燕、向宁：《新时代宗教学热点问题回顾与展望》，《世界宗教文
　化》，2021 年第 6 期。
⑤ 李华伟：《大数据与互联网宗教信息的治理》，《世界宗教文化》2022 年第 4 期。
⑥ 邵彦敏、侯文鑫、李开：《"数字宗教"的产生、发展及其研究现状》，《世界宗教研
　究》2023 年第 10 期。
⑦ 明贤：《全国佛教活动场所"互联网＋"应用程度分析》，《中国宗教》2020 年第
　12 期。

佛教界抗疫及捐助的相关数据进行叠加，分析全国佛教活动场所"互联网＋"应用程度与多维度经济社会人文领域关键变量交叉的可视化知识呈现，开启了计算人文的知识工程与数据挖掘研究。黄海波、黑颖批驳了互联网促进宗教复兴的神话，指出两家权威调研机构的数据进一步确证了"互联网的迅猛发展并没有扭转社会的世俗化进程"，之后通过百度指数研究提出我国网民对基督宗教的关注度整体呈稳中趋降的态势、网民对不同宗教的关注度与各宗教在现实中的格局相符、不同省份对涉宗教类信息的搜索情况与各省宗教的现实格局基本保持一致等结论；最后，作者提出目前尚无证据表明互联网推动了信教人数于现实层面的增长，"互联网与宗教的结合是当今时代的正常现象，也是宗教在'数字化社会'继续生存的必然要求"。①

（5）互联网宗教舆情事件的描绘、规律及后效影响分析，宗教史的书写逐步朝向"实时"史、"全路径"史、"全景"史、"可视化"史的方向。互联网宗教舆情研究是大数据时代宗教史的一种重要"书写"方式。周齐梳理了"法海事件"、兴教寺事件、瑞云寺事件，② 多位学者探讨了法门寺文化景区微博改名事件的演化机制③、互联网佛教去商业化行动对政府信任感知的影响④等。大众观点的表达常汇聚在线上公共空间，"线上—线下"空间中多元行动者的互动形塑了舆情事件的演化过程。索昕煜从媒介技术与宗教传播方式的变迁、互联网背景两个维度，提出加强互联网时代的宗教舆情规律的研究、将互联网思维与宗教工作思维有机结合、掌握互联网时代的宗教舆情治理的话语权和主动权、促进社会各界协同治理的对策建议。⑤ 明贤以佛教视角切入传媒工具和舆情传播规律的演进，勾画了互联网宗教舆情的新版图，描绘了互联网深化时

① 黄海波、黑颖：《互联网宗教的"复兴神话"及其祛魅》，《世界宗教文化》2022 年第4 期。

② 周齐：《2013 年中国佛教发展形势及其热点事件评析报告》，邱永辉主编《中国宗教报告（2014）》，社会科学文献出版社，2015。

③ 向宁：《佛教互联网舆情观点演化机制的行动者中心模型研究》，《世界宗教文化》2017 年第5 期。

④ 韦欣、厉行、向宁：《互联网佛教去商业化行动与政府信任——一个基于实证模型的考察》，《世界宗教研究》2020 年第2 期。

⑤ 索昕煜：《浅议互联网时代的宗教舆情及其治理》，《中国宗教》2022 年第1 期。

代的宗教信众新特征；最后从佛教美誉度和佛教网络舆情两个方面探索了新时代佛教中国化的落地路径。① 明贤关于互联网宗教舆情研判系统开发的思考，从智能化数据采集案例（垂直领域的精准搜索）、案例分析（监测与预判）、案例呈现（指标体系和可视化）、案例干预（预警）四个维度展开。②

（二）存在的问题

中国宗教学在数字人文领域的探索，历经了学科资源导向、技术数据及事件导向、基础设施建设三个重要阶段。不同于一贯以典籍数字化和文献计量学为基础发展的其他学科，宗教学在数字人文领域的下一步发展存在的问题主要体现在五个方面：一是概念纷繁，内涵、外延及结构有待进一步阐述，学科化建构有待充盈；二是结构化的涉宗教全国调研数据挖掘有待深入，对跨学科成熟分析模型的吸纳有待拓展；三是需更充分吸收宗教学研究范式迭代、跨学科理论及方法论；四是基于宗教学专题问题域对计算力充足领域结构性对话不足，宗教学研究者切入困难；五是研究实践对跨学科方法论的引入多以方法论自身逻辑为先，缺乏对宗教学研究者研究逻辑的观照，交叉研究落地难度大。

三　互联网佛教舆情案例

本书以佛教为例，择选原则主要依据三个维度：互联网佛教舆情案例贯穿中国数字人文宗教发展历程、佛教研究学科建构及舆情要素完备、范式迭代下佛教社会心理学四种解释水平的递进。

（一）互联网佛教舆情案例贯穿中国数字人文宗教发展历程

现实案例中，互联网佛教舆情贯穿了宗教学在数字人文方向三个维度的发展历程。佛教一直在主动、深度地拥抱互联网技术。随着"线上—线下"二元结构的凸显，以及从模型驱动到数据驱动范式的迭代，当代中国佛教研究也迎来了研究范式的转型。

---

① 明贤：《新时代佛教中国化：佛教网络舆情监测与公共美誉度维护探究》，《世界宗教文化》2018 年第 6 期。

② 明贤：《关于开发"互联网宗教舆情研判系统"的思考》，《中国宗教》2020 年第 4 期。

　　2013 年，在中国佛教史上具有历史性转折性质的"法海事件"爆
发。凤凰网华人佛教评价"法海事件"是"亲历转折、亲抚界碑、亲
证信仰的时刻""佛教敢发声是时代的进步"。①之后一个又一个事件通
过网络发酵、传播、引起关注，并最终得到解决。法门寺文化景区在持
续冒用"法门寺"之名被佛教信众微博用户发现后，爆发了"日行一
善，每日一滚"②的持续性自发抵制活动，促使其更换了微博注册用
名。微博命名进而对微博关联场所性质是景区而非寺院的情况进行了
更为清晰的界定。在佛教信众持续不断的呼吁下，兴教寺③和佛教八大
祖庭得以保住，曲江模式这种以粗放型增长发展经济的方式及其弊端
引起了社会反思。大量有损佛教形象的不实信息和互联网谣言被抵
制。④佛教互联网舆情事件，令佛教界改变了既往合法权益受损时沉默
且不敢发声的态度，政、教、学三支队伍合力直面互联网场域佛教舆
情事件。

（二）　佛教研究学科建构及舆情要素完备

　　佛教研究学科建构完备。现代意义上的中国佛教研究始自二十世

①　凤凰网华人佛教：https://fo.ifeng.com/special/wendaotj1/。（阅读时间：2013 年 4 月 3 日）
②　景区微博已将抵制留言删除。
③　南方都市报：《保住有僧人的兴教寺 没和尚的寺庙是荒唐》，http://bodhi.takungpao.com/
　　topnews/2013-04/1548315.html。（阅读时间，2013 年 4 月）
④　央视网：《中国佛协：呼吁严肃查处"假僧人"事件》，http://news.cntv.cn/20120410/
　　117086.shtml（阅读时间：2012 年 4 月）；中国佛教协会：《中国佛教协会回应假僧人
　　事件吁严处还佛门清净》，https://www.chinabuddhism.com.cn/xw1/hwzx/2017-08-
　　03/18791.html（阅读时间：2012 年 4 月）；凤凰网佛教：《知名网络写手水木然被刑
　　拘：造谣莆田人承包 90% 寺庙》，https://fo.ifeng.com/a/20160522/41611588_0.shtml
　　（阅读时间：2016 年 5 月）；中国佛教协会：《关于网络招聘和尚等不实信息的声明》，
　　https://www.chinabuddhism.com.cn/e/action/ShowInfo.php? classid=506&id=40374（阅
　　读时间：2019 年 4 月）；澎湃新闻网：《苏州寒山寺"高薪招聘尼姑"寺院辟谣：不收
　　女僧》，https://www.thepaper.cn/newsDetail_forward_1310491（阅读时间：2015 年 4
　　月）；环球网：《苏州寒山寺"高薪招聘尼姑"寺院辟谣：不收女僧》，https://china.
　　huanqiu.com/article/9CaKrnJIJkM（阅读时间：2015 年 4 月）；凤凰网华人佛教综合：
　　《"和尚船震"真相大白 抹黑佛教网友要索赔》，https://fo.ifeng.com/news/detail_2014_
　　08/14/38189442_0.shtml（阅读时间：2014 年 8 月 20 日）；chan：《【辟谣】"五行币"邪
　　教组织剃光头举办婚礼混淆视听，实与佛教无关！》，https://mp.weixin.qq.com/s? src=
　　3&timestamp=1659771048&ver=1&signature=DmIQd3esaq5EJVktSYff49NDOXUk3ySrOcF5vn∗CeOX-
　　77c4CGrHpMGHJbhhkTAt5rBVKgIMUMuuQ-7scJ1xmzjML8XelU0dmBWXAGtTeAZGEJRJLNuKs3IS7I Qk-
　　pa0HTPNn∗jB3sXVfmcVB1nHJaj8jweeIVZGbiW1iNdPwWkM=（阅读时间：2017 年 4 月）。

纪初，中国大陆佛教研究主要分为三个阶段：一是二十世纪上半叶的历史学与文献学研究；二是二十世纪下半叶约前三十年的第一个阶段的哲学与历史学研究；三是二十世纪下半叶约后二十年的第二个阶段的文化学、哲学、历史学与社会学等研究。① 改革开放四十多年来，中国大陆佛教学术研究取得的成就和大致的发展趋向主要体现在以下六个方面：其一，佛教历史研究（佛教通史研究、佛教断代史研究、佛教近现代史研究、佛教区域史研究、佛教宗派史研究）；其二，佛教哲学、文化艺术、制度信仰等研究（佛教哲学研究，佛教文化艺术研究，佛教制度、信仰等专门领域的研究）；其三，佛教文献整理和典籍研究；其四，藏传佛教研究；其五，国外佛教研究；其六，重要问题的研究（佛教中国化问题、佛教与社会主义社会相适应问题、人间佛教问题、佛教现代化问题）。② 互联网场域，宗教行动者的观念、感情、行为、组织都在发生转型，对世界宗教最新动态完备要素进行充分、深度的挖掘，是互联网宗教舆情研究的活水之源。

（三）范式迭代下佛教社会心理学四种解释水平的递进

从变量中心到行动者中心、模型驱动到数据驱动两大范式迭代，为宗教学数字人文及互联网宗教舆情研究中非线性、复杂的宗教行动者互动，提供了可行路径。宗教社会心理学研究正从以变量为中心的思路过渡到以行动者为中心的范式，需找寻更适切新范式的实现工具，进而拓展宗教社会心理学量化实证研究。行动者中心建模方法、人工智能领域的面向对象编程等在研究局部互动清晰的非线性复杂系统问题，以及由行动者简易局部互动所产生的涌现现象等方面具有不可替代的优势。回顾威廉·杜瓦斯提出的人类互动四种解释水平，本书发现宗教社会心理学的"宗教行动者"③、行动者中心建模方法的"行动者"、计算科学的"类""对象""属性"概念可在一定程度上对应互动情境中的个人与群体及其变量。经由互动环境和互动规则等预置，可对多个解释水平上的

---

① 方立天：《中国大陆佛教研究的回顾与展望》，《世界宗教研究》2004 年第 4 期。

② 魏道儒：《改革开放四十年来的佛教研究（上）》，《中国宗教》2018 年第 8 期；《改革开放四十年来的佛教研究（下）》，《中国宗教》2018 年第 9 期。

③ 方文：《文化自觉之心》，中国人民大学出版社，2022，第 192～219 页。

群体资格理论所揭示的规律进行研究。

宗教社会心理学中的宗教行动者核心构念及社会心理学四种解释水平，为互联网佛教舆情中众多类型行动者的多样化互动方式提供了可参考的归类准则。威廉·杜瓦斯将人类社会的互动大致分为个体内、人际水平、群内水平和群际水平，具体实践中事件的互动也有可能并非是单一模式，而是四种解释水平的联合。[①] 在此基础上，另有学者提出群体资格理论，尝试弥合个人与群体之间的互动鸿沟，揭示个人身上负荷的多范畴身份和多群体特质，以及群体对个体价值共识、取舍偏好等互动规律的影响。[②] 尤其是群体资格理论的提出，涉及群体互动的行为不能简单地还原为个体之间的互动之和。本书基于人际互动、群内互动、群际互动提炼三类互联网佛教舆情事件。

首先，法门寺文化景区微博改名事件中，行动者是否参与较为纯粹地取决于个人偏好、价值判断，侧重研究在微博场域所发生的人际过程，在这特定的情景之外个体所处的社会位置在此事件中不显著，故归入人际水平一类。

其次，"法海事件"实际上涉及国人对于"法海"这一人物的认知，该事件在同一文化共同体内，引发了社会行动者特定群体资格对同一人物意涵权重的抉择分化，故归入群内水平一类。

最后，谣言治理预测研究以五行币派对事件为例，社交媒体涉宗教商业化治理的研究以挂寺名景区涉佛教商业化治理为例，涉佛教政策及互联网行动参与的后效评估以佛教去商业化行动为例，实际上涉及佛教界自身的言行与教外人士对佛教界的认知互动。该事件的研究主题谈及群际情感（如偏见）、群际认知（如刻板印象）、群际行为的应对（如去商业化行动），有着较强的群际互动色彩，故归入群际水平一类。

---

① 〔比利时〕威廉·杜瓦斯：《社会心理学的解释水平》，赵蜜等译，中国人民大学出版社，2011。
② 方文：《群体边界符号如何形成——以北京基督新教群体为例》，《社会学研究》2005年第1期。

表 1　研究对象及案例的推演层次

章节	互联网宗教舆情	舆情事件	方法论	佛教研究·研究主题	互联网舆情·研究主题	宗教社会心理学解释水平	数据源
第二章	互联网宗教舆情后效评估	佛教去商业化行动	计量经济学	涉佛教政策及互联网行动参与的后效评估	政府执行力感知	群际·解释水平	社会调查数据
					政府信任		
第三章	互联网宗教舆情机制规律及预测	法门寺文化景区微博改名事件	行动者中心建模	观点演化	传播机制	人际·解释水平	访谈数据、理论转化数据和仿真数据
		法海事件		文化认同	演化规律	群内·解释水平	
		五行币派对事件		谣言治理	治理预测		
第四章	互联网宗教舆情治理	公司运维却挂寺名景区的涉佛教商业化治理事件	人工智能	汉传佛教	精准研判	群际·解释水平	研究场景驱动而抓取的社交媒体数据
				宗派、祖庭			
				涉宗教商业化			
				涉宗教治理	潜舆情预警		
				社交媒体			
				计算宗教学			

（四）小结

纵观互联网佛教舆情的定性、定量研究成果，互联网场域诸多涉宗教舆情事件的现象描述及归纳研究发展迅猛，描述及归纳研究也正朝向与宗教学学科分支的深度对话发展。同时，对互联网宗教舆情的理论思辨、演进动机、传播规律、预警预测及精准研判、政策后效等解释性研究更是迫切。从宗教社会心理学的研究范式切入，互联网佛教舆情是宗教学在人文计算与计算人文两个主流路径上，可融汇现实问题、理论关切、多元方法及解决方案导向的研究领域。

五个互联网佛教舆情事件在互动水平层次上，呈现出宗教社会心理学意义上的递进。人际水平的观点演化机制研究，以法门寺景区微博改名事件为例；群内水平的文化认同传播机制研究，以法海事件为例。群际水平上，谣言治理预测研究以五行币派对事件为例，社交媒体涉宗教商业化治理的研究以挂寺名景区涉佛教商业化治理事件为例，涉佛教政策及互联网行动参与的后效评估以佛教去商业化行动为例。

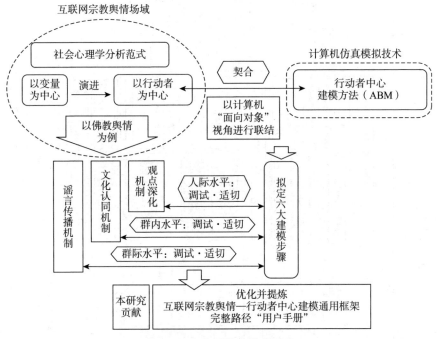

图1　研究案例的多维度调试

四　分析框架与研究方法

互联网佛教舆情涉及宗教行动者心理、情感和行为等多维度，本书择选社会心理学，以及跨学科取向的宗教社会心理学为研究路径。

（一）分析框架

首先，本书在宗教学与数字人文的研究拓展中，进行了以计算人文为主、人文计算为辅的路径抉择，基于不同宗教研究相关资料成果的数字化程度及学科结构化建设基础、互联网宗教相关议题的问题意识及研究基础等多个维度，以佛教研究为例，探索互联网宗教舆情研究的落地路径。

其次，本书紧扣互联网宗教舆情、互联网宗教信息服务、互联网宗教、数字宗教、数字人文宗教、计算宗教学、宗教治理现代化、宗教商业化、政府信任、政府执行力感知、多元主体协同治理效能等主题，结合宗教社会心理学解释水平中的人际、群内、群际，择选舆情案例覆盖

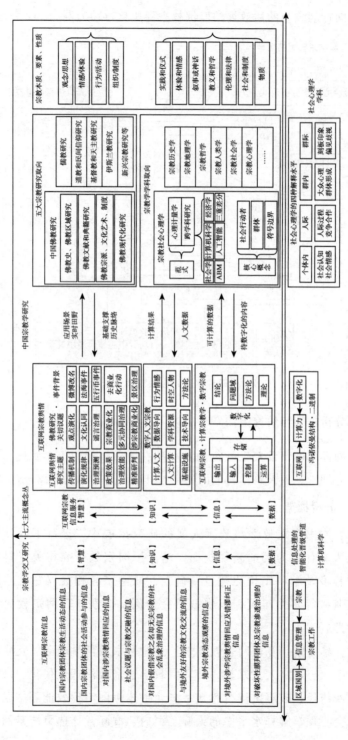

图 2　本书整体分析框架

宗教戏谑行为、景区微博改名事件、"法海事件"、涉佛教谣言事件、公司运维却挂寺名景区的涉佛教商业化治理事件、佛教去商业化行动等。

最后，本书基于宗教社会心理学的四种解释水平框架，以行动者中心建模方法为例，结合案例进行探索和调试。

（二）研究方法

本书从宗教行动者视角出发，以宗教社会心理学为根基，在数字人文方向上，通过经济学的计量经济学、社会学的行动者中心建模、计算机科学的人工智能等跨学科方法解析互联网宗教舆情，以期为宗教社会心理机制提供有力支持，为仍以归纳及描述性研究为主的互联网佛教舆情研究引入多元方法。

本书对三类跨学科方法的研究深度不同，故介绍有较大差别。一是，对行动者中心建模方法在中国互联网佛教舆情领域的应用更为结构化、经典案例对话较充分、案例较丰富，并有跨学科核心构念及方法论脉络的支撑；二是，笔者在计量经济学方面的研究还处在与跨学科研究者合作推进阶段、在人工智能领域处在结构化对话及案例实践起始阶段，故仅侧重宗教学研究关切的核心议题概述三种研究方法。

1. 计量经济学

计量经济学领域已有对项目或者公共政策实施效果的评估方法——双重差分（Difference-in-Difference，DID）与三重差分（Difference-in-Differences-in-Differences，DDD）模型。计量经济学研究包含设定模型和检验模型两大基本步骤；设定模型属于演绎法，检验模型属于归纳法。计量经济模型建立过程包括四个步骤，即确定研究对象及影响因素、找到合理的测量变量并收集数据、确定变量变化特征及被解释变量与解释变量间的变化规律、对解释变量的回归系数做出解释或对被解释变量做出预测。[①] 政策评估（policy evaluation）聚焦于政策的绩效与效率，即通过对政策的评估深入了解政策的效果及其作用机制。[②]

双重差分和三重差分是对政策评估的因果关系研究。首先从因果性

① 李子奈、史代敏主编《现代经济学大典（计量经济学分册）》，经济科学出版社，2016，第1~6页。
② 姚东旻：《因果推断初步：微观计量经济学导论》，清华大学出版社，2022，第1~44页。

和相关性的通用概念入手，辨别相关性与因果性的差别。相关性是指研究对象的变化总是与另一个对象的变化相随变动；而因果关系是指某个研究对象的存在一定会导致某结果的产生；在发生时间上有先后顺序的研究对象，其在统计学意义上体现出来的结果为一个研究对象发生的概率对另一研究对象发生的概率有影响，二者即是因果关系。①

　　双重差分和三重差分可有效消除混杂因素，规避错误确定因果关系的两大状况，进而得到纯粹的政策评估因果分析结果。匹配、双重差分、工具变量、断点回归、PSM – DID、合成控制法、三重差分都是适用于政策评估的研究方法。其中，双重差分的应用优势是允许不随时间变化的不可观测因素的存在；其应用局限性是对面板数据要求更为严苛，需要很强的识别假设，即共同趋势假设。双重差分可弥补传统因果推断方法的不足，从而有效消除混杂因素的影响，② 其作用机制在于用控制组的时间趋势来分离处理组中由其他不可观测因素导致的因变量的变化，得到纯粹的政策效应。这就有效解决了"存在共同解释变量（混淆变量）""存在共同影响变量（对撞变量）"两类错误确定因果关系的状况。③ 针对在大多数情况下处理组与控制组的时间趋势不同的现实，即控制组和处理组不满足共同趋势假设，三重差分可引入另外一组未接受政策处理的控制组和处理组进行第二次双重差分，估计出两组的时间趋势差异，对两次双重差分的结果再进行一次差分，进而得到纯粹的政策效应。④

　　2. 行动者中心建模

　　行动者中心建模（Agent Based Modeling，ABM），是以行动者为中心、自下而上对现实世界进行映射、抽象和分析的模拟仿真方法，⑤ 被列入新计算社会科学的四大重要研究主题。⑥ 行动者中心建模，是社会学领域

---

① 姚东旻：《因果推断初步：微观计量经济学导论》，第 1 ~ 44 页。
② 姚东旻：《因果推断初步：微观计量经济学导论》，第 107 ~ 148 页。
③ 姚东旻：《因果推断初步：微观计量经济学导论》，第 1 ~ 44 页。
④ 姚东旻：《因果推断初步：微观计量经济学导论》，第 282 ~ 304 页。
⑤ Bonabeau, E. "Agent-based Modeling: Methods and Techniques for Simulating Human Systems," *Proceedings of the National Academy of Sciences*, 99 (suppl. 3), 2002, pp. 7280 – 7287. Klügl, F., & Bazzan, A. L. "Agent-based Modeling and Simulation," *AI Magazine*, 2012, 33 (3), 29. Macal, C. M., & North, M. J., "Tutorial on Agent-based Modeling and Simulation," in Proceedings of the Winter Simulation Conference, 2005, IEEE.
⑥ 罗玮等：《新计算社会学：大数据时代的社会学研究》，《社会学研究》2015 年第 3 期。

计算社会学中重要的方法论之一，以下从发展历程、建模三要素、建模原则及建议三个维度介绍。

（1）发展历程

社会学的计算机建模经历了宏观建模、微观建模、行动者中心建模三个发展时期。社会学领域的计算机模拟方法研究已有五十年的发展历史。[①] 随着 PC 机的普及、分布式人工智能的发展、复杂系统研究的深入以及自下而上建模方式的提出，计算机模拟方法受到高度瞩目。在宏观建模和微观建模的基础上，行动者中心建模突破了宏微观二分法，架构起宏观分析和微观分析的桥梁，动态、可视化地描绘了复杂宏观现象的微观基础，不仅使研究者得以摆脱整合宏观和微观理论框架的限制，将不同水平的现象集合在一起，[②] 而且能够以模拟个体的多样化行动为基础，测量随时间发展产生的系统行为和输出，从而研究宏观效应如何从诸多行动者的微观交互中产生。

行动者中心建模的特征与优势、技术特征和问题处理域，与社会学方法准则和社会心理学理论的发展趋势不谋而合。[③] 涂尔干提出社会学方法准则，认为社会事实要到社会事实中去寻找，社会不能被还原为个体的总和;[④] 社会心理学经历了其信任危机后，亦开始关注主体性，强调将个体作为独特的、整体的人来研究，而社会认同路径更是强调个体中的群体。[⑤] 与此相呼应，行动者中心建模方法正是在社会互动的层面对研究主体进行抽象，

① Hanneman, R., & Patrick, S., "On the Uses of Computer-assisted Simulation Modeling in the Social Sciences," *Sociological Research Online*, 1997, 2 (2), p. 5. Hummon, N. P., & Doreian, P., "Computational Methods for Social Network Analysis," *Social Networks*, 12 (4), 1990, pp. 273 – 288. Schelling, T. C., "Dynamic Models of Segregation," *Journal of Mathematical Sociology*, 1971, 1 (2), pp. 143 –186.

② Altaweel, M., Sallach, D., & Macal, C., "Mobilizing for Change: Simulating Political Movements in Armed Conflicts," *Social Science Computer Review*, 2013, 31 (2), pp. 143 – 164. Halpin, B., "Simulation in Sociology," *American Behavioral Scientist*, 1999, 42 (10), pp. 1488 –1508. Sawyer, R. K., "Artificial Societies: Multiagent Systems and the Micro-macro Link in Sociological Theory," *Sociological Methods & Research*, 2003, 31 (3), pp. 325 – 363.

③ Cederman, L. E., "Computational Models of Social Forms: Advancing Generative Process Theory," *American Journal of Sociology*, 2005, 110 (4), pp. 864 – 893.

④ 〔法〕E. 迪尔凯姆:《社会学方法的准则》，狄玉明译，商务印书馆，2013。

⑤ 〔澳〕迈克尔·A. 豪格、〔英〕多米尼克·阿布拉姆斯:《社会认同过程》，高明华译，中国人民大学出版社，2011。

强调社会互动到社会互动中去寻找、行动者不能被还原化约为变量的总和，整合了个人和人际、群内和群际不同抽象水平的实验研究方法。①

　　1971 年，社会学研究中首次出现行动者中心模型，② 该方法被广泛应用于社会学研究领域，如社会结构和社会秩序的突生现象，③ 其中包括合作的演化④、内战⑤、文化的变迁⑥等，成为社会学理论建构研究的新方法。⑦ 在丰硕的经验研究成果之外，国外学者还对行动者中心模型定义和基本组成元素⑧、建模准则⑨、建模语言⑩、建模主流范式⑪、建模生命周

---

① 〔比利时〕威廉·杜瓦斯：《社会心理学的解释水平》，赵蜜等译，2011。

② Schelling, T. C. , "Dynamic Models of Segregation," *Journal of Mathematical Sociology*, 1971, 1 (2), pp. 143 – 186.

③ Macy, M. W. , & Willer, R. , "From Factors to Actors: Computational Sociology and Agent-based Modeling," *Annual Review of Sociology*, 2002, 28 (1), pp. 143 – 166.

④ Axelrod, R. , Hamilton, W. D. , "The Evolution of Cooperation," *Science.* 1981, 211 (4489), pp. 1390 – 1396.

⑤ Epstein, J. M. , "Modeling Civil Violence: An Agent-based Computational Approach," *Proceedings of the National Academy of Sciences*, 2002, 99 (3), pp. 7243 – 7250.

⑥ Dean, J. S. , Gumerman, G. J. , Epstein, J. M. , Axtell, R. L. , Swedlund, A. C. , Parker, M. T. , & McCarroll, S. , "Understanding Anasazi Culture Change through Agent-Based Modeling," *Dynamics in Human and Primate Societies: Agent-based Modeling of Social and Spatial Processes*, 2000, pp. 179 – 205.

⑦ Smith, E. R. , & Conrey, F. R. , "Agent-based Modeling: A New Approach for Theory Building in Social Psychology," *Personality and Social Psychology Review*, 2007, 11 (1), pp. 87 – 104.

⑧ Halpin, B. , "Simulation in Sociology," *American Behavioral Scientist*, 1999, 42 (10), pp. 1488 – 1508.

⑨ Gilbert, G. N. , & Troitzsch, K. G. , *Simulation for the Social Scientist*, Maidenhead: Open University Press, 1999. Grimm, V. , et al. , "Pattern-oriented Modeling of Agent-based Complex Systems: Lessons from Ecology," *Science*, 2005, 310 (5750), pp. 987 – 991. Heppenstall, A. J. , Evans, A. J. , & Birkin, M. H. , "Genetic Algorithm Optimisation of an Agent-based Model for Simulating a Retail Market," *Environment and Planning B: Planning and Design*, 2007, 34 (6), pp. 1051 – 1070. Macal, C. M. , & North, M. J. , Tutorial on Agent-based Modeling and Simulation. in Proceedings of the Winter Simulation Conference, 2005, IEEE. Nowak, A. , "Dynamical Minimalism: Why Less is More in Psychology," *Personality and Social Psychology Review*, 2004, 8 (2), pp. 183 – 192.

⑩ James Odell, et al. , Agent-oriented Software Engineering V. Springer, 5th International Workshop, AOSE 2004, New York, NY, USA, July 2004, Revised Selected Papers.

⑪ Borshchev, A. , & Filippov, A. , From System Dynamics and Discrete Event to Practical Agent based Modeling: Reasons, Techniques, Tools, in Proceedings of the 22nd International Conference of the System Dynamics Society, 2004, 22. Gilbert, N. , & Terna, P. , "How to Build and Use Agent-based Models in Social Science," *Mind & Society*, 2000, 1 (1), pp. 57 – 72. Grimm, V. , et al. , "Pattern-oriented Modeling of Agent-based Complex Systems: Lessons from Ecology," *Science*, 2005, 310 (5750), pp. 987 – 991.

期[2]、建模框架[1]和建模工具[2]等主题进行了系统探讨。行动者中心建模方法在研究局部互动清晰的、非线性的复杂系统问题和由行动者简易局部互动引发的涌现现象方面具有不可替代的优势,[3] 在社会学领域得到较为广泛的应用[4]。

（2）建模三要素

行动者中心建模（ABM）有三个核心要素：行动者、互动规则、互动环境。[5]

行动者是多元的，可以表示个人、组织或国家等不同抽象水平的行动者。不同于微观建模中社会性孤立的行动者，ABM 中的行动者自主地进行交互。交互过程对行动者的影响，既可能是积极的，也可能是消极的。[6] ABM 可以对多个抽象层次进行模拟，既可以模拟人（如消费者、卖家，或投票者），也可以模拟诸如家庭、公司、政府和国家等社会群体。[7]

互动规则在 ABM 中具有相当的重要性。ABM 的应用场景就是通过微观个体间简化的交互规则生成高度复杂的宏观社会现象，而规则不仅会影响行动者的行为和行动者之间的关系，也会影响行动者所处的环境。在建模过程中，规则的确定通常来源于已有文献、专家知识、数据分析等。规

---

① Kennedy, W. G. , "Modelling Human Behaviour in Agent-based Models," in *Agent-based Models of Geographical Systems*, Springer Netherlands, 2011. Malleson, N. , Heppenstall, A. , & See, L. , "Crime Reduction through Simulation: An Agent-based Model of Burglary," *Computers, Environment and Urban Systems*, 2010, 34（3）, pp. 236 – 250.

② Inchiosa, M. E. , & Parker, M. T. , "Overcoming Design and Development Challenges in Agent-based Modeling using ASCAPE," *Proceedings of the National Academy of Sciences*, 2002, 99（3）, pp. 7304 – 7308.

③ Sichman, J. S. , Conte, R. , & Gilbert, N. （Eds. ）. *Multi-Agent Systems and Agent-Based Simulation: First International Workshop*, MABS'98, Paris, France, July 4 – 6, 1998, Proceedings. Springer.

④ Epstein, J. M, *Generative Social Science: Studies in Agent-based Computational Modeling*, Princeton: Princeton University Press, 2006.

⑤ Macy, M. W. , & Willer, R. , "From Factors to Actors: Computational Sociology and Agent-based Modeling," *Annual Review of Sociology*, 2002, 28（1）, pp. 143 – 166.

⑥ Nowak, A. , & Sigmund, K. , "Evolution of Indirect Reciprocity by Image Scoring," *Nature*, 1998, 393（6685）, pp. 573 – 577.

⑦ Axelrod, R. , & Tesfatsion, L. , Appendix AA Guide for Newcomers to Agent-based Modeling in the Social Science, Handbook of Computational Economics, 2006, p. 2.

则是行动者行动的基础，比如艾莉森·赫彭斯托尔（Alison Heppenstall）等基于已有文献、数据及数学分析来建立模型规则。[1] 在建模中，规则的表述往往采用"if-else"框架，如果满足特定条件，特定行动就会被实施，反之则不会发生。威廉·G·肯尼迪（William G. Kennedy）对 ABM 中处理个体行动的不同规则框架进行了综述。[2]

互动环境通常是对多元行动者的相对空间位置、关系等进行建模。[3] 环境定义的是行动者交互的空间，为行动者之间和行动者与环境之间的交互提供支持。环境可以指与其他行动者相对的地理位置，也可以指在社交网络中与其他行动者的关系和社交网络的连接。[4] 比如，关于行动者交互的空间，亲近（proximity）可能被定义为临近行动者在连续空间内的空间距离或者是社会网络中的连接度。环境中的行动者是空间明确的，意味着行动者在地理空间中有一个位置；相反，如果行动者在空间上是不明确的，那么意味着环境中它们的位置是不相关的。

（3）建模原则及建议

行动者中心建模原则可以概括为动态极简方法（dynamical minimalism approach）。[5] 一方面，它奉行极简主义，以识别产生出研究者所要解释现象的最简机制为追求目标；另一方面，它又是动态的，以系统行为相关基础特质或元素处在即时重复交互过程中为假设前提。极简视角下的理论构建可以用于解释高度复杂的现象。简约（parsimony）和归纳（reduction）是理论构建中两个权威性的追求。[6] 复杂方法（complexity approach）则强调高水平的现象不是低水平现象的简单叠加之和，[7] 因此

[1] Heppenstall, A., Evans, A., & Birkin, M., "Using Hybrid Agent-based Systems to Model Spatially-influenced Retail Markets," *Journal of Artificial Societies and Social Simulation*, 2006, 9 (3).

[2] Kennedy, W. G., "Modelling Human Behaviour in Agent-based Models," in *Agent-based Models of Geographical Systems*, 2011, Springer Netherlands.

[3] 〔英〕奈杰尔·吉尔伯特：《基于行动者的模型》，盛智明译，上海人民出版社，2012。

[4] Doreian, P., "Causality in Social Network Analysis," *Sociological Methods & Research*, 2001, 30 (1), pp. 81–114.

[5] Nowak, A., "Dynamical Minimalism: Why Less is More in Psychology," *Personality and Social Psychology Review*, 2004, 8 (2), pp. 183–192.

[6] Nowak, A., De Raad, W., & Borkowski, W., "Culture Change: The Perspective of Dynamical Minimalism," *Advances in Culture and Psychology*, 2012, pp. 2, 249–314.

[7] Anderson, P. W., "More is Different," *Science*, 1972, 177 (4047), pp. 393–396.

对个体决策规则的完美觉知也无法保证对宏观结构的精准预测。[①] 动态极简方法起源于复杂方法，是研究基于突生（emergence）的理论建构方法。如前所述，其目标是找到元素（elements）水平的最简属性和最简交互规则，以使其可以自组织地产生所要解释的系统水平现象。极简主义是语言学的前沿理论方法。[②] 计算机模拟和实证结果显示，极其简单的规则和元素可以通过非线性的交互过程产生高度复杂的动态现象，比如自组织和类型的组建。

Michael W. Macy 和 Robert Willer 提出了以下建模建议：①逻辑起点简单；②避免依赖生物隐喻；③真正尝试落地实验，而不仅止于开发；④测试稳健性；⑤测试外部效度；⑥测试领域效度；⑦将影响因子代入模型中。[③]

3. 人工智能

史蒂芬·卢奇、丹尼·科佩克引用了拉斐尔（Raphael）对人工智能的定义，"人工智能是一门科学，这门科学让机器做人类需要智能才能完成的事"。简单的决策或精确的计算等问题更适合应用传统计算机科学方法。适宜人工智能求解的问题域有三个主要特征：一是大型的问题；二是计算上非常复杂，且不能通过简单的算法来解决；三是倾向于收录大量的人类专门知识。人工智能分为两类，弱人工智能与强人工智能。其中，弱人工智能基于系统表现来衡量系统是否成功，主要关注执行结果是否能令人满意；而强人工智能则更关注构建系统的结构，认为计算机可以获得意识和智能。[④] 人工智能包含专家系统、机器学习、计算机视觉等最为人熟知的研究分支，其中专家系统被视为人工智能的重要分支之一。

① Epstein, J. M., "Agent-based Computational Models and Generative Social Science," *Complexity*, 1999, 4 (5), pp. 41 – 60.

② Chomsky, N., *The Minimalist Program*, MIT Press, 2014.

③ Michael W. Macy, Robert Willer, "From Factors to Actors: Computational Sociology and A-gent-Based Modeling," *Annual Review Sociology*, 2002, 28 (1), pp. 143 – 166.

④ 〔美〕史蒂芬·卢奇、丹尼·科佩克：《人工智能（第2版）》，林赐译，人民邮电出版社，2020，第2~45页。

表2　本书研究主题逐层拓展和演化

主题	研究对象	研究范式	互联网宗教舆情	方法论	研究主题	舆情事件择选	宗教社会心理学解释水平	数据源
中国数字人文宗教交叉研究	中国佛教	第一范式	互联网宗教舆情核心概念丛辨析	质性研究	互联网宗教&数字宗教 数字人文宗教 互联网宗教信息 七大概念丛的建构	无	无	无
		第二范式	互联网宗教舆情的后效评估	计量经济学	政府执行力感知 政府信任	佛教去商业化行动	群际·解释水平	社会调查数据
		第三范式	互联网宗教舆情制规律及预测	行动者中心建模	经典案例提炼方法框架 传播规律 演化规律预测 治理规律	种族隔离与集群事件 景区微博改名事件 法海事件 五行币派对事件	归纳 人际·解释水平 群内·解释水平 群际·解释水平	仿真数据
		第四范式	互联网宗教舆情治理	人工智能	人工智能 文化社会心理学与宗教治理 计算社会心理学实证研究 精准研判 宗教商业化 宗派、祖庭 互联网宗教信息服务 宗教治理现代化	跨学科对话 戏谑宗教行为 公司运营却挂靠寺名 景区的涉佛教商业化治理事件	质性研究 群际·解释水平	无 研究场景驱动而抓取的社交媒体数据
		第一范式	宗教学交叉研究的跨学科对话	质性研究	跨学科方法的结构化吸纳 方法论的流程化提炼	无	无	无

　　机器学习是人工智能的一个研究分支，根据智能体接受的反馈类型，机器学习可分为监督学习、无监督学习和强化学习。① 文本情感分析是指通过分析主观性文本的情感色彩，挖掘其情感倾向。情感的分类多样，有的将其划分为正面、中性和负面；也有的将跨学科的情绪分类引入文本情感分析，诸如笛卡尔的 6 种情绪和普拉切克（Plutchik）的 8 种基本双向情绪等。② 监督学习主要应用场景是分类分析，适用于情感分析判断。③ 文本情感分析方法主流分类为基于情感词典、传统机器学习和深度学习三类，使用预训练模型的深度学习是当前常用的方法。④ 2018 年，谷歌公司发布的 BERT 即属于在深度学习中使用预训练模型的方法，⑤ 在自然语言处理（NLP）领域的 11 项基本任务的完成效果上都有显著提升，⑥ BERT 也被用于短视频网络舆情情感分析的研究。

---

①　〔美〕史蒂芬·卢奇、丹尼·科佩克：《人工智能（第 2 版）》，林赐译，第 242 ~ 290 页。

②　李然、林政、林海伦、王伟平、孟丹：《文本情绪分析综述》，《计算机研究与发展》2018 年第 1 期。

③　唐慧丰、谭松波、程学旗：《基于监督学习的中文情感分类技术比较研究》，《中文信息学报》2007 年第 6 期。

④　王婷、杨文忠：《文本情感分析方法研究综述》，《计算机工程与应用》2021 年第 12 期。

⑤　刘思琴、冯胥睿瑞：《基于 BERT 的文本情感分析》，《信息安全研究》2020 年第 3 期。

⑥　安俊秀、蒋思畅：《面向自然语言处理的词向量模型研究综述》，《计算机技术与发展》2023 年第 12 期。

第一章　第一范式的数字人文宗教与互联网宗教舆情概念丛辨析的质性研究

在中国数字人文宗教自主进阶之路的开拓中，厘清概念的内涵与外延是首要工作。"互联网宗教舆情""互联网宗教""互联网宗教信息""互联网宗教信息服务""数字宗教""计算宗教学""数字人文宗教"等概念涌现，学界对其阐释不断深入，正逐步形成研究议题共同体。但现有概念阐释与数字人文宗教研究的对话仍待进一步深入，推进模型驱动和数据驱动新范式的数字人文宗教交叉研究的落地。

本章基于前文对中国宗教学在数字人文方向的三个标志性成果的梳理，采用第一范式的质性分析方法，分别阐释了互联网宗教研究的路径与方法、中国宗教学与数字人文研究的阶段性进展、互联网宗教信息的分类列举、数字人文宗教与互联网宗教舆情的七大主流概念丛四个主题。七大主流概念丛的研究对象及内涵外延有一定叠合性，其阐释应首先服务于实证研究的落地，故本章着重梳理七大主流概念丛各自侧重的研究议题、共同体的研究着手点及交叉研究的结构，未着重梳理概念丛的逻辑和层次。

一　互联网宗教研究的路径与方法*

伴随"互联网＋"的纵深发展，互联网宗教研究得到了政界、教界、学界的关注。在宗教学领域融媒体信息的传播中，麦克风的"大众化"重估、App使用中的阶层化形态的形成、公共生活中信息素养和行动素养的挑战、数字化生存等，及随之产生的注意力碎片化、目标导向及好奇心经济、社会自我效能感、信息素养、数字素养等主题，引发了交叉学科研讨。5G和6G、区块链、量子计算机、比特币、VR、AR、

---

*　本节曾刊于《世界宗教文化》2021年第6期，修改后收入本书。

XR、元宇宙等纷繁复杂的新概念不断映入眼帘，推动着学术共同体合力探索互联网宗教的研究。

（一）互联网宗教的概念辨析

宗教学界已有多位学者从发展历程、研究主题、重要性等角度阐释互联网宗教研究的内涵和外延。本节尝试从两个方面切入：一是社会行动者视角下，互联网宗教研究的三个核心要素——行动者、互动规则、互动环境；二是互联网得以成形的核心转折点——冯诺依曼体系结构①及其二进制支撑的运算、控制、存储、输入、输出体系。

互联网宗教研究在经历从变量中心到行动者中心的范式迭代。社会行动者视角下，互联网宗教研究主要关涉行动者、互动规则、互动环境三个核心要素。

行动者中心是更适配互联网宗教研究的一种研究范式和视角。互联网宗教研究中的研究对象、传统宗教学研究成果、所处的时空坐标系（历史环境、地理环境、政治环境、社会环境、文化环境等）可与社会行动者中心视角进行充分对话。

与结构化编程到面向对象编程范式的演变和迭代一样，互联网宗教研究领域中从变量中心到行动者中心的范式迭代也有其外部驱动力、必要性和可行性。计算机研究领域在对复杂世界进行建模时，在局部互动清晰的情况下，自下而上的建模方法可有效实施。计算机研究领域，面向对象编程和编程语言的 Java 盛行，近年又有了 Python 的兴起。互联网宗教研究的核心要素之一是大数据，研究开展必然要应对大量繁杂、非结构化的数据，研究之初难以获得现象的全貌。与此同时，研究关涉社会行动者的多重群体资格、不同情境下不同权重群体资格的激活、群体资格激活后局部互动环境和互动规则皆有较为可观的学科成果积累，其规律较为清晰。由此可知，社会行动者中心是更适配互联网宗教研究的一种研究范式和视角。

徐生菊与海蒂·坎贝尔（Heidi Campbell）比较辨析了"宗教在线"（religion online）、"在线宗教"（online religion）、"数字宗教"（digital

---

① 唐朔飞编著《计算机组成原理》，高等教育出版社，2008，第 7~16 页。

religion) 的概念。① 其中，数字宗教是基于数字媒体 (digital media) 的核心概念，徐生菊与海蒂·坎贝尔更倾向于应用"数字宗教"的概念，她们认为数字媒体比互联网 (Internet) 更为健壮 (robust)。不同于学界常用的"宗教在线" (religion online)、"在线宗教" (online religion)、"数字宗教" (digital religion) 等概念内涵，结合中国语境的"互联网宗教研究"中的"互联网"并非是应用层的互联网，而是捕捉了互联网兴起的源头——冯诺依曼体系结构及其二进制支撑的运算、控制、存储、输入、输出体系，及其面向对象/行动者中心的视角的落地，故在中国的学术语境下，"互联网宗教"是更为稳固和健壮的概念。

在以冯诺依曼体系结构为主导的互联网发展背景下，互联网宗教研究是指基于冯诺依曼体系结构及其二进制支撑的运算、控制、存储、输入、输出体系，将网络空间及其相关的线下空间的宗教学领域问题、研究对象及其时空坐标系、理论及方法进行映射的研究。鉴于该领域研究的复杂性，互联网宗教研究更侧重行动者中心视角。

（二）学科制度视角下互联网宗教研究的体系化建设

学科制度视角下，本节梳理互联网宗教研究体系化建设的现状及瓶颈。第一个方面是学科概览，包括互联网宗教研究的学科概念框架的建构、学科理论的建构、方法体系的完善、应用实践的拓展、学科认同自主性的诉求等维度；第二个方面是学科制度结构，包括职业化的研究者、规范的学科培养计划、学术成果的公开流通和评价、基金资助等维度的情况。②

（1）互联网宗教研究学科框架需在对互联网宗教核心概念丛的不断打磨中及学术共同体长期探讨下逐渐清晰。因互联网宗教研究的交叉学科特性，其学科理论建构必然是在前人"已造车轮"的基础上，吸收相关学科的已有理论成果，进而建构领域特异性理论。

（2）互联网宗教研究方法体系的完善及应用实践的拓展亟待系统化梳理、吸收和应用。在方法论及工具的原理、适用范围、应用领域、可

---

① Xu S, Campbell H A., "Surveying Digital Religion in China: Characteristics of Religion on the Internet in Mainland China," *The Communication Review*, 2018, 21 (4), pp. 253-276.

② 方文：《学科制度和社会认同》，中国人民大学出版社，2008。

行性和必要性等脉络未得到清晰梳理的前提下，单一方法论或工具的探索应用可能会出现系统性偏差。以可视化控件为例，可视化控件需服务于问题、信息、知识。无新信息量的可视化控件应用会使互联网宗教研究趋于泡沫化、资讯化，偏离学者本职。

（3）互联网宗教研究的学科认同自主性的诉求，也受其交叉学科特性的影响。互联网宗教研究秉承多个学科的理智传统，诸如宗教学、信息科学、社会学、心理学、历史学、政府管理学、国家安全学等，并伴随多元研究对象的拓展性，互联网宗教研究将灵活吸纳多个学科的理智资源。本领域诸多核心概念内涵和外延、理论及方法尚未得到系统梳理且未形成共识，这便引发两个趋向：一是引发持有不同研究方向和方法偏好的学者参与其中；二是同领域的知识行动者未形成强链接的学术共同体。

（4）学科制度视角下互联网宗教研究的体系化建设仍需坚守以"内"定"外"的核心原则，谨防互联网宗教研究在初期学术互动中出现"劣币驱逐良币"现象。在互联网宗教研究的开拓中，更需要用最"冷"的"板凳"支撑此最"热"的研究。正如清华大学人文学院科学史系吴国盛教授指出，"制度建设包括外在和内在两个方面，外在建设主要是争取外部社会资源，比如争取社会舆论的重视、政府的重视、投资者和慈善家的重视等。……学科的制度建设应以内在建设为主，以'内'定'外'……何谓学科制度的内在建设？我的理解，主要是建立各种各样的学术标准和学术规则，而且这些标准和规则成为学者的共识，并内化为他们追求的目标和行为的准则，真正成为一种精神层面上的制度，从而起到规范的作用。……学术优劣标准的形成是科学共同体长期互动的自然结果"。[①] 新时代的互联网宗教研究得到较为充足的外部社会资源支持，从其学科的外部建设来看，已得到政界、教界、学界的共同重视。

互联网宗教研究领域的研究者也期待自身研究可拓展和交叉至自然科学领域，并在申请国家自然科学基金交叉学部经费时得到国家自然科学基金、宗教学学术机构和学术共同体的科研支持。

（5）互联网宗教研究需冲破学科焦虑、在新时代完成转型和拓展。

----

① 方文等：《学科制度建设笔谈》，《中国社会科学》2002 年第 3 期。

学科破壁现象、去学科概念引发了传统人文领域学者的深度焦虑。多学科交叉及交叉学科的发展，不会削弱宗教学研究的价值，反而会剔除重复、批量的体力工作，并将这部分工作交予计算机处理，使研究者得以专注于知识/智慧成果的输出，以凸显宗教学学科及其不可替代的价值。这也会推动宗教学学术成果朝两方面转型和拓展：一是从资料/数据成果、信息/材料成果、知识成果，向智慧成果的转型；二是成果形态从学术论文、专著、内部报告等，向软件著作权、专利、VR/AR/XR、搭建专题研究系统平台等多形态拓展。互联网宗教研究成果的新时代转型和拓展迫切需要适切的奖惩制度，以保障相关研究健康、有序发展。

（三）对中国互联网宗教研究现状的回应

基于互联网宗教研究的概念阐释，中国互联网宗教研究学术共同体需对相关问题做出符合自身研究本色的、本土化的回应。类似于杨庆堃先生以《中国社会中的宗教》来回应"中国有无宗教"的问题，中国互联网宗教研究学术共同体也需回应"中国互联网宗教研究在'数字宗教'研究领域是否与西方国家有明显差距""人工智能等方法论在互联网宗教研究中的落地路径"等相关问题。

1. 中国"数字宗教"概念辨析

徐生菊与海蒂·坎贝尔指出，互联网宗教研究（Internet religion）因只是在讨论互联网上的宗教实践与宗教文本，并没有涵括使用数字媒体的线下宗教参与，互联网宗教的概念没有数字宗教的概念健壮，且中国学者关于数字宗教的研究只有对现象的描述和基本的质性分析，故中国学术圈和西方学术圈在研究质量和研究数量上存在明显差距。她们在梳理中国"数字宗教"研究框架时，将研究框架中的主题分为三类：第一类是在汉语学术圈已有的研究主题，诸如数字宗教的发展、影响、隐私和安全关系、管理策略等；第二类是英语学术圈已有的研究主题，诸如社交媒体平台宗教的案例研究；第三类是西方议题、需要未来研究的议题，诸如宗教在线、在线宗教、科仪、身份认同、共同体、权威性、真实性、线上和线下的互动等研究主题。①

---

① Xu S, Campbell H A., "Surveying Digital Religion in China: Characteristics of Religion on the Internet in Mainland China," *The Communication Review*, 2018, 21 (4).

不同于徐生菊与海蒂·坎贝尔对"数字宗教"的概念解析,当下中国宗教学学者已将"互联网宗教"概念建立在冯诺依曼体系结构及其二进制支撑的运算、控制、存储、输入、输出体系。这是抓住了互联网兴起的核心要素,以及数字媒体之所以保持互动特性的基础支撑。

基于两个维度的考量,中国互联网宗教研究将"数字宗教"落脚在二进制和比特维度的"数字"内涵上。一是冯诺依曼体系结构是互联网得以成形、线上和线下形成联动的基础设施支撑,且互联网承载的全部内容,不论是文本、音频、视频,乃至后续的 VR、AR、元宇宙等相关信息,都由冯诺依曼体系的二进制完成编码、传输和解码。二是伴随穿戴式设备(微纳制造)、3D 打印、物联网等领域的发展,"数字媒体"与人线上、线下生活越来越紧密地耦合,人与数字媒体的边界会渐趋模糊;而二进制和比特却是人的线上、线下所有属性、活动、环境、互动等数据层通用的存储和表示方式。因此,中国互联网宗教研究的"数字宗教"是落脚于二进制和比特的"数字宗教"。基于二进制和比特的中国"互联网宗教"研究、"数字宗教"研究更契合互联网思维,更契合中国语境,更稳固、健壮、也更易于落地。基于冯诺伊曼体系结构,中国互联网宗教研究领域中的"数字宗教"与"互联网宗教"概念是有共通性的。

中国宗教学界一直在推进量化研究,并且将计量经济学、人工智能领域的深度学习等多元的量化方法应用在互联网宗教研究中。[①]如若在"数字宗教"研究领域将中国与西方国家研究进行比较,首先需在概念范畴上进行明确厘定,再进行对话。互联网宗教研究的进展也不能仅依据文章数量和量化方法的应用等维度进行评判,需建立立体、综合的评审标准。

2. 人工智能等方法论在互联网宗教研究中的落地路径

问卷调查、统计分析、计量经济学分析、数据挖掘,人工智能领域的监督学习、非监督学习、强化学习等深度学习方法,数据可视化编程及控件等都可成为互联网宗教研究体系化方法论建构的工具箱。对于人

----

① 韦欣、厉行、向宁:《互联网佛教去商业化行动与政府信任——一个基于实证模型的考察》,《世界宗教研究》2020 年第 2 期。

文领域学者而言，如何构建适切的工具箱和落地路径，成为迫在眉睫的
议题。

基于数字人文的技术体系①和冯诺依曼体系结构，本节梳理了互联
网宗教研究的方法论体系落地路径。虽然在多个维度下难以精准对应、
存在交叠和偏差，但可提供互联网宗教研究方法论工具箱的基础层次结
构，进而为研究者提供便利。

表3　互联网宗教研究的方法论体系落地路径

主题	互联网宗教研究	行动者中心视角	冯诺依曼体系结构		
			体系结构（二进制）	J2EE/EJB	方法论体系（包含且不限于）
1	问题域/研究结果	UI	输入/输出	表示层	可视化技术 VR/AR
2	时空坐标系（线上和线下）	互动环境	存储	数据层	历史学 文献学 田野/问卷调查 数字化技术 数据管理技术 网络爬虫 VR/AR
3	研究对象	社会行动者			
4	理论	互动规则	运算、控制	逻辑层	学科理论建模技术 数据分析技术 机器学习

方法论体系组成，举例如下（包含且不限于）：可视化技术包括信
息美学、知识地图、主题图、关联呈现、场景模拟、历史仿真等；VR/
AR 技术包括人机交互技术、脑机界面、认知技术、互动测量、游戏化学
习、计算机竞技等；数字化技术包括多光谱技术、3D 建模、拍摄、采
样、捕捉、图形设计等；数据管理技术包括文本编码、语义分析、本体
建模、数据库设计、多媒体搜索、语义搜索、数据看护、名称实体提取，
以及 API 数据服务等；数据分析技术包括文本分析（词频、共现、关联、
向量、概率）、聚类分析、主题分析、内容挖掘、时序分析、地理空间分

① 刘炜、叶鹰：《数字人文的技术体系与理论结构探讨》，《中国图书馆学报》2017 年
第 5 期。

析、社会关系分析、计量经济学分析等；机器学习技术包括监督学习、非监督学习和强化学习，根据应用场景又可分为自动分类、聚类分析、图像视频音频目标识别和分析、个性化服务、精准推送、超级计算等。

与此同时，中国互联网宗教研究可为人工智能等自然科学议题和"卡脖子"问题提供思想溯源。人工智能领域的监督学习、非监督学习、强化学习等深度学习方法极大地推进了中国互联网宗教研究。同时，基于美国基督教思想和日本神道教思想对两者人工智能发展的影响，[①] 中国的互联网宗教研究可为人工智能领域的自主创新提供深厚的文化和思想根基。

二　中国宗教学与数字人文研究的阶段性进展[*]

数字人文相关研究肇始于二十世纪四十年代，并逐渐形成了数字人文组织联盟，数字人文中心等相关研究机构、学术团体，国际学术会议与学术期刊也相继发展起来。[②] 中国国内的研究机构及国际合作项目方兴未艾，如2011年武汉大学成立了专门的数字人文中心、2016年5月北京大学图书馆与哈佛大学CBDB项目和北京大学"数字人文建设与发展研究课题组"共同举办了首届北京大学"数字人文论坛"等。[③] 2019年12月，由清华大学和中华书局联合创办的第一本数字人文刊物《数字人文》出版。[④]

近十年来，宗教学领域较少直接出现"数字人文"这一关键词，但从数字人文下的人文计算和计算人文[⑤]方向来看，宗教学领域的"数字人文"方向已积累了相当的研究成果，并呈现增长趋势。本节对近十年

---

① Robert M. Geraci. ，"Spiritual Robots：Religion and Our Scientific View of the Natural World，" *Theology and Science*，2006，4（3），pp. 229 –246.

* 本节曾刊于《世界宗教文化》2020年第6期，修改后收入本书。

② 郭金龙、许鑫：《数字人文中的文本挖掘研究》，《大学图书馆学报》2012年第3期。

③ 朱本军、聂华：《跨界与融合：全球视野下的数字人文——首届北京大学"数字人文论坛"会议综述》，《大学图书馆学报》2016年第5期。

④ 《开放·融合·创新·共享——〈数字人文〉创刊仪式暨工作坊在清华大学举行》，清华大学人文社科图书馆网，http://hs. lib. tsinghua. edu. cn/content/1602。（阅读时间：2020年10月）

⑤ 柯平、宫平：《数字人文研究演化路径与热点领域分析》，《中国图书馆学报》2016年6月。

研究成果暂作归纳，因宗教学与数字人文的探讨尚处于起步阶段，故并未依据传统意义上数字人文基础设施的三个层次①或技术体系②进行归类，而选择以研究主题为主、以数字人文基础设施体系为辅的归纳标准。当前研究成果主要聚焦于宗教学文本图像数据的数据库基础性建设与应用性研究支撑、互联网宗教研究框架、"互联网＋"宗教舆情、当代热点与传统议题的对话、学术平台建设等领域。宗教学与数字人文的深度融合会形成新的研究格局。

（一）数字化进程兼顾数据库基础性建设与应用性支撑

首先，宗教学文本图像的数字化基础数据库建设持续推进。CBE-TA 汉文大藏经、宗教学词典 App、道教研究文献数字化工作等都已具备坚实基础。上海师范大学方广锠教授主持的敦煌遗书总目录和汉文佛教文献数字化总库③、中国社会科学院世界宗教研究所李建欣研究员的国家社科基金重大项目"中国宗教研究数据库建设（1850—1949）"④ 等堪为近十年宗教学文献数字化和数据库建设的重要成果。宗教学资料数字化进程不仅涉及文本图像的数字化存储，还包括口述史资料、科仪器物等其他载体的数字化存储，如"上海道教科仪数字化保存项目"。该项目将文献类资料、科仪文本、口述历史、器物类及其他来源资料等逐一进行数字化保存，整合形成"上海道教科仪资料库"。值得注意的是，上海道教科仪数字化保存项目也是从宗教教职人员自身视角出发对文化遗产进行保护的一次尝试。宗教艺术研究领域，基于数字技术高精度保存敦煌莫高窟壁画并还原修复龟兹石窟佛像⑤、

---

① 刘炜、谢蓉、张磊、张永娟：《面向人文研究的国家数据基础设施建设》，《中国图书馆学报》2016 年第 5 期。

② 刘炜、叶鹰：《数字人文的技术体系与理论结构探讨》，《中国图书馆学报》2017 年第 5 期。

③ 方广锠：《〈中国国家图书馆藏敦煌遗书总目录〉的编纂》，《敦煌研究》2013 年第 3 期；《略谈汉文大藏经的编藏理路及其演变》，《世界宗教研究》2012 年第 1 期；《数字化：开创古籍整理新局面》，《中国社会科学报》2015 年 11 月 10 日；《谈汉文佛教文献数字化总库建设》，《世界宗教研究》2016 年第 1 期。

④ 默生：《"中国宗教研究数据库建设（1850—1949）"开题》，《社科院专刊》2017 年 3 月 24 日。

⑤ 张舵、吴跃伟：《国外图书馆支持数字人文的实践及启示》，《图书馆杂志》2014 年第 8 期。

基于语义分析标示复杂叙事型敦煌壁画的具体人物和器物①等研究应用
正在有序展开。宗教学领域资料数字化研究还可吸纳图书馆、学术机构
和数字企业的古籍数字化成果及数据库建设成果。②

　　其次，国内一些数据已可以实现良好的研究支撑。中央统战部国家
宗教事务局官网、中国民族宗教网③和中国宗教学术网等网站数据、调查
问卷④、CFPS⑤、梵蒂冈原传信部所藏中国天主教会档案文献编目（1622
年—1939 年)⑥、CGSS⑦、CSSCI⑧、全国宗教活动场所基本信息及《中国
城市统计年鉴》、《中国审计年鉴》⑨、国家社科基金宗教学立项课题⑩、
报刊《佛门月报》⑪、《太虚大师新出文献资料辑录·民国报刊编》⑫、社
交媒体平台互动数据等已为开展深入研究提供了坚实基础。面对优质的
数据源，研究者一方面需对可及的数据源进行更大范围、更系统、更充

---

① 曾蕾、王晓光、范炜：《图档博领域的智慧数据及其在数字人文研究中的角色》，《中国
　图书馆学报》2018 年第 1 期。
② 李明杰、俞优优：《中文古籍数字化的主体构成及协作机制初探》，《图书与情报》
　2010 年第 1 期。
③ 张世辉：《民族宗教领域：有待开发和规范的信息宝库——以中国民族宗教网为例》，
　《世界宗教文化》2013 年第 2 期。
④ 李峰：《科学主义、文化民族主义与民众对佛道耶之信任：以长三角数据为例》，《世界
　宗教研究》2015 年第 3 期。
⑤ 北京大学宗教文化研究院课题组，卢云峰执笔《当代中国宗教状况报告——基于 CFPS
　(2012) 调查数据》，《世界宗教文化》2014 年第 1 期。
⑥ 刘国鹏：《国家社科基金重点课题资助项目〈梵蒂冈原传信部所藏中国天主教会档案文
　献编目（1622 年—1939 年)〉开题会综述》，《世界宗教研究》2015 年第 2 期。
⑦ 韩彦超：《策略信任视角下的宗教与一般信任——基于 2012 中国综合社会调查的
　实证研究》，《世界宗教文化》2017 年第 4 期；李峰：《宗教信仰影响生育意愿吗？
　基于 CGSS2010 年数据的分析》，《世界宗教研究》2017 年第 3 期；卢云峰、张春泥：
　《当代中国基督教现状管窥：基于 CGSS 和 CFPS 调查数据》，《世界宗教文化》2016 年
　第 1 期。
⑧ 孙立媛、孟凯、王东波：《基于 CSSCI 的马克思著作对宗教学影响力探究》，《西南民族
　大学学报》(人文社科版) 2019 年第 1 期。
⑨ 韦欣、厉行、向宁：《互联网佛教去商业化行动与政府信任——一个基于实证模型的考
　察》，《世界宗教研究》2020 年第 2 期；向宁、韦欣：《互联网佛教去商业化行动对政
　府执行力感知影响的实证研究》，《世界宗教文化》2019 年第 6 期。
⑩ 裴振威：《2008—2019 年国家社科基金宗教学立项课题分析报告》，《世界宗教文化》
　2019 年第 5 期。
⑪ 邵佳德：《近代佛教的世界格局：以晚清首份汉文佛教报纸〈佛门月报〉为例》，《世
　界宗教研究》2019 年第 6 期。
⑫ 杨浩：《数字化时代太虚大师研究史料的新发掘 评〈太虚大师新出文献资料辑录·民
　国报刊编〉》，《中国宗教》2020 年第 2 期。

分的发现与梳理；另一方面还需带着问题意识和学科洞察力，逐步建立与自身研究更贴切的数据库。数据库挖掘及提炼可参考"数据（Data）—信息（Information）—知识（Knowledge）—智慧（Wisdom）"模式。

（二）互联网宗教研究框架初现

互联网宗教研究领域的研究成果目前已涵盖了概念辨析及综述、重要性的梳理、现状及新形态研究、网络传教行为研究等方面，形成了初步的学科轮廓描绘。其中，互联网宗教、网络宗教、互联网宗教内容服务、线上宗教等概念辨析和研究综述渐趋深入；[①] 互联网宗教的动力机制及发展规律的探索[②]、网络宗教舆情应对的工作规律[③]等基础性工作都得到重视。互联网宗教现状及新形态研究主要呈现出基于各宗教的网站、论坛、搜索引擎、网络购物、微博、微信等平台上账号和搜索量的统计对整体特征进行刻画的趋势，有对世界宗教新形态趋势的研判，[④] 有对网络宗教的总体状况描述，[⑤] 也有对五大宗教和萨满教等[⑥]在网络空间布局概况的研究。就互联网场域宗教传播相关研究，学者们尝试梳理"网络传教"的发展阶段规律，并分析其特征与影响。[⑦] 此外，互联网宗教事务智库建设[⑧]相关话题亦有涉及。

（三）"互联网＋"宗教舆情研究走向纵深

本节先对数字人文与互联网宗教舆情关联略做说明。首先，互联

---

① 李华伟：《互联网宗教的特点及传播规律》，《中国社会科学报》2016 年 6 月 7 日；梁卫国：《信众的网络体验和权威的流变治理——国外和国内"互联网＋宗教"研究述要》，《世界宗教研究》2020 年第 3 期；吴越：《网络的宗教使用和宗教的网络复兴——国外宗教与网络研究综述》，《世界宗教文化》2016 年第 5 期。

② 郑筱筠：《全方位开展互联网宗教研究》，《中国宗教》2016 年第 7 期。

③ 董栋：《做好涉宗教网络舆情工作》，《中国宗教》2017 年第 6 期。

④ 金勋：《互联网时代世界宗教的新形态》，《中国宗教》2015 年第 4 期。

⑤ 赵冰：《"网上宗教"现象在中国的现状、特征与影响》，《世界宗教文化》2015 年第 1 期。

⑥ 王术：《公众如何关注基督教和天主教？——基于关键词采集技术的大数据分析》，《世界宗教文化》2016 年第 4 期；王伟：《互联网时代萨满教的公众关注及存在形态研究》，《世界宗教文化》2016 年第 4 期；张华、张志鹏：《互联网＋时代的宗教新形态》，《世界宗教文化》2016 年第 4 期。

⑦ 赵冰：《"四全媒体"与"神圣网络"：当代西方基督教会"网络传教"行为分析》，《世界宗教文化》2016 年第 4 期。

⑧ 杨文法：《积极打造高水平互联网宗教事务智库》，《信息安全与通信保密》2018 年第 3 期。

网宗教舆情的研究对象是互联网场域中数字化参与涉宗教社会公共生活的社会行动者。其次，互联网宗教舆情的研究基础来源于宗教信众与非信众在互联网场域中已"数字化"的基础数据和互动记录，比如网站上的全国宗教活动场所基本信息、舆情事件演化过程中参与和点赞人数、网民的评论内容文本等。最后，部分研究采用了爬虫抓取、计算机建模、计量经济学等数字化计算方法来研究人文现象——当代宗教的发展动态。互联网宗教舆情研究已成为宗教学的数字人文应用研究的重要组成部分。

当前，互联网宗教舆情相关成果梳理暂分为三个部分：年度报告、个案研究、研判系统架构。

1. 年度报告

宗教年度报告及热点报告已有相当成果积累并产生了一定影响力。伴随"互联网＋"的纵深发展及大众生活场域向线上迁移，宗教舆情事件在互联网场域中爆发，一些事件引发了广泛的社会关注。2013 年前后，宗教年度报告中开始出现互联网场域中宗教舆情事件，比如戏谑佛教歌曲事件、西安兴教寺事件、福州瑞云寺事件。[①] 学者在年度报告中梳理了事件的演变脉络、舆情的问题症结点、所引发的反思及政策建议。

2. 个案研究

互联网场域中宗教舆情相关个案研究也开始凸显。研究议题取材于现实中发生的个案，如法门寺景区微博改名事件[②]、互联网宗教的娱乐化商业化问题[③]、佛教去商业化行动[④]等。如果说宗教舆情年度报告以质性研究为主，那么宗教舆情个案研判则在方法上有所开拓，如基于多领域的数据，以及中央统战部国家宗教事务局官网公布的全国宗教活动场

---

① 周齐：《2013 年中国佛教发展形势及其热点事件评析报告》，邱永辉主编《中国宗教报告（2014）》，社会科学文献出版社，2015。

② 向宁：《佛教互联网舆情观点演化机制的行动者中心模型研究》，《世界宗教文化》2017 年第 5 期。

③ 王超文：《互联网宗教的娱乐化商业化问题应予反思》，《中国民族报》2018 年 10 月 16 日。

④ 韦欣、厉行、向宁：《互联网佛教去商业化行动与政府信任——一个基于实证模型的考察》，《世界宗教研究》2020 年第 2 期；向宁、韦欣：《互联网佛教去商业化行动对政府执行力感知影响的实证研究》，《世界宗教文化》2019 年第 6 期。

所基本信息等。在方法论维度引入了行动者中心建模和计量经济学等跨学科方法，并与宗教商业化、政府信任度、政府执行效率感知等议题进行初步对话。

3. 研判系统架构

宗教学领域中，互联网舆情指标体系建构及宗教舆情研判系统的思考已取得一些基础成果。但互联网场域中互动信息的承载媒介经历了从文本到超文本、音频、图片、视频，再到短视频的变迁，故互联网宗教舆情指标体系建构需融汇宗教学、信息科学、数学等多学科视角以逐步完善。同时，随着机器学习，尤其是非监督学习与强化学习的引入，互联网宗教舆情指标体系的适用范畴等议题得以深入。互联网宗教舆情研判系统相关成果比较少，但已对舆情"采集—分析—呈现—干预"[①] 的落地路径展开了一定思考。

互联网宗教舆情研究亟须突破舆情年度事件的描述研究和个案事件的研判，进一步融汇宗教学传统质性研究的视野，逐步实现互联网宗教舆情研究的顶层设计及落地。

（四）当代热点与传统议题的对话呈现良性互动

当代热点与传统议题方面，新修订的《宗教事务条例》、网络宗教事务探讨、人类命运共同体与互联网宗教、宗教中国化、互联网宗教信息服务等颇受关注。郑筱筠指出，需建立舆情监测系统和舆情疏导体制，重点关注热点问题及其活跃程度，发挥宗教在网络舆情中的积极作用，进而提升宗教工作管理法治化水平。[②] 董栋重在探讨互联网宗教信息服务管理的思路。[③] 明贤基于互联网舆情新版图和互联网深化时代的宗教信众新特性，探索了新时代佛教中国化落地路径。[④] 总体而言，当代热点与传统议题正在形成良性互动，人工智能的探讨渐趋深入，但以"大数据"或"人工智能"为题的量化研究，还需要突破关键词搜索和统计

---

① 明贤：《关于开发"互联网宗教舆情研判系统"的思考》，《中国宗教》2020 年第 4 期。
② 郑筱筠：《互联网宗教与人类命运共同体》，《世界宗教文化》2018 年第 1 期。
③ 董栋：《关于新修订〈宗教事务条例〉部分条款的理论分析》，《世界宗教文化》2018 年第 1 期。
④ 明贤：《新时代佛教中国化：佛教网络舆情监测与公共美誉度维护探究》，《世界宗教文化》2018 年第 6 期。

方法，进一步探索基于学科本怀、对话当代关切、融汇多元方法、具备充足数据支撑的实证研究。

（五）学术平台建设日趋成熟

2016 年 8 月至 2023 年 12 月，"中国社会科学论坛（2016·宗教学）"（"互联网宗教与全球治理"为其分论坛之一）、"互联网+宗教事务"福州论坛（2017 年 12 月）、首届互联网+宗教舆情论坛（2019 年 10 月）、第二届互联网+宗教舆情论坛（2020 年 10 月）、第三届互联网+宗教舆情论坛（2021 年 11 月）、首届数字人文宗教研究论坛暨第四届互联网+宗教舆情论坛（2022 年 10 月）、第二届数字人文宗教研究论坛暨第五届互联网+宗教舆情论坛（2023 年 11 月）等学术研讨相继开展，学术平台建设渐趋成熟。

2019 年 12 月，中国社会科学院世界宗教研究所数字人文宗教与宗教舆情研究室成立，于次年获批"世界宗教热点及宗教舆情研究"创新工程项目。中国社会科学院世界宗教研究所已召开五届互联网+宗教舆情论坛和两届数字人文宗教研究论坛，在学科建设方面已形成一定的引领力和影响力。

三　互联网宗教信息的分类列举

（一）互联网宗教信息分类列举的必要性

新媒体平台运营公司的一线管理人员在涉宗教常识素养上尚待提升，加之垂直领域精准研判支撑不足等综合原因，多元社会主体常出现关注涉宗教社会乱象、境外涉华宗教言论、破坏性膜拜团体、境外宗教渗透类等信息。新媒体平台运营公司对《互联网宗教信息服务管理办法》（以下简称《办法》）的落地与把关效果有待完善。

（二）结构功能视角下互联网宗教信息的分类列举

借鉴杨庆堃在《中国社会中的宗教》理解宗教在中国社会中结构方面和功能方面的分析，本节以"微言宗教""中国佛教协会""宗教观察"等多个代表性微信公众号的群发消息为研究对象，[①] 尝试对互联网

---

① 因笔者研究域聚焦于中国佛教研究，举例多与中国佛教相关。

宗教信息进行类型学划分与举例，以期探索《互联网宗教信息管理办法》的落地路径。本节列出的互联网宗教信息的类目结构及名称仅是初步探索，有待后续进一步完善。同时，本节也希望为宗教团体的互联网宗教信息内容建设提供可参考的样板，助力国内宗教团体深入贯彻《办法》内核，规避对《办法》的片面解读。

1. 国内宗教团体宗教生活动态的信息

代表性群发消息罗列如下：《云南省第五届藏传佛教讲经交流活动开幕》（公众号：微言宗教，群发日期：2022 年 9 月 20 日），《体现中国风格 再现荆楚元素——湖北省佛教协会开展讲经交流推进宗教中国化》（公众号：微言宗教，群发日期：2022 年 6 月 2 日），《青海塔尔寺第九世格嘉活佛坐床继位》（公众号：微言宗教，群发日期：2022 年 2 月 28 日），《燃爆！这所"双一流"牵手少林寺，招收本硕博！面向全球……》（公众号：宗教观察，群发日期：2020 年 12 月 28 日，来源：河南大学）。

2. 国内宗教团体的社会活动参与的信息

代表性群发消息罗列如下：《普陀山佛教协会举办"文润普陀 永跟党走"摩崖石刻拓片展》（公众号：微言宗教，群发日期：2022 年 10 月 12 日），《海南省伊斯兰教界积极参与疫情防控工作》（公众号：微言宗教，群发日期：2022 年 8 月 21 日），《守望相助，同愿同行！238 万元上海玉佛禅寺净素点心送进社区》（公众号：微言宗教，群发日期：2022 年 4 月 30 日），《福建泉州少林寺武僧支援疫情防控工作》（公众号：微言宗教，群发日期：2022 年 3 月 23 日），《南海佛学院、三亚南山寺举办书法公益活动》（公众号：微言宗教，群发日期：2022 年 1 月 20 日）。

3. 对国内涉宗教舆情回应的信息

代表性群发消息罗列如下：《归元禅寺招和尚每月 1.5 万？官方辟谣了》（公众号：宗教观察，群发日期：2021 年 9 月 12 日，来源：澎湃新闻 综合报道），《以立法形式叫停随意放生很有必要》（公众号：宗教观察，群发日期：2020 年 5 月 6 日，作者：史洪举，来源：《检察日报》），《全国农村老人宗教信仰状况调查：他们在信什么？》（公众号：宗教观察，群发日期：2019 年 9 月 9 日，来源：《社会科学报》），《西方宗教在中国农村的传播现状》（公众号：宗教观察，群发日期：2019 年 9 月 2

日，来源：《修远报告》，作者：华中科技大学中国乡村治理研究中心课题组），《用拼接视频污黑佛教的行为可能会承担刑事责任》（公众号：宗教观察，群发日期：2019年2月17日，来源：五台山佛教协会），《【辟谣】"五行币"邪教组织剃光头举办婚礼混淆视听，实与佛教无关!》（公众号：chan，群发日期：2017年4月7日，阅读量：10万+），《网络写手"风青杨"恶意对比教堂与寺庙文章近期被大肆扩散，影响恶劣正待整肃》（公众号：宗教观察，群发日期：2017年2月20日，来源：佛教舆情）。

4. 社会文化议题与宗教交融的信息

代表性群发消息罗列如下：《中国伊斯兰教协会获"全国先进社会组织"荣誉称号》（公众号：微言宗教，群发日期：2022年1月27日），《咸阳考古发现中国最早金铜佛像 东汉晚期即出现独立的、体现宗教信仰意义的佛像》（公众号：宗教观察，群发日期：2021年12月9日，来源：陕视新闻），《天龙山石窟流失佛首回归祖国》（公众号：禅林网，群发日期：2021年2月12日，来源：旃檀精舍），《别大意! 宗教也非净土 错误的信仰方式会让你面对被性侵的风险》（公众号：宗教观察，群发日期：2018年8月2日，来源：禅风网），《财政专家撰文建议促进文物资产化，文物专家：滑天下之大稽》（公众号：宗教观察，群发日期：2018年6月26日，来源：澎湃新闻）。

5. 对国内假借宗教之名却无关宗教的社会乱象治理的信息

代表性群发消息罗列如下：《假和尚行骗全世界，背后竟是犯罪集团集中培训上岗!》（公众号：宗教观察，群发日期：2019年3月19日），《假僧人被抓 自称"在我们家乡这是产业"》（公众号：宗教观察，群发日期：2018年11月21日，来源：凤凰网），《日本首次逮捕中国"假和尚"已形成跨国有组织的犯罪集团》（公众号：宗教观察，群发日期：2017年4月15日，来源：智慧寺院网）。

6. 国际宗教文化交流的信息

代表性群发消息罗列如下：《宗性副会长应邀赴哈萨克斯坦出席第七届世界和传统宗教领袖大会》（公众号：中国佛教协会，群发日期：2022年9月19日），《向世界传递中国佛教好声音——明生法师在2021佛教英语培训班上的致辞》（公众号：中国佛教协会，群发日期：2021

年 9 月 25 日），《日本和尚召集全世界的僧侣线上诵经，我是真的佛了》（公众号：宗教观察，群发日期：2020 年 6 月 14 日），《中国佛教代表团访问美国基督教组织　开展友好交流对话》（公众号：中国佛教协会，群发日期：2019 年 10 月 17 日），《法国美女博士来中国当道姑，看到道观突然哭了，毅然辞掉原本工作》（公众号：宗教观察，群发日期：2018 年 8 月 26 日，文章参考来源：凤凰网）。

7. 境外宗教动态观察的信息

代表性群发消息罗列如下：《意大利 50 名神父死于疫情，因频繁入院安抚患者》（公众号：宗教观察，群发日期：2020 年 3 月 24 日），《蒙古人民共和国佛教现状》（公众号：宗教观察，群发日期：2019 年 12 月 21 日，作者：嘉木扬·凯朝，原文刊载《中国藏学》2019 年第 3 期），《2018 年美国宗教学会年度大会现场报道》（公众号：宗教观察，群发日期：2018 年 11 月 26 日，转自道教学术翻译与研究），《2017 基督教全球差传数据》（公众号：宗教观察，群发日期：2017 年 6 月 3 日，作者：莫洁芳）。

8. 对境外涉华宗教舆情回应及错谬纠正的信息

代表性群发消息罗列如下：《国务院新闻办发表〈新疆各民族平等权利的保障〉白皮书》（公众号：微言宗教，群发日期：2021 年 7 月 14 日，来源：新华社），《【新论】新疆历来是多元文化荟萃多种宗教并存的地区》（公众号：微言宗教，群发日期：2019 年 7 月 27 日，来源：《人民日报》，作者：马品彦），《外交部正告美方：新疆宗教和睦和顺！》（公众号：微言宗教，群发日期：2020 年 6 月 18 日）。

9. 对破坏性膜拜团体及境外宗教渗透治理的信息

代表性群发消息罗列如下：《邪教"全能神"在韩国京畿道建立新据点》（公众号：宗教观察，群发日期：2019 年 3 月 2 日，来源：中国反邪教网），《【辟谣】"五行币"邪教组织剃光头举办婚礼混淆视听，实与佛教无关！》（公众号：chan，群发日期：2017 年 4 月 7 日，阅读量：10 万 +），《西宁"全能神"被摧毁　警方解析邪教骗人伎俩》（公众号：宗教观察，群发日期：2019 年 1 月 19 日，来源：中国反邪教网），《清海"无上师"真相大起底》（公众号：宗教观察，群发日期：2017 年 5 月 27 日，来源：凯风网）。

（三）小结

本书以中国数字人文宗教交叉研究的七大主流概念丛作为互联网宗教信息分类的学科参照系，在结构功能视角下，通过罗列同类互联网宗教信息的群发消息主题，尝试对互联网宗教信息进行类型学阐释，进而细化贯彻和实现《办法》的多重意义，[①] 诸如充分保障宗教信仰自由和宗教界合法权益、有效遏制非法互联网宗教信息的传播、完善我国互联网法律体系和宗教事务管理法律体系、形成各部门协同配合及各主体共担责任的综合治理格局等。

四 数字人文宗教与互联网宗教舆情的七大主流概念丛

中国宗教学领域与数字人文宗教和互联网宗教舆情密切相关的七大主流概念丛为：互联网宗教舆情、互联网宗教、互联网宗教信息、互联网宗教信息服务、数字宗教、计算宗教学、数字人文宗教。这七大主流概念丛各有侧重，仍需结构化、流程化梳理。

（一）七大主流概念丛的内涵及外延

宗教学的七大主流概念丛与其他学科既存在共性，也有宗教学学科及其所处发展阶段的特殊性。本节通过阐释七大主流概念丛的内涵与外延，尝试梳理其基本组成要素，结构化建构七大主流概念丛，深化多分支研究路径，找寻对话及交叉合作的着手点，规避基础设施的重复建设。

1. 互联网宗教舆情

互联网宗教舆情研究通常以涉宗教的互联网舆情事件为先导，结合互联网舆情的传播规律，从宗教学学科视角来对舆情事件进行分析研究。此领域的研究议题涵盖但不限于概念梳理和学科建构、互联网宗教舆情研究的发展趋势及热点议题、舆情事件的预判与分析、多元数据源的挖掘、跨学科方法论的应用等。

2. 互联网宗教

互联网宗教研究是指"基于冯诺依曼体系结构及其二进制支撑的

---

① 王海全：《〈互联网宗教信息服务管理办法〉颁布实施的重大意义及贯彻落实的对策建议》，《世界宗教文化》2022 年第 4 期。

运算、控制、存储、输入、输出体系，将网络空间及其相关的线下空间的宗教学领域问题、研究对象及其时空坐标系、理论及方法进行映射的研究"。

此定义方法是将"互联网"的内涵下沉到底层逻辑和底层支撑的维度。此种内涵的阐释与"数字宗教"内涵阐释具有共通性，而不是限于"网络空间"这一层意涵，故不存在徐生菊与海蒂·坎贝尔提到的仅讨论"互联网上的宗教实践与宗教文本"的问题。

与其他学者不同，① 本节在对七大概念丛进行结构化建构中，并未将"宗教教义教规、宗教知识、宗教文化、宗教活动"等信息纳入互联网宗教的定义，因为中国的政、教、学三支队伍一直在拓展和深化宗教的本质、要素、性质，及中国各大宗教研究的主题层次与结构框架。一方面，以契合互联网底层逻辑的方式映射到互联网宗教研究的问题域，保障中国宗教学传统研究与交叉研究七大主流概念丛的对话与互动；另一方面，中国宗教学传统研究与交叉研究七大主流概念丛可传承各自历史积累、不断更迭自身的内涵与外延。

3. 互联网宗教信息

《办法》中互联网宗教信息是指"通过互联网站、应用程序、论坛、博客、微博客、公众账号、即时通信工具、网络直播等形式，以文字、图片、音视频等方式向社会公众提供宗教教义教规、宗教知识、宗教文化、宗教活动等信息"。② 互联网宗教信息可综合国别、宗教、信息管理的视角，从多角度进一步细化阐释。以结构功能视角为例，基于多个微信公众平台群发消息，本节尝试将互联网宗教信息进行类型学阐释，将互联网宗教信息分为：国内宗教团体宗教生活动态的信息、国内宗教团体的社会活动参与的信息、对国内涉宗教舆情回应的信息、社会文化议题与宗教交融的信息、对国内假借宗教之名却无关宗教的社会乱象治理的信息、国际宗教文化交流的信息、境外宗教动态观察的信息、对境外涉华宗教舆情回应及错谬纠正的信息、对破坏性膜拜团体及境外宗教渗透治理的信息。

---

① 李华伟：《大数据与互联网宗教信息的治理》，《世界宗教文化》2022 年第 4 期。
② 《国家宗教事务局公布〈互联网宗教信息服务管理办法〉》，《中国宗教》2021 年第 12 期。

4. 互联网宗教信息服务

《办法》中互联网宗教信息服务是指"包括互联网宗教信息发布服务、转载服务、传播平台服务以及其他与互联网宗教信息相关的服务"。从《办法》的理论支撑、多元方法论吸纳及落地路径探索的角度，本节借鉴人工智能领域的信息处理的智能化晋级管道"数据—信息—知识—智慧"建构互联网宗教信息服务的生产、传播、影响的完整链条；同时结合宗教工作和中国宗教的思想、历史、宗派、典籍、区域性研究等智慧、知识、经验进行契合互联网逻辑的创新性发展，反向赋能网络空间的涉宗教信息和数据的建设及管理。

5. 数字宗教

数字宗教研究是指在冯诺依曼体系结构下，基于二进制和比特的数字化底层逻辑，将网络空间及其相关的线下空间的宗教学领域问题、研究对象及其时空坐标系、理论及方法进行映射的研究。此概念的阐释不同于徐生菊与海蒂·坎贝尔将"数字宗教"的概念建立在数字媒体的基础上。中国互联网宗教研究的"数字宗教"是落脚于二进制和比特的"数字宗教"。

6. 计算宗教学

中国的计算宗教学[①]包含了交叉学科的计算本质、计算思维、计算力和多元计算方法（不限于计算机建模仿真）在宗教学的应用。在冯诺依曼体系结构下，计算本质是机械运动、计算思维的核心是递归。[②]中国"计算宗教学"的内涵与克里斯托弗·尼尔博（Kristoffer Nielbo）等在2012年提出的"计算宗教学"略有差别。克里斯托弗·尼尔博等阐述的"计算"内涵主体是计算方法（computational approach）在理论建构、理论与实证研究双向反馈的应用，尤其侧重计算机建模仿真在宗教学的应用。

7. 数字人文宗教

数字人文宗教是指宗教学因其学科特异性，持续对宗教情感、行为、组织、制度的关注，传统数字人文向宗教学领域的直接迁至"数字典藏、

---

① 参阅 Nielbo, K. L., et al., "Computing Religion: A New Tool in the Multilevel Analysis of Religion," *Method & Theory in the Study of Religion*, 2012, 24 (3), pp. 267 - 290；吴军：《计算之魂》，人民邮电出版社，2022，第 13 ~ 18、61 ~ 72 页；邱泽奇：《数字社会与计算社会学的演进》，《江苏社会科学》2022 年第 1 期。

② 吴军：《计算之魂》，第 13 ~ 18、61 ~ 72 页。

数字文本分析与'远读'、可视化"①，这是数字人文宗教研究的重要组成部分。借鉴宗教学领域研究范式的迭代，中国数字人文宗教除了包含数字典藏、数字文本分析与"远读"、可视化主导的学科传统资源的创造性转化导向的研究外，还包括研究议题共同体及多维基础设施建设导向的研究和问题导向及数据驱动范式的创新性发展导向的研究。

（二）七大主流概念丛的结构化建构

本节基于不同宗教资料成果的数字化程度及学科结构化建设情况、互联网宗教相关议题的问题意识及研究基础等多维度，以中国佛教研究为例，从互联网得以兴起的底层逻辑（冯诺依曼结构及二进制）及人工智能领域信息处理的智能化晋级管道两个维度，② 对七大主流概念丛进行结构化梳理。

一是中国宗教学研究中宗教本质要素及性质研究、五大宗教及新兴宗教研究、跨学科取向（宗教史学、宗教文献学、宗教哲学、宗教人类学、宗教社会学、宗教心理学、宗教社会心理学、宗教地理学等）是七大主流概念丛的宗教学本位的学科支撑。

二是宗教社会心理学的取向，涵盖了核心概念、研究范式、跨学科自身的学科框架。在核心概念上，诸如宗教行动者、群体、符号边界。研究范式上，心理计量学和跨学科研究是重要的组成部分。本书取向是宗教社会心理学的跨学科研究范式，吸纳了计算社会学的行动者中心建模、计量经济学的三重差分和双重差分、计算机科学的人工智能领域的深度学习等方法。社会心理学的四种解释水平是宗教社会心理学取向研究的基础学科框架。

三是计算机科学的冯诺依曼体系结构及二进制和信息处理的智能化晋级管道是七大概念丛共性及研究交叉点透视的重要学科基础，也是概念丛建构的跨学科坐标系的重要组成部分。

四是宗教学研究、区域国别研究、信息管理研究共同构建了互联网宗教信息细化分类与阐释的底层支撑。

---

① 庞娜娜：《数字人文视阈下的基督宗教研究：回溯、范式与挑战》，《世界宗教研究》2022 年第 5 期。
② 陈钟：《从人工智能本质看未来的发展》，《探索与争鸣》2017 年第 10 期。

第二章　第二范式的互联网宗教舆情后效评估的计量经济学研究

在第二范式研究的拓展中，中国数字人文宗教研究常应用 Logistic 回归等统计学模型，但对计量经济学的因果机制研究分支的应用较为鲜见。值得关注的是，计量经济学的第二范式模型归纳方法也为融汇机器学习等第四范式的数据密集型研究，提供了进一步交叉的入手处。本章将第二范式的计量经济学模型归纳方法引入中国数字人文宗教研究，拓展了中国数字人文宗教研究第二范式方法论的多元性，也为中国数字人文宗教研究后续多范式交叉研究做了基础性的铺垫。

计量经济学的三重差分是政策评估领域的成熟分析方法，本书基于计量经济学的三重差分对"中国家庭追踪调查"（CFPS）、《中国城市统计年鉴》等全国调研数据进行分析，以佛教去商业化行动为背景，侧重政策及互联网行动参与的后效评估。本章检验了互联网佛教去商业化行动对于政府执行力感知和政府信任的影响。

一　互联网佛教去商业化行动对政府执行力感知的影响*

随着互联网技术的发展，宗教线上—线下的传播方式，既有对传统的回归，也发展出众多具有互联网时代特征的新气象。互联网宗教研究的重要性越发凸显、研究主题渐趋多元。互联网宗教研究亟须全方位开展，[①] 相关研究涵括互联网时代世界宗教新形态、宗教传播及新媒体平台研究、大数据＋宗教、人工智能＋宗教[②]、互联网舆情新版图

---

* 本节曾刊于《世界宗教文化》2019 年第 6 期，修改后收入本书。

① 郑筱筠：《试论南传佛教的区位优势及其战略支点作用》，《世界宗教文化》2016 年第 2 期。

② 韦欣、向宁：《道术之衡〈道德经〉对人工智能发展趋势的启示》，《中国宗教》2019 年第 10 期。

及宗教信众新特性的探讨、舆情演化规律和机制的研究①、互联网舆情指标体系的构建、互联网宗教舆情事件年度报告等。互联网宗教，作为一种具有时代特点的信仰形态，其发展现状及未来走向是当前的重要命题。

宗教工作法治化当前的一个突出任务就是治理佛教、道教商业化问题。一些问题尚未得到考察，也未曾通过经济计量学的方法进行过实证研究，如互联网宗教线上—线下的互动方式；既往的公共事件中，宗教采取了怎样的应对思路和行动，以及产生了何种影响；政府在参与解决相关宗教问题时产生了怎样的作用和效果等。本节意在考察我国互联网佛教去商业化行动对政府执行力感知的影响。

（一）互联网佛教去商业化行动概况

自 2012 年开始，国家宗教事务局会同多部门联合颁布《关于处理涉及佛教寺庙、道教宫观管理有关问题的意见》等文件，着手治理宗教商业化问题。随后，佛教界积极配合党和政府开展了一系列自觉抵制商业化的治理行动，以网络问政等形式向政府部门提出治理佛教商业化问题的意见建议，依法依规整顿佛教商业化问题。从 2013 年起，面对"宗教搭台、经济唱戏"等佛教商业化现象，社会各界依据《宗教事务条例》规定的权益内容，通过互联网展开了一系列"去商业化"行动。

在中国特色宗教事务治理探索中，政界、教界、学界等多元社会行动者共同参与了佛教商业化的治理行动。本节试图回答政府在互联网上所作政策干预的实际效果，意在为政策制定和实施提供参考依据。

（二）数据与模型

本节运用 2010～2016 年"中国家庭追踪调查"数据，以佛教信仰者样本为处理组，无信仰者样本为对照组，采用双重差分模型对 2013 年以来佛教互联网去商业化行动影响政府执行力感知的效果和影响机制进行实证评估。

1. 数据来源与变量选取

"中国家庭追踪调查"在 2010 年、2012 年、2014 年、2016 年对大

---

① 向宁：《佛教互联网舆情观点演化机制的行动者中心模型研究》，《世界宗教文化》2017 年第 5 期。

约 16000 户家庭进行追踪调查，共涉及 35719 名受访者，调查地区包括全国 25 个省、自治区和直辖市（不含新疆、西藏、青海、内蒙古、宁夏、海南）。[①] 本节重点关注的被解释变量为政府执行力（问卷中名称为"到政府办事受到拖延或推诿"）。"政府执行力"的数值越大，受访者所感知的政府执行力越强（详见表 4）。如果去商业化行动提升了政府的执行力，则其回归系数将呈现出正向显著的结果。在"宗教信仰"变量中，信仰佛教则取值为 1，无宗教信仰则取值为 0，在回归中对所有变量的数值均进行了标准化处理，以保证数值大小不影响回归结果的数值大小及显著性。对比来看，有佛教信仰和没有任何信仰的受访者对政府干部执行力评价的均值分别为 4.25 和 4.7，没有显著差别，说明选取的"处理组"（treatment group）佛教信仰者和"对照组"（control group）无宗教信仰者在政府干部执行力评价方面没有显著差异，具有一定的可比性。

此外，在控制变量方面，"教育水平"的数值越大，表明受访者受教育程度越高（从小学到博士）；"健康状况"随数值增大表示受访者的健康状态从好到差的差异；"户籍状态"中，农业户口取值为 1，非农户口取值为 3；"婚姻状况"中，1 表示未婚，2 表示在婚；"社会地位自我评价"中，数值越大则表示自我评价越高；其他调节变量如"上网时学习的重要程度""上网时工作的重要程度""使用互联网工作的频率""关注反腐倡廉新闻、法治新闻、社会问题新闻的频率"，都随数值升高而表示程度越高。在人口结构上，佛教信仰者中的城市居民占 20.1%，无信仰者中城市居民占 22.4%。可见佛教信仰者中的农村居民略多，但平均受教育水平高于无信仰者 2%，表明佛教信仰者的两极分化情况比较明显，既有高学历的知识分子，也有分布在广大农村的居民。我们预计不同人群受到去商业化行动的影响不同，下文亦将对区分受访者类型的调节变量进行实证评估。

---

① 覆盖安徽、福建、甘肃、广东、贵州、河北、河南、黑龙江、湖北、湖南、吉林、江苏、江西、辽宁、山东、山西、陕西、四川、云南、浙江、广西壮族自治区、北京市、天津市、上海市和重庆市等 25 个省、自治区及直辖市。

表 4　主要变量描述性统计量

变量名称	样本量	均值	标准差	最小值	最大值
受访者对政府执行力的评价	95054	4.318	1.464	1	5
是否信仰佛教	95054	0.071	0.262	0	1
教育水平	95054	5.179	1.245	2	8
健康状况	95054	2.829	1.301	1	5
户籍状态	95054	1.573	0.914	1	3
婚姻状况	95054	1.824	0.381	1	2
社会地位自我评价	95054	2.799	1.016	1	5
上网时学习的重要程度	14339	3.503	1.182	1	5
上网时工作的重要程度	10199	3.860	1.187	1	5
使用互联网工作的频率	21750	4.720	2.636	1	7
关注反腐倡廉新闻频率	6132	2.060	1.255	1	5
关注法治新闻频率	10268	1.928	1.191	1	5
关注社会问题新闻频率	9405	2.060	1.277	1	5

资料来源：根据"中国家庭追踪调查"数据计算整理。

2. 模型选取

当公共政策的实施或外生事件的发生令某些人群受到了影响，而对另一部分人群没有产生任何影响，或者影响很小时，那么这种外生事件可以称为"准自然实验"（quasi-natural experiment）。通过比较受到事件主要影响的"处理组"和几乎没有受到影响的对照组，我们就可以估计该政策或事件造成的影响。本节预期佛教去商业化对于佛教信仰者产生了主要影响，对非信仰者产生的影响远弱于佛教信仰者，由平行趋势检验可知，该去商业化行动的事件背景符合准自然实验中广泛运用的政策评估模型"双重差分"的模型设定需要。本节以 2013 年前后开始的互联网佛教去商业化行动为考察对象，通过双重差分对其作用于政府执行力上的效果和影响机制进行实证研究，计量模型 1 设定如下：

$$y_{ipt} = \beta \times Treat_i \times Post_t + \gamma \times X_{ipt} + m_i + n_{pt} + v_{ipt}$$

其中，i 表示受访者的编码，p 表示受访者所在的省（自治区、直辖市），t 表示调查的开展年份。被解释变量 y 则是受访者对政府执行力的主观评价。$Treat$ 是识别"处理组"和"对照组"的虚拟变量，当其取值为 1 时表示实验组，即受访者在 2012 年是佛教信仰者；取值为 0 则表示"对照组"，即无信仰者。$Post$ 为"该时间段是否为互联网佛教去商业化行动发生之后"的代理变量。为了避免佛教信仰者和非信仰者之间的差异对回归结果造成干扰，本节控制了受访者的个体固定效应 m_i。此外，本节还对省—年固定效应 n_{pt} 进行了控制，以规避其他不可观测的省级层面的宏观政策因素以及省份之间的时间趋势差异对实证评估结果的干扰。本节重点关注的回归系数是双重差分交互项的变量系数 β。

（三）回归结果分析

1. 基本回归结果

如表 5 所示，去商业化政策及行动的开展对政府执行力产生了显著的正向影响。首先，第（1）列控制了个体固定效应和年份固定效应，得出的影响系数为 0.128，相较于均值 4.318 提高了将近 3%，该估计结果在 1% 的置信水平下显著为正，这表明去商业化行动影响下，佛教信仰者相较于无信仰者显著感知到政府执行力的提升。其次，第（2）列在第（1）列基础上增加控制了省—年固定效应，在控制了其他政策效应的基础上，该估计系数略微下降，但仍然显著为正；第（3）列在第（2）列基础上，对进入回归的样本要求更为严格，即在去商业化行动发生前后都进行了跟踪调查的受访者方能作为考察样本，以避免政策前样本缺失而导致前后差分项缺失，使估计结果丧失准确性，我们仍然能观察到该结论的成立。再次，第（4）列在第（2）列基础上控制了受访者的教育水平、健康状况、户籍状态、婚姻状况和社会地位几类个体特征变量，以检验该影响是否由此类个体因素差异造成，回归结果否定了这一猜测，该系数为 0.12 并仍然显著为正。最后，在第（4）列基础上，第（5）列将样本控制在了政策前后都受到调查的个体，然而回归系数仍然在 5% 的显著性水平下为正，说明去商业化行动对于政府执行力感知的正向影响是稳健的。

表5　互联网佛教去商业化对政府执行力的影响

	政府执行力				
	（1）	（2）	（3）	（4）	（5）
Treat × Post	0.128***	0.118***	0.123***	0.120***	0.116**
	（0.0397）	（0.0408）	（0.0441）	（0.0441）	（0.0467）
教育水平				−0.0359	−0.0449
				（0.781）	（0.833）
健康状况				−0.0374***	−0.0349***
				（0.00737）	（0.00739）
户籍状态				−0.2980***	−0.0338
				（0.1150）	（0.1320）
婚姻状况				0.0154	0.0402
				（0.0434）	（0.4400）
社会地位				0.251***	0.298***
				（0.0728）	（0.0738）
个体固定效应	是	是	是	是	是
年份固定效应	是	是	是	是	是
省—年固定效应	否	是	是	是	是
是否平衡面板数据	否	否	是	否	是
Obs.	73500	73500	63464	63464	63464
Adj. R^2	0.509	0.513	0.500	0.501	0.517

注：括号内为 t 统计量值，*** 表示置信水平为 1% 下显著，** 为 5% 下显著，* 为 10% 下显著，下同。

2. 互联网佛教去商业化对政府执行力的影响机制

为了考察互联网佛教去商业化行动对政府执行力感知的影响机制，进一步运用三重差分对不同特征群体关于政府执行力的评价进行考察，以检验去商业化行动对于不同人群的影响差异及其传导机制，计量模型 2 设定如下：

$$y_{ipt} = \beta \times Treat_i \times Post_t + \delta \times Treat_i \times Post_t \times Group_i + m_i + n_{pt} + v_{ipt}$$

在模型 2 中，$Group_i$ 为不同群体的特征变量，包括不同人群对于互联网在生活中使用频率差异、对不同话题关注度的差异、个体特征差异等。

三重差分的交互项系数 δ 估计的则是这一行动在不同人群上的影响效果。

回归结果所示（详见表6），佛教信仰者对于互联网的使用、对于社会发展现状的关切度越高，越能够积极配合政府进行违法事件处理和解决，线上线下互动，提升了政府的执政效率。

第（1）列中三重差分的系数为 0.044，且在 10% 水平下显著为正，表明在一定程度上，上网工作频率越高的群体中佛教信仰者相较于无宗教信仰者更为明显地感知到政府在处理佛教商业化相关事件中执行力的提高。

第（2）~（3）列中，三重差分系数分别为 0.053 和 0.540，且为正显著，表明对于互联网作为学习和工作的渠道重要性评价越高的佛教信仰者相对于无信仰者在去商业化事件中更切实地感受到了政府执行力的提高。

此外，第（4）~（6）列回归结果表明，在关注法治新闻、反腐倡廉新闻和社会问题新闻更频繁的群体中，佛教信仰者也相较于无信仰者更显著地感知到了政府在处理佛教商业化舆情事件中效率的提升。

除了以互联网使用度和社会时政关注度作为不同人群的划分标准之外，本节还考察了不同健康状况的人群对于政府处理佛教商业化舆情事件执行力的认知状况。第（7）列回归结果表明，身体健康状态越欠佳的佛教信仰者相较于无信仰的人群，对政府执行力的感知提高越明显。这意味着政府在处理相关事件时，对身体健康状态欠佳的佛教信仰者起到了更显著的帮扶作用。

以上回归均控制了个体固定效应、年份固定效应、省—年固定效应，并保证样本在行动开展前后均有观测值，以确保结论具有较高的可信度。

表6　影响机制分析

	（1）上网工作频率	（2）上网学习重要	（3）上网工作重要	（4）法治新闻	（5）反腐倡廉新闻	（6）社会问题新闻	（7）健康状况
Treat × Post × Group	0.0440* (0.0241)	0.0530* (0.0309)	0.540* (0.283)	0.0318* (0.0190)	0.0604** (0.0260)	0.0393** (0.0200)	0.180** (0.0919)
Treat × Post	0.0988** (0.0441)	0.0954** (0.0448)	− 0.372 (0.260)	0.0167 (0.0469)	0.0174 (0.0440)	0.0164 (0.0460)	− 0.0147 (0.0787)

	(1) 上网工作 频率	(2) 上网学习 重要	(3) 上网工作 重要	(4) 法治新闻	(5) 反腐倡廉 新闻	(6) 社会问题 新闻	(7) 健康 状况
个体固定效应	是	是	是	是	是	是	是
年份固定效应	是	是	是	是	是	是	是
省—年固定效应	是	是	是	是	是	是	是
平衡面板数据	是	是	是	是	是	是	是
Obs.	63464	63464	63464	63464	63464	65939	63464
Adj. R^2	0.511	0.511	0.506	0.453	0.453	0.453	0.500

（四）结论与建议

本节以互联网佛教去商业化行动为研究对象，吸纳第二范式的计量经济学的模型归纳方法，来评估其对政府执行力感知的影响及影响机制，探索用实证研究评估互联网宗教舆情政策后效的可行性。本节以均值无显著差别为准则，选取了处理组（佛教信仰者）和对照组（无宗教信仰者），以探究以回归系数呈现的互联网佛教去商业化行动对政府执行力感知的影响。

本节基于佛教信仰者的城乡分布、教育水平等人口结构特征以及互联网佛教舆情与互联网技术的密切关联等，对代表受访者类型的控制变量和调节变量进行实证研究。本节选择了"教育水平""健康状况""户籍状态""婚姻状况""社会地位自我评价"作为控制变量，并选择了"上网时学习的重要程度""上网时工作的重要程度""使用互联网工作的频率""关注反腐倡廉、法治、社会问题新闻的频率"作为调节变量。

基于"准自然实验"的定义，以及平行趋势检验，得出互联网佛教去商业化行动的事件背景符合准自然实验中广泛运用的政策评估模型（双重差分模型）的设定需要。本节通过控制受访者的个体固定效应和省一年固定效应，以规避佛教信仰者和非信仰者之间的差异、其他不可观测的省级层面的宏观政策因素，以及省份之间的时间趋势差异对回归结果造成干扰。本节通过计量经济学的双重差分得出了互联网佛教去商业化行动提升了民众的政府执行力感知的稳健结论，并进一步用三重差分研究探索了互联网佛教去商业化行动对不同人群的影响差异。

双重差分的回归结果显示，互联网佛教去商业化政策及行动的开展提升了民众的政府执行力感知，呈现出显著的正向影响。此研究结果是稳健的，主要体现在以下五个方面：一是在控制了个体固定效应和年份固定效应下，发现佛教信仰者相较于无信仰者显著感知到政府执行力的提升；二是控制了省一年固定效应，在控制了其他政策效应的基础上，发现互联网佛教去商业化政策及行动的开展仍提升了民众的政府执行力感知；三是在更严格的回归样本上，仅取在去商业化行动发生前后都进行了跟踪调查的受访者作为考察样本，以规避政策前样本缺失而导致前后差分项缺失而使估计结果丧失准确性，仍可观察到互联网佛教去商业化政策及行动的开展提升了民众的政府执行力感知；四是控制了受访者的多个类别的个体特征变量，诸如教育水平、健康状况、户籍状态、婚姻状况和社会地位，排除了政府执行力感知的提升是由某类个体因素差异带来的可能性，发现互联网佛教去商业化政策及行动的开展对民众的政府执行力感知的提升；五是将回归样本严格控制在了政策前后都受到调查的个体范围，发现互联网佛教去商业化政策及行动的开展仍提升了民众的政府执行力感知。

在此稳健的回归结果上，进一步通过三重差分检验了互联网佛教去商业化行动对于不同人群的影响差异，由回归结果得出四个研究发现。一是上网工作频率越高的佛教信仰者相较于无宗教信仰者更为明显地感知到政府在处理佛教商业化相关事件中执行力的提高。二是对于互联网作为学习和工作的渠道重要性评价越高的佛教信仰者相对于无信仰者在去商业化事件中更切实地感受到了政府执行力的提高。三是关注法治新闻、反腐倡廉新闻和社会问题新闻更频繁的群体中，佛教信仰者也相较于无信仰者显著地感知到了政府在处理佛教商业化舆情事件中效率的提升。四是身体健康状态欠佳的佛教信仰者相较于无信仰的人群，其对政府执行力的感知提高越发明显。

本研究的意义主要体现在三个方面：一是探索了互联网佛教舆情的政策后效评估研究的可行性，开展了互联网佛教舆情后效影响的实证研究；二是互联网佛教去商业化行动对政府执行力感知提升的实证结论，打破了舆情与负面社会影响耦合的刻板印象，在政、教、学三支队伍的有效参与下，互联网佛教去商业化行动提升了民众对政府执行力的感知；三是在互联网佛教舆情精准研判领域开拓了基于专题数据的第二范式模型归纳的研究成果，拓展了互联网佛教舆情的多元方法论储备。

鉴于不同个体特征的佛教信仰者的影响程度，提出以下三个建议。

第一，在研判互联网佛教舆情的后效影响时，在"是否信仰佛教"基础上，要将民众的个体特征纳入考量，诸如"受教育程度""健康状况""户籍状态""婚姻状况""社会地位自我评价""上网时学习的重要程度""上网时工作的重要程度""使用互联网工作的频率""关注反腐倡廉、法治、社会问题新闻的频率"等。同一互联网佛教舆情事件对不同个体特征民众的影响幅度差异显著。

第二，将中国宗教学领域互联网舆情后效评估的实证结论拓展到更广泛的社会文化语境中，开拓跨学科对话。以本节的研究结论为例，诸如对身体健康状态欠佳的佛教信仰者而言，互联网佛教去商业化行动令其对政府执行力感知的提升更为显著。

第三，鉴于佛教信仰者的"上网时学习的重要程度""上网时工作的重要程度""使用互联网工作的频率""关注反腐倡廉、法治、社会问题新闻的频率"的个体特征对其政府执行力感知提升的差异，建议在普及宗教常识内容、提高民众宗教常识的鉴别力基础上，将对民众数字素养和媒介素养的提升纳入互联网佛教舆情治理预防工作。

二　互联网佛教去商业化行动对政府信任感知的影响*

2018 年，爱德曼（Edelman）全球信任度调查显示，[①] 中国民众对政府信任度位居首位，与之相反，全世界范围内居民对政府信任度呈下降趋势。互联网场域的佛教去商业化行动如何影响政府信任？互联网空间的公众参与对公共政策的执行与完善会产生何种影响？这些影响是通过何种渠道发挥作用？以上都是非常值得关注的议题。本节以

---

* 本节曾刊于《世界宗教研究》2020 年第 2 期（合撰），修改后收入本书。
① 《2018 年爱德曼信任度调查中国报告正式发布》，https://www.edelman.cn/research/2018-edelman-trust-barometer。（阅读时间：2018 年 12 月）

2013 年的互联网佛教去商业化行动为切入点，基于北京大学中国社会科学研究中心"中国家庭追踪调查"数据检验去商业化行动对政府信任的影响，为互联网影响下的中国政府信任发展态势及其成因提供实证依据，并进一步丰富和深化互联网宗教发展规律及作用机制的理论与实证研究。

（一）政府信任研究的文献综述

政府信任作为政治文化的重要构成部分，是公众基于理性判断、实际感知和心理预期等对政治制度、公共政策、政府部门和公职人员行为产生的信念和信心。[①] 政府信任是公共管理的开展前提、必要基础和核心资源，对国家稳定、经济繁荣和社会和谐具有重要作用。关于政府信任的形成和决定因素，学界主要有两种理论：以理性选择为基础的制度论和以社会资本为基础的文化论。以杰克·西特林等为代表的制度论学者认为，政府官员和制度的绩效决定了其合法性和被信任程度，该理论主要探讨了包括经济绩效、政治绩效、腐败治理等在内的因素。[②] 由于涉及公正、完善、有效、正义的各种法律法规和社会制度的存在，城镇居民会对制度产生信任，从而产生对制定这些制度的政府的信任。政府部门为避免因失信行为带来的制度惩罚而维持较高的信用水平，这是居民对政府产生信任的基础。制度信任的形成依靠正式且合法的规章制度，以及整个法律和制度体系。[③] 而福山等文化论学者则认为，人们对于政治体系的信任更多与该社会体系中长期存在的一套价值体系、信仰体系以及人际长期交往方式有关。[④] 总结来看，文化路径解释的是个体在多大程度上具有付出信任倾向，即"我要信"的问题，而制度路径解释的

---

① Jack Citrin. , "Comment: The Political Relevance of Trust in Government," *American Political Science Review*, 1974, Vol. 68, No. 3, pp. 973–988; Marc J. Hetherington, "The Political Relevance of Political Trust," *American Political Science Review*, 1998, Vol. 92, No. 4, pp. 791–808.

② Jack Citrin. , "Comment: The Political Relevance of Trust in Government," *American Political Science Review*, 1974, Vol. 68, No. 3, pp. 973–988.

③ 上官酒瑞：《政治信任模式的根本分野及演进逻辑》，《理论与改革》2014 年第 1 期。

④ 〔美〕弗朗西斯·福山：《信任：社会美德与创造经济繁荣》，郭华译，广西师范大学出版社，2016。

是政府在多大程度上值得信任，即"要我信"的问题。① 在 2005 年《宗教事务条例》出台后，我国宗教法治化进程提速。但在早期的宗教法治化建设中，法律制度与法律意识、价值观念和行为方式等关键要素发育程度总体偏低。② 互联网佛教去商业化行动正是在此制度背景下展开的，在影响政府信任的机制上兼具制度与文化的双重特征。

研究发现，互联网能够有效影响和形塑民众的政府信任，其作用机制主要包括两方面。第一，是信息披露，即政府通过互联网向公众披露信息和信息可得性的提升降低委托代理过程中的信息不对称，从而提高个体对政府的信任度。③ 如皮帕·诺里斯（Pippa Norris）发现，媒体使用与政治兴趣、政治知识以及政治参与度之间会形成一个良性的双向循环，最终有助于政府提升公众的信任度。④ 在信息渠道方面，时政信息越多来自官方媒体，越能够提高其政府信任；⑤ 但如果网民接触解构政府形象的另类媒介越多，政府信任度越低。⑥ 第二，是公众参与，即网民通过互联网向政府部门投诉、举报或建议，这是公众政治参与向网络空间的延伸。随着中国各级各地政府对网络参与、网络问政、网络政民互动的支持力度不断加大，近年来网络参与的规范化、法治化工作正在一步步推进。基于广东网络问政平台的实证研究发现，互联网对政府与公民互动产生了重要影响，公众参与网络问政能促进政策讨论和民意表达，并对政府行为起到监督作用。⑦ 网络问政有助于提高公众对政府透明度和互动性的感知，从而间接提高公众对政府的信任水平。但也有研究认为，互联网使用频率越高，民众的公平感、政治参

① 李艳霞：《何种信任与为何信任？——当代中国公众政治信任现状与来源的实证分析》，《公共管理学报》2011 年第 2 期。

② 闵丽：《中国宗教管理法治化建设：理念、依据、条件》，《宗教学研究》2017 年第 6 期。

③ 任羿：《政府信息可得性、治理能力与政治信任》，《人文杂志》2018 年第 3 期。

④ Pippa Norris., A Virtuous Circle: Political Communications in Postindustrial Societies, Cambridge: Cambridge University Press, 2000, pp. 183 – 184.

⑤ 朱慧劼：《时政亲和、媒介使用与网络青年的政治信任》，《北京青年研究》2017 年第 2 期。

⑥ 张明新、刘伟：《互联网的政治性使用与我国公众的政治信任——一项经验性研究》，《公共管理学报》2014 年第 1 期。

⑦ Xiao Ming., E-Participation in Government Decision-Making in China, Vienna: Institute of Technology Assessment (ITA), 2012.

与意识、公民意识等增强，更强调政府责任，会降低对政府的信任度。[①]

由于人群中异质性的存在，影响不同人群政府信任程度的因素不尽相同。不同宗教群体之间或同一宗教内部不同教派人群就显示出一定差异性，但宗教信仰认同与宗教性变量都未进入模型，"尊重人权""领导类型"等变量，具有统计学意义的显著性。[②] 目前针对这种异质性的探讨较为单一，尚未有文献对信仰人群的政府信任进行系统性的实证检验。严谨的定量分析对宗教被商业化过程的测量更加精确，同时大样本也能克服定性、田野研究方法中常见的样本独特性问题。

（二）背景回顾及概念阐述

当前，我国正处于社会、经济全面转型的关键时期，在复杂多变的国际环境下，政府信任是关系我国政治、经济和社会稳定发展的重要因素。2022 年 7 月 29 日习近平总书记在中央统战工作会议上提出，"必须坚持我国宗教中国化方向。全面贯彻新时代党的宗教工作理论和方针政策，坚持保护合法、制止非法、遏制极端、抵御渗透、打击犯罪，提高宗教工作法治化水平，支持宗教界全面从严治教，积极引导宗教与社会主义社会相适应"。[③] 互联网佛教去商业化行动正是在国家宗教工作法治化建设进程加速的背景下，由多元行动者共同参与和推进的行动。

商业主体挟佛敛财的行为大致可分为八类：强制承包寺庙做生意、裹挟寺院开发大型景区、滥塑露天造像、操纵黑色放生产业链、在非宗教活动场所违法私设拜佛网站敛财、冒充宗教活动场所乱摆功德箱、将宗教名山"打包上市"、假冒僧众进行诈骗。这些行为不仅违反宗教政策和法律法规，且会滋生权力寻租和灰色交易等腐败行为。佛教的商业化问题实质为"被商业化"，主要原因有以下三点。首先，由于法

---

① 苏振华、黄外斌：《互联网使用对政治信任与价值观的影响：基于 CGSS 数据的实证研究》，《经济社会体制比较》2015 年第 5 期。

② 李峰：《宗教信仰与政治信任：基于世界价值观调查中国数据的分析》，载李灵、李向平主编《基督教与社会公共领域》，上海人民出版社，2012。

③ 习近平：《完整、准确、全面贯彻落实关于做好新时代党的统一战线工作的重要思想》，《求是》2024 年第 2 期。

律法规尚不完善，寺院法人地位缺失、不具备完整的民事主体资格，这为挟佛敛财者提供了机会。其次，佛教被商业化问题的张力来自地方政府的粗放型经济发展思路。[①] 最后，在面对被商业化现象时一贯采取容忍退让的态度，使佛教界被不同程度地污名化。[②]

　　自 2013 年开始，佛教被商业化现象引发了政界、教界、学界和社会大众的普遍关注，以"寺院假功德箱事件""法门寺景区事件""兴教寺事件""普陀山上市事件"等为代表的数十起事件经网络曝光，佛教被商业化问题正式走入公众视野。《人民日报》《光明日报》《中国民族报》《南方都市报》《文汇报》等报纸和网站，以及中央及地方众多电视媒体均对此予以连续报道，中央统战部国家宗教事务局、国家文物局、中国佛教协会等有关政府部门、社会团体对多起挟佛敛财事件发表去商业化声明，数千万网民积极参与，通过呼吁、举报、建言等网络问政方式共同探索治理对策。2013 年两会期间，关于妥善解决佛教寺院法人地位问题的政协提案，建议依法确立宗教场所法人地位，为寺院杜绝商业化侵扰提供有力的法律保障，也得到了来自官方和民间的广泛关注与讨论。2017 年，国家宗教事务局、中国证监会等十二部委联合颁布的《关于进一步治理佛教道教商业化问题的若干意见》，进一步明确"禁止将佛教道教活动场所作为企业资产打包上市或进行资本运作"。2018 年 2 月 1 日正式施行的《宗教事务条例》明确规定，"禁止投资、承包经营宗教活动场所或者大型露天宗教造像，禁止以宗教名义进行商业宣传"。我国宗教法治化进程提速，互联网佛教去商业化行动的社会影响凸显。2019 年 4 月 1 日起实施《关于宗教活动场所办理法人登记事项的通知》。

（三）数据与模型

1. 数据来源与变量选取

　　本节的研究数据来源于"中国家庭追踪调查"、《中国审计年鉴》、《中国城市统计年鉴》，以及统战部国家宗教事务局官网公布的宗教活动

---

①　杨晓波等：《标本兼治促进佛教道教健康发展》，《光明日报》2018 年 7 月 12 日第 15 版。

②　周齐：《2013 年中国佛教发展形势及其热点事件评析报告》，邱永辉主编《中国宗教报告（2014）》，社会科学文献出版社，2015。

场所基本信息。本节使用了"中国家庭追踪调查"2010 年、2012 年、2014 年、2016 年的调查结果，共涉及 43957 名受访者。本节着眼于互联网佛教去商业化行动的影响，重点考察该行动对于佛教信仰者和无宗教信仰者效果的差别。在受访者中，2273 名为佛教信仰者（占 5.17%）[①]，28592 名为无宗教信仰者（占 65.05%），因此本节分析聚焦在这两类共 30865 名独立受访者。由于这些受访者的受访年份不同，本节一共涉及 95054 个以"受访者—年"为单位的观测，平均每一个受访者被访问三次，其中关键变量的描述性统计详见表 7。

表 7　主要变量描述性统计量

变量	变量定义	样本量	均值	标准差	最小值	最大值
对政府干部信任度	1–10：对政府干部的信任度逐渐增加	77024	4.95	2.58	0	10
到政府办事受到拖延或推诿	1 = 有过拖延推诿情况、碰见过类似的事情但没有类似的经历；0 = 没有碰到过类似的事情	95054	0.18	0.39	0	1
是否信仰佛教	1 = 信仰佛教；0 = 无宗教信仰	77024	0.07	0.26	0	1
访问门户网站（如新浪网）的频率	0 = 偶尔；1 = 每月数次、每周数次、几乎每天	4955	2.49	1.30	0	1
关注法治新闻的频率	1 = 经常或有时；0 = 很少关注	26783	0.59	0.49	0	1
拥有互联网社交软件	您是否有 QQ：1 = 有；0 = 没有	9602	0.85	0.36	0	1
访问社交网站的频率	1 = 经常或有时；0 = 很少关注	2142	0.31	0.46	0	1
是否得到过政府或工作单位补贴救济	1 = 是；0 = 否	59620	0.11	0.31	0	1
应减少财政拨款或补贴（对数）	单位：元	95054	11.07	1.49	0	13.86

---

① 此处使用的是受访者 2012 年的信仰调查数据。

变量	变量定义	样本量	均值	标准差	最小值	最大值
应调账处理金额（对数）	单位：元	95054	12.82	1.35	0	14.93
个人年收入（千元）		61804	8.99	16.76	0	800
应归还原渠道资金（对数）	单位：元	95054	14.13	0.99	0	16.43
该省人均全国重点寺院数（对数）		95054	6.01	1.31	2.64	8.31
该省人均寺院数（对数）		95054	0.14	0.13	0.01	1.94

资料来源：根据"中国家庭追踪调查"、《中国审计年鉴》、《中国城市统计年鉴》，以及统战部国家宗教事务局网站公布的宗教活动场所基本信息计算整理。

2. 模型选取

始于 2013 年前后的互联网宗教去商业化行动主要涉及佛教领域，对于佛教信仰者产生较多影响。对于无宗教信仰者，无论是对于该行动本身的了解还是对其结果的感知，程度上都应该远远弱于佛教信仰者。因此，本书使用双差分模型，将佛教信仰者作为处理组，将无宗教信仰者作为控制组，计量模型设定如下：

$$y_{ipt} = \beta \times Budd_i \times Post_t + \gamma \times X_{ipt} + c_i + d_{pt} + u_{ipt} \tag{1}$$

其中，i 表示受访者，p 表示其所在省（自治区、直辖市），t 表示被追踪调查年份。因变量 y 包括对政府干部的信任程度。$Budd$ 为佛教信仰者的指示变量，当且仅当受访者在 2012 年是佛教信仰者时其取值为 1。$Post$ 为互联网佛教去商业化行动发生后的指示变量。由于该行动的发生时间为 2013 年，因此当且仅当时间为 2014 年和 2016 年时，$Post$ 变量取值为 1。为了控制佛教信仰者和无宗教信仰者之间的差异，以及由这些差异而非互联网佛教去商业化行动本身导致的结果变量之间的差异，我们控制了受访者固定效应 c_i。另外，我们还控制了省—年固定效应 d_{pt}，以控制存在于各省之间的不同时间趋势，这些时间趋势可能是由其他省级层面的政策所引起的，会干扰本节实证结果的准确性。$Budd$ 和 $Post$ 的交互项系数 β 是政策效果的双差分估计，同时也是本节主要关心的系数值。

为了考察该政策在不同人群内的效果，除了在不同人群中分别估计双差分模型（1）外，还采用三重差分模型：

$$y_{ipt} = \beta \times Budd_i \times Post_t + \delta \times Budd_i \times Post_t \times High_i + c_i + d_{pt} + u_{ipt} \quad (2)$$

其中，$High_i$ 为人群指示变量，针对不同的人群划分方法（如拥有社交软件的受访者、访问新闻网站较为频繁的受访者等），其赋值也不同。δ 估计了去商业化行动在这一人群内的影响效果。

最后，为估计该政策在不同时间上的效应以及排除事前趋势的影响，我们使用以下随时间变化的双差分模型：

$$y_{ipt} = \sum_{s \neq 2012} \beta_s \times Budd_i \times I(t = s) + \gamma \cdot X_{ipt} + c_i + d_{pt} + u_{ipt} \quad (3)$$

其中，β_{2014} 和 β_{2016} 分别估计了互联网佛教去商业化行动后一年和三年的效果，揭示了政策产生影响的时效性。β_{2010} 是事前趋势（pre-trend）的估计，检验双差分结果是否由其他事前作用在实验组的政策因素导致。双差分模型的识别假设是"没有事前趋势"，即如果没有该政策，实验组和对照组人群的政府信任度应该具有相似的趋势。

（四）实证结果分析

1. 去商业化行动对政府信任感知的影响（基准回归结果）

我们首先关心的问题是，在佛教去商业化行动展开后，佛教信仰者相较无宗教信仰者对政府干部的信任度是否有所提高。由于对政府干部信任度这一变量只在 2012 年、2014 年、2016 年三年可得，我们对于样本中 30865 名受访者（包括 2273 名佛教信仰者和 28592 名无宗教信仰者）以上三年的数据使用模型（1）进行分析，共涉及 77024 名观测者（受访者一年），主要的模型估计结果详见表 8。

表 8　互联网佛教去商业化行动对政府信任感知的效果

被解释变量	对政府干部信任度			
	（1）	（2）	（3）	（4）
Budd × Post	0.175**	0.175***	0.179***	0.185***
	（2.396）	（2.817）	（2.860）	（2.863）

续表

被解释变量	对政府干部信任度			
	（1）	（2）	（3）	（4）
Budd	−0.137** （−2.413）	−0.137** （−2.464）		
Post	0.103*** （5.219）			
年份 FE	否	是	是	是
个体 FE	否	否	是	是
省×年 FE	否	否	否	是
N	77024	77024	77024	77024
Adj. R^2	0.001	0.001	0.342	0.344

　　注：***、**、*分别代表在1%、5%和10%的置信度上显著。括号内数值为对个体层面的聚类的稳健 t 值。下表同。

　　由第（1）列的结果可知，在样本时间范围内（2012～2016年），受访者对于政府干部的信任度在提升。相较于2012年，占样本主体的无宗教信仰者在2014、2016年对于政府干部的信任度上升0.103个单位，与对政府干部信任度的平均水平（4.95，表7）比较为2.1%。表明居民对于政府干部的信任度在逐年上升，这是我国居民政府认同感增强、政府公信力提升的体现。

　　更为重要的是，去商业化行动前，佛教信仰者的政府信任低于无宗教信仰者；而在去商业化行动后，佛教信仰者对政府的信任提升更为明显，甚至反超无宗教信仰者。互联网佛教去商业化行动极大程度上提升了佛教信仰者对政府的信任度，甚至超过了无宗教信仰者的平均信任水平。在没有开展互联网佛教去商业化行动时，佛教信仰者相较于无宗教信仰者，对政府干部的信任度低于平均水平2.8%（−0.137/4.95）。然而，在开展去商业化行动后，这一情况被改善甚至扭转。相较于无宗教信仰者，佛教信仰者对于政府干部信任度的增长要快0.175个单位。换言之，在2013年后，佛教信仰者的政府信任度要高于无宗教信仰者0.038个单位（0.175/−0.137）。基于估计结果可见，互联网佛教去商业化行动极大程度上提振了佛教信仰者的政府信任，甚至超过了无宗教信仰者的平均信任水平。在控制了时间（年）固定效应后该结果仍然存在，参见第（2）列。

为了进一步控制受访者间异质性的影响，表中第（3）列加入了受访者固定效应。可以发现，佛教信仰者对于政府干部信任程度的增长相较于无宗教信仰者高出 0.179 个单位（或相对于均值的 3.6%）。第（4）列同时控制了省—年固定效应，进一步剔除由其他省级层面政策而导致的因变量的不同趋势。双差分估计系数值进一步提高为 0.185 个单位。由表 8 结果可知，在宗教法治化进程中，佛教去商业化行动显著提高了佛教信仰者对政府干部的信任度。

2. 网络参与和政府信任感知

基于影响政府信任的"制度路径"（"上情下达"、"要我信"、信息披露）和"文化路径"（"下情上达"、"我要信"、公众参与）双重维度，本节分别择选了"访问门户网站的频率"和"关注法治新闻的频率"作为衡量制度路径（"上情下达"）的变量，选择"拥有互联网社交软件""访问社交网站的频率"作为衡量文化路径（"下情上达"）的变量。具体而言，经常访问门户网站和关注法治新闻的受访者的网络参与度更高，更易接触到政府通过媒体发布的信息，官方通过互联网进行信息披露的功能在这一群体中能够发挥更大的作用。因此，本节预计互联网去商业化行动对这些受访者会产生更大的效果。另外，使用社交软件的受访者往往更有意愿通过互联网表达观点和意见。社交软件作为"下情上达"的文化路径在此类人群中发挥的影响更为突出，这类人群更容易受互联网佛教去商业化行动影响。由于数据可得性限制，同时为了避免去商业化行动导致受访者使用社交软件习惯的变化，我们使用受访者 2010 年的信息对样本进行划分。

本节使用"访问门户网站的频率"和"关注法治新闻的频率"两个变量度量制度路径（"上情下达"）机制的强弱。其中，表 9 的第（1）列以受访者 2010 年关注法治新闻的频率为划分依据，考察去商业化行动在不同人群之间的作用。本节根据"关注法治新闻的频率"将受访者分成了"高"和"低"两组。回归结果发现，关注法治新闻频率较高的人群受去商业化行动的影响更大。在本节的样本中，去商业化行动使经常关注法治新闻的佛教信仰者的政府信任增长 0.579 个单位（11.7%，相对于均值4.95），显著高于不常关注法治新闻的人群。表 9 的第（2）列根据"访问门户网站的频率"将受访者分为"高""低"两组，在访问门户网站频率

较高的人群中，去商业化行动使其信任度显著地提高了 1.459 个单位
（29.5%，相对于均值 4.95）。以上结果表明，在信息繁杂的时代，门户类
型的网站发布的信息仍然具有难以撼动的公信力。正面、及时、有效的信
息公开和舆论引导可显著提升居民对政府的信任度。因此在面对网络舆情
事件或社会公众关注的话题时，官方媒体平台的信息披露和舆论引导发挥
着至关重要的作用，应当予以重视。以上结果表明，互联网去商业化行动
通过"上情下达"的制度路径显著提升了佛教信仰者的政府信任度。

　　"拥有互联网社交软件"和"访问社交网站的频率"是网络参与度
的重要指标。不同于被动浏览信息，这两类网络参与行为更凸显了受访
者的主动性，在互联网舆情演变中发挥着重要作用。本节分析了受访者
对于社交软件安装情况以及访问社交网站的频率情况。由于样本中佛教
信仰者群体平均受教育程度高于无宗教信仰者，加之愿意采用"下情上
达"路径进行公众参与，故本节预计去商业化行动对这类群体的政府信
任具有正向的影响效果。

　　表 9 第（3）和（4）列分别估计了去商业化行动在这两组人群上的
影响。具体而言，对于第一组在 2010 年使用社交软件的佛教信仰者，
去商业化行动使其政府信任度更快地增长 0.789 个单位（15.9%，相
对于均值 4.95，第（3）列）；对于第二组在 2010 年访问社交网站频
率最高的佛教信仰者，去商业化行动使其政府信任度更快地增长 0.819
个单位（16.5%，相对于均值 4.95，第（4）列）。以上结果表明，互
联网去商业化行动通过"下情上达"的文化路径显著提升了佛教信仰
者的政府信任度，即使在控制了受教育程度因素之后这一结果仍然显
著存在，说明该结果具有稳健性。

表 9　网络参与和政府信任感知

被解释变量	对政府干部信任度			
	制度路径		文化路径	
	关注法治新闻的频率（1）	访问门户网站的频率（2）	拥有互联网社交软件（3）	访问社交网站的频率（4）
Budd × Post × High	0.579*** (2.988)	1.459* (1.719)	0.789* (1.960)	0.819* (1.728)

被解释变量	对政府干部信任度			
	制度路径		文化路径	
	关注法治新闻的频率（1）	访问门户网站的频率（2）	拥有互联网社交软件（3）	访问社交网站的频率（4）
Budd × Post	0.065 （－0.467）	0.178*** （2.759）	－0.258 （－0.704）	0.180*** （2.773）
个体 FE	是	是	是	是
年份 FE	是	是	是	是
省×年 FE	是	是	是	是
N	77024	77024	77024	77024
Adj. R^2	0.602	0.585	0.613	0.585

3. 收入水平与政府信任感知

居民的福利水平影响着自我生活的满意度，进而影响居民对于政府的信任程度。[1] 收入水平是经济学关于居民福祉的一个常用指标。本书根据受访者 2010 年的年收入中位数将样本分为高收入受访者和低收入受访者，其中 2409 名受访者在 2010 年得到过政府或工作单位的补贴救济，20480 名受访者没有收到补贴。表 10 第（1）~（3）列结果显示，去商业化行动对于高收入者的政府信任度影响不显著，而对于低收入者有显著的正面影响。

此外，相对收入水平会影响居民对于社会财富分配公平的认知，从而影响政府信任度。[2] 本书进一步尝试回答的问题是，去商业化行动是否提升了相对收入水平更低者的政府信任度？我国政府对低收入居民进行了差异化的扶贫政策补贴，补贴救济的发放主要依据是相对收入水平，因此以居民是否得到过政府或工作单位补贴救济作为相对收入水平的指示变量。表 10 第（4）~（6）列分别对于这两个人群进行分析。回归结果表明，去商业化行动在受补贴人群中有显著的正向效果，

[1]　John F. Helliwell., "How's Life? Combining Individual and National Variables to Explain Subjective Well-Being," *Economic Modelling*, 2003, Vol. 20, No. 2, pp. 331–360.

[2]　Eric Uslaner., Mitchell Brown., "Inequality, Trust, and Civic Engagement," *American Politics Research*, 2005, Vol. 33, No. 6, pp. 868–894.

对于那些没有受到补贴的人群则影响甚微。以上结果表明，无论从绝对收入水平还是相对收入水平衡量，去商业化行动对于低收入群体的政府信任度影响效果更大，并且和政府对于低收入的补贴政策起到相辅相成的互补效应。

表 10　收入水平与政府信任

被解释变量	对政府干部信任度					
	个人收入			得到过政府或工作单位补贴救济		
	低 (1)	高 (2)	全样本 (3)	是 (4)	否 (5)	全样本 (6)
Budd × Post	0.239*** (0.075)	0.013 (0.126)	0.002 (0.116)	0.599*** (2.660)	0.104 (1.327)	0.109 (1.396)
Budd × Post × High			0.245* (0.135)			0.470** (2.083)
个体 FE	是	是	是	是	是	是
年份 FE	是	是	是	是	是	是
省×年 FE	是	是	是	是	是	是
N	29933	31871	61804	6355	53265	59620
Adj. R^2	0.577	0.607	0.584	0.352	0.346	0.349

4. 动态效应估计

表 11　互联网佛教去商业化行动对政府信任影响的动态回归结果

被解释变量	对政府干部信任度		
	(1)	(2)	(3)
Budd × 2014	0.129* (1.820)	0.096 (1.345)	0.105 (1.430)
Budd ×2016	0.223*** (2.931)	0.267*** (3.472)	0.269*** (3.396)
Budd	−0.137** (−2.464)		
年份 FE	是	是	是
个体 FE	否	是	是
省×年 FE	否	否	是

续表

被解释变量	对政府干部信任度		
	(1)	(2)	(3)
N	77024	77024	77024
Adj. R^2	0.001	0.342	0.344

表11报告了使用模型（3）估计的去商业化行动各年动态效应估计结果。首先从第（1）列看，去商业化行动后（2014~2016年），被解释变量的动态效应随时间推移而估计系数逐渐增大。相较于无宗教信仰者，佛教信仰者2014年对于政府信任程度同2012年相比增长0.129个单位，2016年增长0.223个单位。第（2）列和第（3）列逐步控制个体固定效应、省—年固定效应后，2014年的估计系数不显著，政策的效果到2016年方才显现。尽管如此，我们得到的2016年的估计系数为0.269，在1%的水平上显著，说明去商业化行动确实促进了佛教信仰者政府信任度的提高。

5. 稳健性检验

（1）反腐工作

在去商业化行动开展的同一时期，反腐工作也在全国逐步推进，这一政策同样会影响居民对政府的信任度。党的十八大以来，从中央八项规定出台到"四风"问题整治，从中纪委"亮剑"到巡视组出巡，中央不断加大反腐力度。反腐政策是否会影响研究结论的稳健性，有待进一步检验。表12的第（1）~（3）列控制了"审计违规金额"这一衡量政府反腐力度的相关指标，包括"应减少财政拨款或补贴""应调账处理金额""应归还原渠道资金"，对以上三个指标取对数后进行控制和重新估计。结果显示，"应调账处理金额"和"应归还原渠道资金"两个反腐力度变量的系数显著为正，符合上述预期，但去商业化行动对政府信任的增强效应不受这一政策的干扰或影响，估计结果与前文完全一致。

（2）地区性差异

由于佛教文化在不同地域的普及性和影响程度不同，佛教文化历史更为悠久的地区的民众受佛教依法去商业化行动的影响更为显著。政策实施的环境差异是否会影响到结论的一般性有待进一步考察。分别使用"该省人均全国重点寺院数"和"该省人均寺院数"作为衡量该地区佛教文化影响程度的控制变量，重新估计了回归结果。表 12 的第（4）和（5）列的结果同样显示，去商业化行动对于居民政府信任度的影响没有因地方性佛教文化氛围差异而改变，原有的结论依然成立。

表 12　反腐政策力度与政策实施环境（佛教文化）影响程度

被解释变量	对政府干部信任度				
	反腐政策力度			佛教文化影响程度	
	应减少财政拨款或补贴（1）	应调账处理金额（2）	应归还原渠道资金（3）	该省人均全国重点寺院数（4）	该省人均寺院数（5）
Budd × Post	0.177*** (2.840)	0.179*** (2.863)	0.174*** (2.791)	0.176*** (2.823)	0.188*** (3.007)
Controls	0.008 (0.501)	0.018 (1.223)	−0.077*** (−3.569)	0.175*** (2.780)	13.045* (1.912)
个体 FE	是	是	是	是	是
年份 FE	是	是	是	是	是
省 × 年 FE	是	是	是	是	是
N	77024	77024	77024	77024	77024
Adj. R^2	0.583	0.583	0.583	0.583	0.583

6. 互联网佛教去商业化行动提升政府信任的渠道探究

治理能力理论表明，政府执政能力如政府人员办事效率等是影响个体政府信任的重要作用机制。[①] 在去商业化行动之前，由于庙产法人地位尚不健全、宗教法治化水平较低，个别地方政府受利益驱动参与或袒护挟佛敛财商业活动等情况时有发生。[②] 在 2013 年互联网佛教去商业化行动开始后，公众通过互联网途径将相关侵权问题公开化，并通过官方渠道寻求中央政府支持。与此同时，政府通过互联网较以往更及时地对公共舆情事件进行反馈，公开处理措施、流程和进度等信息，增进了居民对政府执政效率的感知，对居民政府信任度产生了影响。互联网佛教

---

① 杨鸣宇：《谁更重要？——政治参与行为和主观绩效对政治信任影响的比较分析》，《公共行政评论》2013 年第 2 期。

② 周齐：《维护佛教优良文化蕴涵 抵制借佛敛财及商业化》，《世界宗教文化》2018 年第 3 期。

去商业化行动显著提高了居民对政府的信任度。

为验证上述影响机制是否存在，以"居民遭遇政府拖延推诿"（Procrast）作为对政府执行力的感知充当控制变量，[1] 考察居民对于政府信任的影响。表13的结果表明，去商业化行动使居民"遭遇政府拖延推诿"的情况显著减少，即居民感受到政府执行效率明显改善。与此同时，居民对政府信任度的增强效应仍然显著存在。由此可知，居民对政府办事效率的感知是去商业化行动提高政府信任的重要机制。除此之外还存在许多其他的相关机制，如社会信任的提升等，值得后续研究继续探索。由于政府信任数据缺少足够多的事前观测年份，无法进行严格意义上的平行趋势检验，本书采用居民对政府执行力的感知作为被解释变量进行替代检验，发现双差分模型的平行趋势假设得到满足。

表13　影响机制：居民对政府执政效率感知的提升

被解释变量	对政府干部信任度			
	（1）	（2）	（3）	（4）
Budd × Post	0.134*	0.133**	0.166***	0.174***
	(1.849)	(2.131)	(2.636)	(2.673)
Procrast	−1.202***	−1.215***	−0.520***	−0.530***
	(−49.217)	(−45.039)	(−17.384)	(−17.695)
Budd	−0.080	−0.080		
	(−1.434)	(−1.449)		
Post	0.167***			
	(8.554)			
个体 FE	否	是	是	是
年份 FE	否	否	是	是
省×年 FE	否	否	否	是
N	77024	77024	77024	77024
Adj. R^2	0.031	0.032	0.348	0.349

---

[1]　该变量的构成基于 CFPS 中"到政府办事受到拖延推诿"这一变量。我们将回答"有过拖延推诿情况""碰见过类似的事情但没有类似的经历"的受访者标记为"遭遇过政府推诿"，将"没有碰到过类似的事情"的受访者标记为"没有遭遇过政府推诿"。

（五）结论与建议

商业主体对宗教资源的扭曲利用，使宗教应有的文化价值未能得到充分发挥。互联网加速了舆情事件的传播速度，因此有必要对其影响效果和作用机制进行研究。

本节以互联网佛教去商业化行动为研究对象，吸纳第二范式的计量经济学的模型归纳方法，评估其对政府信任感知的影响及影响机制，进一步拓展和深化互联网宗教舆情政策后效评估的实证研究。本节取自"中国家庭追踪调查"2010、2012、2014、2016四年度的数据，以均值无显著差别为准则，选取了处理组（佛教信仰者）和对照组（无宗教信仰者），探究以回归系数呈现的互联网佛教去商业化行动对政府信任感知的影响。

本节通过控制受访者的个体固定效应和省—年固定效应，以规避佛教信仰者和非信仰者之间的差异、其他不可观测的省级层面的宏观政策因素，以及省份之间的时间趋势差异对回归结果造成干扰。依据"拥有互联网社交软件""访问社交网站的频率"等，将受访者划分为不同人群，并给予相应变量不同赋值，进而评估互联网佛教去商业化行动对人群的影响效果。本节使用随时间变化的双差分模型以估计该政策在不同时间上的效应并排除事前趋势的影响。

通过2013年开始的互联网佛教去商业化行动对政府信任进行定量分析，主要发现如下。

一是基于实证数据，互联网佛教去商业化行动通过互联网极大提升了民众尤其是佛教信仰者的政府信任。互联网佛教去商业化行动之前，佛教信仰者的政府信任感知低于无宗教信仰者；互联网佛教去商业化行动之后，佛教信仰者对政府信任感知提升更为显著，甚至反超了无宗教信仰者。

二是互联网佛教去商业化行动通过"上情下达"的制度路径显著提升了佛教信仰者的政府信任感知；与此同时，在控制了受教育程度差异因素后，互联网佛教去商业化行动通过"下情上达"的文化路径也显著提升了佛教信仰者的政府信任感知。

三是互联网佛教去商业化行动对佛教信仰者的政府信任感知的提升，在控制个体固定效应、省—年固定效应后，2014年估计系数不显著，

2016 年政策效果已经显现。互联网佛教去商业化行动促进了政府治理效率感知的提升，是民众对政府信任感知提升的重要影响机制。

四是佛教信仰者的网络参与度与政府信任感知存在正向的因果关系。关注法治新闻、高频访问门户网站、使用社交软件和高频访问社交网站的信众信任度的提升更显著。

五是互联网佛教去商业化行动对于低收入群体的政府信任感知影响效果更显著。物质扶贫和精神扶贫能够形成共振，增强了民众对政府的向心力，无论从绝对收入水平还是从相对收入水平衡量，互联网佛教去商业化行动对低收入群体的政府信任感知影响效果都更显著。

根据以上研究发现，本节提出以下五点建议。

第一，政、教、学三支队伍面对互联网佛教舆情，需及时、有效地参与，协同提升互联网佛教舆情的治理能力，诸如提升政府执行力感知、提升政府信任感知等，打破互联网舆情与负面社会影响耦合的刻板印象，助力推进国家治理现代化。

第二，互联网佛教舆情基础设施建设，需同步关注"上情下达"制度层面和"下情上达"文化层面。对佛教去商业化行动予以制度化保障，并注重互联网场域中正面发声渠道的建设。权威平台在互联网场域中及时和明确的发声、对社会大众关切问题的有效回应，有助于民众树立正确认知，进而协助政府开展互联网舆情的精准治理。

第三，在法治层面，应完善相关法律法规，进一步保障宗教活动场所法人在受到商业化侵权时依法保留民事追责权利；促进各级合法宗教团体发挥其作为法人管理主体的积极作用，避免宗教资源被滥用、误用或扭曲利用。地方政府亟待制定更为全面的政策目标，在推进经济实现良性循环的同时，顾及社会正义和居民福祉，让传统文化与经济发展形成良性互动。

第四，政策后效显现需时间沉淀，互联网舆情发生周期与政策后效显著周期未必是同步的。因而在互联网佛教舆情政策及行动后效显现前，面对同一类型舆情的反复发生，需持续关注，并对其本质问题、发展态势、演变规律、影响机制等开展深度分析，总结政策后效显著的机制与演变规律等。

第五，佛教信仰者的个体差异对舆情治理政策后效的影响差异较大，故互联网佛教舆情治理需吸纳多元方法论开展精准研判。与此同时,互联网佛教舆情治理不仅需要在舆情发生后被动回应,更需要以多维基础设施建设关注佛教信仰者数字素养和媒介素养的提升,进而主动防范舆情风险。

第三章　第三范式的互联网宗教舆情机制规律及预测的行动者中心建模研究

中国数字人文宗教研究方法论仍聚焦于第二范式的模型归纳研究，对第三范式的计算机模拟仿真鲜有涉猎。伴随计算机的出现及普及，以及宗教学研究对象复杂程度的提升，自上而下的建模存在难度，第三范式方法论兴起。第三范式侧重对复杂现象进行模拟仿真及推演，其出现也与宗教社会心理学的变量中心到行动者中心研究范式的迭代相契合。克里斯托弗·尼尔博（Kristoffer Nielbo）等在2012年提出了"计算宗教学"，[①] 其所阐述的"计算"内涵主体是计算方法（computational approach）在理论建构、理论与实证研究双向反馈的应用，尤其侧重计算机建模仿真在宗教学的应用。

本章以舆情事件背后的演变机制、传播规律、治理对策为主线，采用行动者中心建模方法，以佛教互联网舆情场域中的三大典型事件——法门寺文化景区微博改名事件、"法海事件"、谣言传播事件，探讨互联网宗教舆情事件中集群行为现象形成的根源、社会心理机制及规律，试图对佛教互联网舆情的预警变量和干预途径给出有益建议。

本章采用行动者中心范式，在互联网宗教舆情领域，依于宗教社会心理学四种解释水平理论，选择多个典范舆情案例，吸纳第三范式的行动者中心建模方法，并应用到中国宗教学研究，以便更为充分地吸收宗教学研究范式迭代优势、跨学科理论及方法论，探究舆情规律，并开展预测研究。

---

① Nielbo, K. L. , et al. , "Computing Religion: A New Tool in the Multilevel Analysis of Religion," *Method & Theory in the Study of Religion*, Vol. 24, No. 3 (2012), pp. 267–290.

一　经典案例提炼建模方法框架

本节从具体联结技术上展开推导，尝试用计算科学"面向对象"的视角，对"行动者中心建模方法"已有的构建思路和步骤进行重构，推导出更契合互联网宗教舆情研究的建模生命周期。传统上，计算科学"面向对象"的视角已有较为成熟的四大建模步骤，而"行动者中心建模方法"在既有应用领域中，也有各自不同的建模规范可以参考。本节以前人两大"行动者中心建模"的研究尝试作为参照，将上述两种线索的建模思路相互融合，尝试重构适切于宗教社会心理学领域，尤其是互联网宗教舆情场域的三大类佛教舆情事件的操作化工具。这一操作化工具还将在后续具体研究中不断进行调试和优化，以期获得更贴切的模拟效果和更广的适用范围。

现有的开源免费软件为行动者中心建模实践提供了便利。在面向对象（Object-Oriented）的视角下，[①] Rational Rose、Visio、Power Design等工具为绘制 UML[②] 的模型设计图提供了良好支持，同时 NetLogo、Repast J 等工具通过可视化界面操作降低了模型编程的难度。本节结合社会学领域中第一例行动者中心建模方法的研究——托马斯·谢林（Thomas C. Schelling）关于隔离的研究来探索六个建模步骤的可行性，[③] 并结合社会学领域中在"集群行为"研究中应用行动者中心建模方法的第一个尝试——约书亚·艾普斯坦（Joshua M. Epstein）对集群行为（工人抗议事件）的研究，[④] 进一步验证六个建模步骤的通用性。

[①] 〔美〕马丁等《敏捷软件开发：原则、模式与实践》，邓辉等译，人民邮电出版社，2013；〔美〕乔治等《面向对象系统分析与设计》，龚晓庆等译，清华大学出版社，2008；〔美〕韦森菲尔德：《面向对象的思考过程》，杨会珍等译，中国水利水电出版社，2004。

[②] 〔美〕巴拉赫等《UML 面向对象建模与设计》，车皓阳、杨眉译，人民邮电出版社，2011；刘晓华等编著《UML 基础及 Visio 建模》，电子工业出版社，2004；〔美〕罗森伯格等《UML 用例驱动对象建模：一种实践方法》，徐海、周靖、陈华伟译，清华大学出版社，2003；〔美〕潘德：《UML 宝典》，耿国桐等译，电子工业出版社，2004；〔美〕乔治等《面向对象系统分析与设计》，龚晓庆等译，2008。

[③] Schelling, T. C. , "Dynamic Models of Segregation," *Journal of Mathematical Sociology*, 1971, 1 (2), pp. 143 – 186.

[④] Epstein, J. M. , "Modeling Civil Violence: An Agent-based Computational Approach," *Proceedings of the National Academy of Sciences*, 2002, 99 (suppl. 3), pp. 7243 – 7250.

　　行动者中心建模不仅仅是一种建模方法，更核心的特征体现在理解现实问题和抽象的思考分析模式。[1] 为了能够在宗教社会心理学研究中恰当应用此方法，理解并掌握行动者中心建模方法所蕴含的思考分析模式至关重要。

（一）面向对象分析视角下宗教社会心理学行动者中心建模步骤

1. 宗教社会心理学行动者中心建模的领域特异性

　　奈杰尔·吉尔伯特（Nigel Gilbert）等[2]曾将行动者中心建模过程总结为八个步骤，即从研究主题起步，由定性理论分析提炼出模型静态属性、逐步增加动态元素、进行认知模型建模、完善用户界面设计、进行单元测试、进而调试，最后将调试得当的行动者中心模型投入正式使用。鉴于宗教社会心理学问题域的复杂性，八个步骤的划分方法难以在宗教社会心理学建模过程中通用。从另一个视角看，计算科学的软件工程过程[3]和行动者系统的软件工程过程[4]，将行动者中心建模过程划分为四个阶段：可行性分析和需求分析阶段、模型设计阶段、实现阶段、测试运行阶段，但这样的划分方法无法让研究者将每一步的问题分析、模型设计和代码实现紧密结合，对于研究者而言，缺乏问题和代码的对应陈述。针对上述两种步骤分析方法存在的问题，以下试图重新总结并提炼一个更为适用于宗教社会心理学领域的行动者中心建模步骤。

2. 仿真平台的选择

　　现在主流的模拟仿真平台有 NetLogo[5] 等，基于仿真平台的跨平台性、易操作性、学习资料可及性、研究案例复杂度等因素，本书选用NetLogo 作为佛教互联网舆情观点演化机制的仿真平台。NetLogo 是采用Java 语言编写的建模软件，所以具有较好的跨平台性，可在多个主流操

① Gilbert, N., & Terna, P., "How to Build and Use Agent-based Models in Social Science," *Mind & Society*, 2000, 1 (1), pp. 57 – 72.
② Gilbert, G. N., & Troitzsch, K. G., *Simulation for the Social Scientist*, Maidenhead: Open University Press, 1999.
③ 罗晓沛等主编《系统分析师教程》，清华大学出版社，2005。
④ Odell, J., Nodine, M., & Levy, R., "A Metamodel for Agents, Roles, and Groups," in *International Workshop on Agent-Oriented Software Engineering*, Springer Berlin Heidelberg, 2004, pp. 78 – 92.
⑤ NetLogo, Retrieved Sep 30, 2016, http://ccl. northwestern. edu/netlogo/.

作系统上运行（Mac，Windows，Linux 等）；其界面控件是拖拉式的，可为模型灵活添加数据输入框、监视器、绘图和滑动条等。更为重要的是，NetLogo 更适用于对随时间演变的复杂系统进行建模，软件中的 turtles、patches、links 等建模元素可直接对应于佛教互联网舆情观点演化机制模型中的多元行动者、虚拟的网络舆情空间等。仿真结果会以可视化方式呈现，便于研究者讨论分析。

3. 面向对象分析视角下的宗教社会心理学行动者中心建模步骤

结合社会学方法准则和社会心理学理论进展，在面向对象的分析视角下，在侧重于清晰阐释从分析宗教社会心理学问题到完成模型编码的完整过程的可操作性、可复制性的前提下，本节尝试将行动者中心建模生命周期划分成六个建模步骤。

第一步，对宗教社会心理学问题的行动者中心建模进行可行性分析，判断其是否适用于行动者中心建模方法。当研究问题涉及非线性复杂系统、行动者的局部互动清晰可辨且行动者缺乏中央协调机制时，可以采用行动者中心建模方法。

第二步，从对宗教社会心理学问题的文字描述与定性分析中，提炼出行动者、行动者属性和互动环境，为模型增加"静态变量"，并绘制类图。绘制类图时要确保分析设计中类的数量过多，并且其变量值的取值枚举数量不会过量。建模要简化，但不可让研究对象的静态变量和属性被过度简化；首先建立可实施的简单模型，再扩展至涵括更多特质和复杂度。

第三步，对行动者与环境间的互动进行建模，增加模型"动态变量"，并绘制类图和活动图，此步骤的建模对象主要是行动者与环境间的互动。

第四步，对行动者之间的非线性互动进行建模，定义"互动规则"，同时增加模型动态变量，并绘制状态图与时序图。该步骤是在行动者之间建立非线性互动规则。规则的建立不但要基于数学公式的推演，更需兼顾定性分析的思路展开，如转型社会心理学的常识性思路、多重群体资格[①]的核心构念等，可以尝试作为行动者中心建模方法中互动情境与

---

① 　方文：《群体边界符号如何形成——以北京基督新教群体为例》，《社会学研究》2005 年第 1 期；《群体资格：社会认同事件的新路径》，《中国农业大学学报》（社会科学版）2008 年第 1 期；方文：《转型心理学：以群体资格为中心》，《中国社会科学》2008 年第 4 期。

行动者认知模式动态建构的重要理论资源。

第五步，定义全局变量并根据实现工具定义接口，诸如下拉条、开关、按钮和变量的输入值区间。这个阶段属于用户界面设计，使模型可视化。

第六步，进行单元测试、调试并运行模型，并描述或解释结果。进行单元测试、调试并运行模型时，以 NetLogo 软件为例，首先根据类图对模型的行动者和属性变量进行命名和声明：使用 turtles 类对行动者（研究对象）进行建模，以 patch 类对互动环境进行建模。然后以 go 函数、setup 函数、自定义函数以及函数之间的消息传递和调用对行动者与互动环境以及行动者之间互动进行建模。单元测试来自极限编程，可以保证开发的效率、准确性以及代码的可复用性。

随着对研究问题的深入分析，建模过程可能会返回上一步重新修改类图、用例图、活动图等，是一个迭代补充和优化的过程。理论资源会简化建模：宗教学及跨学科的现象动态变化过程相关理论比等式或静态关系相关理论更有帮助；定性理论分析便于敏锐捕捉到模型的关键变量，并有助于识别模型假设。需要注意的是，模型设计不是对/错的二分法，关键是模型的设计可以抽象出研究议题，迈克尔·梅西（Michael W. Macy）等曾提议用元分析的方法研究行动者中心模型的设计对研究结果的影响。[1]

（二）六大步骤的可行性测试

"行动者中心"建模方法在社会学领域的应用较为成熟，但在宗教学领域的应用较少。鉴于宗教社会心理学研究在理论建构与方法论应用等维度与社会学有交叉，本节借鉴社会学领域两个"行动者中心"建模方法的研究来探索宗教社会心理学领域六大建模步骤的可行性。

1. 托马斯·谢林的种族隔离研究

首先，借鉴社会学领域中第一例"行动者中心"建模方法的研究——托马斯·谢林关于隔离的研究。[2] 实际上，最初托马斯·谢林在使用"行

---

[1] Macy, M. W., & Willer, R., "From Factors to Actors: Computational Sociology and Agent-based Modeling," *Annual Review of Sociology*, 2002, 28 (1), pp. 143–166.

[2] Schelling, T. C., "Dynamic Models of Segregation," *Journal of Mathematical Sociology*, 1971, 1 (2), pp. 143–186.

动者中心"建模思路进行种族隔离研究时，仅是凭借纸和笔完成了思路的推演，并没有用计算机真正实现这一仿真思路。随着计算机技术的发展，相关学者关注到托马斯·谢林的这一思路，便较为粗糙地将其用计算机实现。本节将托马斯·谢林的种族隔离研究思路用"行动者中心"计算机建模实现的全部过程予以呈现，并尝试提炼可供后续探讨的建模推进步骤。

现有的开源免费软件为行动者中心建模实践提供了便利。Rational Rose、Visio、Power Design 等工具为绘制模型设计图提供了良好支持，同时 NetLogo、Repast J 等工具通过可视化界面操作降低了模型编程的难度。

首先介绍下托马斯·谢林隔离研究中的问题背景和假设。根据肤色差异（黑皮肤、白皮肤），研究对象被分为两组（黑人、白人），所有人的成员资格都是永久且可辨识的，居民所关心的问题是与自己肤色相同的人占邻居总数的百分比。每个研究对象都有其特定的空间方位（使用空间二维坐标表示），当其不满意所居地的邻居中相同肤色的比例时，居民可迁居到未被占用的空白地点。

由此可知，行动者的满意状态是由邻居的肤色比例与期望比例的差值决定的。每个居民将其周边 3×3 范围内毗邻的 8 个位置中与自己肤色相同的人占总邻居数目的百分比与期望百分比进行比较，如果相同肤色邻居所占百分比不低于期望比例，居民满意且继续居住；如果低于期望比例，居民会找寻新的未被占用的居住点。

（1）可行性分析

第一步，对行动者中心建模方法是否适用于此社会学问题进行可行性分析。研究对象状态（是否满意）是由其邻居状态（相同肤色邻居所占邻居总数百分比）决定的，同时行动者与环境的互动、行动者之间的互动都是清晰可辨的（满意就继续居住，不满意就迁居），而且此问题属于"缺乏中央协调的非线性复杂系统"，所以行动者中心建模方法适用于研究此问题。

（2）增加静态变量（行动者、行动者属性和互动环境），并绘制类图

第二步，将研究对象（行动者）的属性整理为模型的静态变量。比如，黑人和白人有共同属性（肤色），因此将其归于同一类，类名定为

turtles-own，肤色（color）是类的属性。研究对象感知到的自己对所居地的满意状态（happy?）是由与自己肤色相同的邻居数（similar-nearby）、肤色不相同的邻居数（other-nearby）、邻居总数（total-nearby）以及期望的相同肤色百分数（-similar-wanted）四个变量共同决定，用公式表示为 happy? = (similar-nearby > = % -similar-wanted * total-nearby /100)，所以五个变量都纳入行动者属性，其类图参见图 3。

其中，turtles-own 类的四个 set 函数作用是在模型互动过程中实时更新研究对象的属性取值。

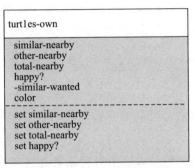

图3　经典研究案例一的类图

turtles-own 类及其属性声明等以 NetLogo 软件中的实现代码为参照进行比对说明，其代码如下所示：

```
turtles-own [
happy?              ;; for each turtle, indicates whether at least % – similar –
wanted percent of
                    ;; that turtles'neighbors are the same color as the turtle
similar-nearby      ;; how many neighboring patches have a turtle with my
color?
other-nearby ;; how many have a turtle of another color?
total-nearby    ;; sum of previous two variables
]
```

turtles-own 类的 set 函数在 NetLogo 软件中的实现代码如下所示：
to update-turtles

```
ask turtles [
    ;; in next two lines, we use "neighbors" to test the eight patches
    ;; surrounding the current patch
    set similar-nearby count (turtles-on neighbors)
        with [color = [color] of myself]
    set other - nearby count (turtles-on neighbors)
        with [color ! = [color] of myself]
    set total - nearby similar-nearby + other - nearby
    set happy? similar - nearby > = ( % - similar - wanted * total -
nearby / 100 )
    ]
End
```

（3）通过对行动者与环境的互动进行建模，增加动态变量，并绘制类图和活动图

第三步，通过用例图和活动图对行动者与环境的互动场景、互动过程进行抽象设计，为模型增加动态变量。

本模型仅包含了 turtles-own 类，行动者与环境的互动场景是当行动者查找到环境中的新居住点后，会判断此地是否已有人占用；如果没人占用，行动者便迁居到此地。本模型用 find-new-spot 函数描述。在 turtles-own 类图中增加 find-new-spot 函数，重新设计后的类图参见图 4。

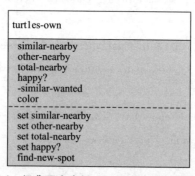

图 4　经典研究案例—添加互动规则的类图

find-new-spot 的用例场景是指当行动者不满意于当下居住点时便开始寻找新居住点；到新居住点后，先判断此居住地点是否已被其他居民占

用（any? other turtles-here），如果已被占用，迭代循环继续寻找，直到找到未被占用的新居住地并且迁居到新地点（move-to patch-here）为止，其活动图参见图5。

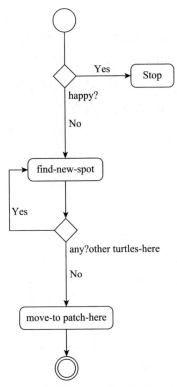

图5　经典研究案例一的活动图

turtles-own 类 find-new-spot 函数在 NetLogo 软件中的实现代码如下所示：

```
to find-new-spot
    rt random-float 360
    fd random-float 10
    if any? other turtles-here
        [ find-new-spot ];; keep going until we find an unoccupied patch
    move-to patch-here    ;; move to center of patch
end
```

（4）通过对行动者之间非线性互动进行建模，定义"互动规则"，同时进一步增加动态变量，并绘制状态图和时序图

建模行动者与环境间的互动后，第四步要对行动者之间的互动进行抽象。非线性复杂系统是自下而上进行建模，先通过状态图将研究对象的不同状态之间的转变和条件描述出来，然后用时序图将不同研究对象之间传递的消息、时序和数据互动完整地呈现。在托马斯·谢林隔离研究中，只有一个类 turtles-own，所以不需要时序图。单个 turtles-own 对象只有两种状态：happy、not happy，只有通过 find-new-spot 的行为才可能从 not happy 状态转变为 happy 状态，状态图参见图 6。

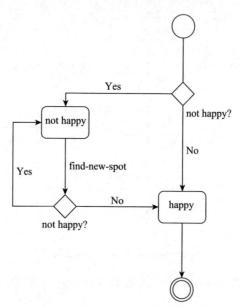

图 6　经典研究案例一的状态图 1

在 NetLogo 软件中的实现代码如下所示：

```
to move-unhappy-turtles
    ask turtles with [ not happy? ]
        [ find-new-spot ]
end
```

之后是对所有研究对象的非线性互动进行建模，在 NetLogo 软件中的代码实现如下所示：

```
to go
  if all? turtles [ happy? ] [ stop ]
  move-unhappy-turtles
  tick
end
```

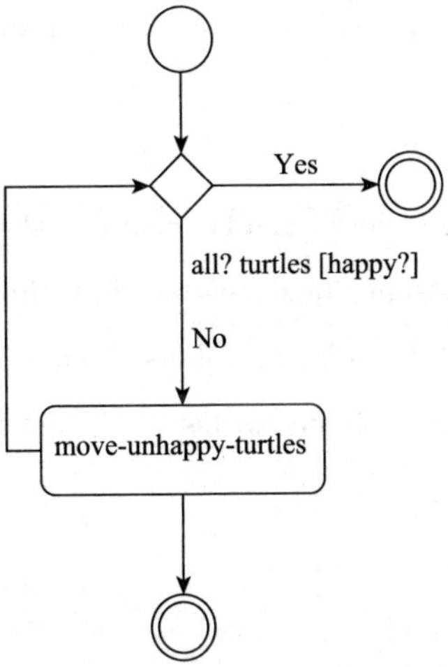

图 7　经典研究案例一的状态图 2

对行动者间互动进行建模增加动态变量时，抉择认知模式是关键的一步。Gilbert 介绍了两种认知模型（ACT－R 和 SOAR）。[①] 托马斯·谢林的隔离模型中行动者的类别和互动规则很简单，所以本模型没有涉及认知模式的建模。

（5）定义全局变量和定义接口

第五步，定义内容包括初始化和启动按钮、变量取值区间等，进而使模型可视化，行动者中心模型在 NetLogo 软件中通过 setup 按钮进行初始化操作，并通过 go 按钮让模型开始运行。

其中，% -similar-wanted 是一个滑动条，取值范围在 0－100%，描述的是行动者期望的居住点与自己肤色相同的邻居占邻居总数的百分比；number 是可视范围内行动者总量，percent-similar 和 percent-unhappy 是用

① Gilbert，G. N. & Troitzsch，K. G.，*Simulation for the Social Scientist*，Maidenhead：Open University Press，1999.

于观察模型中相似比例和不满意行动者比例的全局变量。在 NetLogo 中通过对全局变量的声明、在 setup 和 go 两个函数中更新行动者属性和全局变量等工作实现全局变量定义和接口定义，具体实现代码如下：

```
globals [
    percent-similar    ;; on the average, what percent of a turtle's neighbors
    percent-unhappy    ;; what percent of the turtles are unhappy?
]
to update-globals
    let similar-neighbors sum [similar-nearby] of turtles
    let total-neighbors sum [total-nearby] of turtles
    set percent-similar (similar-neighbors / total-neighbors) * 100
    set percent-unhappy (count turtles with [not happy?]) / (count turtles) * 100
end
to update-variables
    update-turtles
    update-globals
end
to setup
    clear-all
    if number > count patches
        [ user-message (word "This pond only has room for" count patches "turtles.")
            stop ]
    ;; create turtles on random patches.
    ask n-of number patches
        [ sprout 1
            [ set color red ] ]
    ;; turn half the turtles green
    ask n-of (number / 2) turtles
```

```
        [ set color green ]
    update-variables
    reset-ticks
end
to go
    if all? turtles [ happy? ] [ stop ]
    move-unhappy-turtles
    update-variables
    tick
end
```

（6）单元测试、调试并运行模型

对程序代码单元测试后，再调试，第六步运行模型。首先按下 setup 按钮，初始化模型（行动者总数为 2000 人，居民期望的相同肤色比例为 66%）。

运行到中间（第 15 步时），模型的中间结果如图 8 所示。

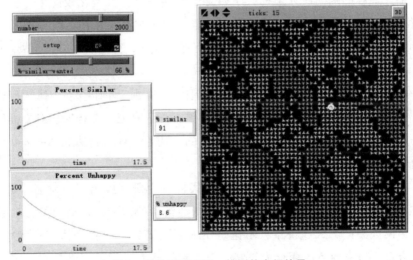

图 8　经典研究案例一模型的中间结果

第 41 步时，unhappy 的百分比为 0，没有居民再迁居，结果稳定，即出现了突生的隔离现象，如图 9 所示。

通过以上六个建模步骤，结合托马斯·谢林的隔离研究，呈现通过

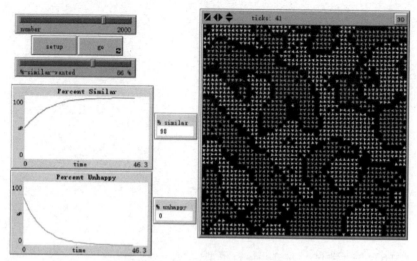

图9　经典研究案例一的模型结果

UML将"社会学问题"分析为"概念完整的模型设计图",进而编写NetLogo中可运行代码的完整过程,验证了基于面向对象视角的"行动者中心"建模方法的具体步骤,并尝试提供可操作化的"步骤说明"。托马斯·谢林的隔离研究是社会学研究中的第一例,模型比较简单,行动者类目单一,故本节对于行动者中心建模方法中类关系图、时序图和互动情境—认知模式抉择的建模工作没有铺开陈述,待在后文继续拓展。

2. 约书亚·艾普斯坦集群行为研究

本节将介绍社会学领域在"集群行为"(有别于单个行动个体)研究中应用行动者中心建模方法的第一个尝试——约书亚·艾普斯坦对集群行为的研究,[①] 进一步验证六个建模步骤的通用性,建模仿真在 NetLogo 平台完成。

首先介绍下约书亚·艾普斯坦的集群行为研究应用"行动者中心"建模的背景。根据抗议事件对峙双方行动策略的差异,模型中的行动者分为两大类:工人和警察,不论是工人还是警察,在整个仿真过程中,双方都不叛逃或者改变行为策略。工人和警察有不同的互动策略。工人在风险规避和自我感知的艰难程度等维度上呈多样性。工人的愤怒程度

---

① Epstein, J. M. , "Modeling Civil Violence: An Agent-based Computational Approach," *Proceedings of the National Academy of Sciences*, 2002, 99 (suppl. 3), pp. 7243 – 7250.

是由自己的生存艰难程度，以及此困境通过权威机构途经合法地得以解决的可能性及有效性（即"权威机构的合法性程度"）共同决定的。工人参与抗议的被捕风险是与警察和工人人数的比率呈正相关。抗议工人的净风险是由每位工人各自的风险规避倾向和被捕风险共同决定的。当工人的愤怒与净风险的差值大于某个临界值时，工人就参与抗议，否则工人变为沉默、不参加抗议。警察的互动策略是，警察一直在监视其视野范围内的工人状态，如果发现有参与抗议的活跃工人，警察就随机逮捕其中一个。一位警察一次只能逮捕其视野范围内的一名工人。被逮捕的工人被限制了人身自由，不能参与抗议，刑期满才被放出。假设工人的愤怒程度在被捕前后不变。警察和工人都有其特定的空间方位（使用空间二维坐标表示），并且警察和抗议工人在空间内会不断移动，警察和抗议工人可迁居到未被占用的空白地点。

（1）可行性分析

首先对行动者中心建模方法是否适用于此社会学问题进行可行性分析。抗议工人（是否参与抗议）是由其空间上处于毗邻状态的其他行动者以及自己的特质共同决定的（工人感知到的生存艰难、"权威机构的合法性程度"、警察和工人人数的比率、工人对风险的规避意愿），同时行动者与环境的互动、行动者之间的互动都是清晰可辨的。此问题属于缺乏中央协调的非线性复杂系统，所以行动者中心建模方法适用于研究此问题。

（2）提炼行动者类型（类图）

接下来将社会学问题的描述文本中的名词短语整理为模型的行动者分类。比如工人和警察是两类行动者，类名定为 agents 和 cops。每一类行动者都有其属性和互动规则。

（3）声明互动规则（状态图以及类图的补充等）

接下来分别确认工人和警察这两类行动者的互动规则。

①社会行动者：工人

工人有抗议、刑满释放、游行三个互动规则。第一个"抗议"互动的具体规则是，当愤怒程度已在某种程度上超越了抗议风险时，工人就参与抗议，否则保持沉默。第二个"刑满释放"互动的具体规则是，工人因参与抗议会面临被警察逮捕的风险；被捕后无法参与抗议和游行，直到刑满之时才被释放出来，恢复行动自由。并且假设工人在被捕前和被捕后的愤怒程度和风险感知等没有变化。第三个"游行"互动的具体规则是工人在每一次互动后，会随机游行到自己可视范围内没被其他行动者占住的空间位置上。所以约书亚·艾普斯坦将工人状态分为"抗议"和"沉默"两种状态，并将愤怒与风险差值作为状态变化的判断条件。

　　为了更清晰地呈现分析互动规则和工人属性，将工人的状态分为未被捕不参加抗议状态（UQ）、未被捕参加抗议状态（UA）和被捕状态（RQ）三种。

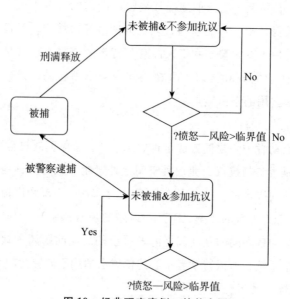

图 10　经典研究案例二的状态图

②社会行动者：警察

　　另一类行动者警察有三个互动规则，即监控、逮捕工人和巡逻。监控的互动规则是在警察的可视范围内，监控是否有活跃参与抗议的人。如果发现有抗议者在可视范围内，警察便逮捕工人，并且一名警察一次只能逮捕一名工人。每隔一段时间，警察就会在自己可视范围内的一个空白位置上去巡逻。

　　综上，工人的互动规则有抗议、刑满释放、游行三个；警察的互动规则有监控、逮捕工人、巡逻三个。

　　（4）提炼互动规则的具体公式并补充相关变量（类图）

　　接下来由互动规则来分析相关属性。

①社会行动者：工人

首先分析工人抗议规则相关属性。是否抗议是由愤怒程度和净风险的差值决定。公式表达如下：

是否抗议的状态 = ?（愤怒程度 – 净风险的差值 > 抗议临界值）

愤怒是由工人觉察到的艰难程度以及权威机构的合法性（通过权威机构途径解决艰难现状的可能性）共同决定的。公式表达如下：

愤怒程度 = 艰难程度 * （1 – 权威机构合法性）

工人觉察到生存状况越发艰难，而通过权威机构途径解决此艰难现状的可能性越小，工人的愤怒程度就越高。当通过权威机构顺利解决的可能性很高的情况下，即使工人觉察到生存状态很艰难，愤怒程度也不会太高。此时分析可得，工人的属性包含了：是否抗议的状态，愤怒程度，艰难程度，权威机构合法性，抗议的临界值。其中，工人对艰难程度的感知是不同的，但权威机构的合法性以及抗议的临界值在工人之中达成了共识。所以在模型中，取值在群体中是多样分布的变量就变为行动者的属性，已达成共识或者成为社会属性的时候，就变为环境属性，或者是模型的全局变量。

工人的净风险是由对风险的规避、被捕的可能性和被捕的时长共同决定的。对风险的规避对每一个行动者而言都是个人特质，在工人群体中是多样化的。在决策是否抗议时，工人会评估抗议被捕的可能性，这种可能性与工人在可视范围内所看到的警察和工人的人数比率成正比。所以被捕可能性和净风险的公式表达分别是：

被捕可能性 = $1 - e^{(-常数 * (警察人数 / 工人人数) 工人可视范围内)}$

净风险 = 工人个人对风险的规避 * 被捕可能性 * 被捕时长$^\alpha$

此研究中，工人的净风险的互动规则是 α 取值为 0 的特殊情况，即研究隐藏了一个前提假设是工人的净风险评估不受抗议工人被捕时长的影响。被捕的时长有一个研究者定义的被捕最长时长 max-jail-term，每一个工人被捕时是在 0 和 max-jail-term 之间随机赋值的。

所以工人的属性有：是否抗议的状态（active?）、愤怒程度（grievance）、艰难程度（perceived-hardship）、权威机构合法性（legitimacy）、抗议的临界值（threshold）、净风险（netrisk）、可视范围（wvision）、被捕可能性（probability）、对风险的规避程度（risk-aversion）、被捕时长

（jail-term）。类图中纳入工人的十个属性，如图 11 所示：

其中，turtles-own 类的四个 set 函数作用是在模型互动过程中实时更新研究对象的属性取值。

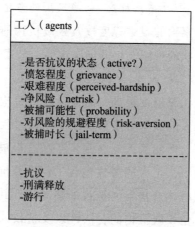

图 11　经典研究案例二的行动者类图 1

agents 类及其属性声明等以 NetLogo 软件中的实现代码为参照进行比对说明。

　;共识变量

```
breed [agents agent]
globals [
  k                    ; factor for determining arrest probability
  threshold            ; by how much must G > N to make someone rebel?
]
```

共识变量 legitimacy、max-jail-term、wvision 取值变为可通过 NetLogo 界面灵活取值的变量，以此观察不同取值时对整个模型仿真结果的影响。这些在可视界面中可灵活取值的变量是由研究者的问题意识或理论假设等决定的。

其中，变量取值因人而异的属性，放在类的属性声明中。

```
agents-own [
  risk-aversion        ; R, fixed for the agent's lifetime, ranging from
```

0 − 1（inclusive）

　　　　perceived-hardship　　；H，also ranging from 0 − 1（inclusive）

　　　　active?　　　　　　　　；if true，then the agent is actively rebelling

　　　　jail-term　　　　　　　；how many turns in jail remain?（if 0，the agent
is not in jail）

　　　]

　　工人 agents 类的属性初始赋值方法在 NetLogo 软件中的实现代码
如下：

```
;; create agents
create-agents round（initial-agent-density * . 01 * count patches）[
    move-to one-of patches with [not any? turtles-here]
    set heading 0
    set risk-aversion random-float 1. 0
    set perceived-hardship random-float 1. 0
    set active? false
    set jail-term 0
    display-agent
]
```

　　工人的抗议、刑满释放和游行的三个互动规则的实现代码如下：
```
;; AGENT BEHAVIOR
; 抗议
to determine-behavior
    set active?（grievance-risk-aversion * estimated-arrest-probability >
threshold）
end
to-report grievance
    report perceived-hardship *（1-government-legitimacy）
end
to-report estimated-arrest-probability
```

```
let c count cops-on neighborhood
let a 1 + count (agents-on neighborhood) with [active?]
;; See Info tab for a discussion of the following formula
report 1-exp (-k * floor (c/a))
```

End

; 刑满释放

```
ask agents
    [ if jail-term > 0 [ set jail-term jail-term − 1 ] ]
```

; 游行

```
to move;; turtle procedure
  if movement? or (breed = cops) [
    ;; move to a patch in vision; candidate patches are
    ;; empty or contain only jailed agents
    let targets neighborhood with
              [ not any? cops-here and all? agents-here [ jail-term
>0]]
    if any? targets [ move-to one-of targets ]
  ]
```

End

②社会行动者：警察

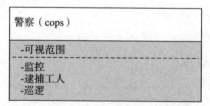

图 12　经典研究案例二的行动者类图 2

　　警察的互动规则比较简单，监控、逮捕工人、巡逻都只与警察这个群体的可视范围相关，所以警察只有一个属性值，即可视范围。因警察群体的可视范围假设一致，在群体内具有同质性，所以把它设置为全局变量。在 NetLogo 平台上，警察的可视范围被设置为可灵活调节取值的可视化控件。研究中假设警察和工人的可视范围是一样的。可视范围在现实生活中，可以指警察的巡逻和监控范围，对于工人而言是可观察的范围和可游行的范围。

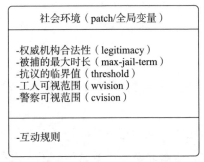

图 13　经典研究案例二的互动环境类图

; 监控

let suspect one-of（agents-on neighborhood）with［active?

; 逮捕工人

to enforce

　　if any?（agents-on neighborhood）with［active?］［

　　　　;; arrest suspect

　　　　let suspect one-of（agents-on neighborhood）with［active?］

　　　　ask suspect［

　　　　　　set active? false

　　　　　　set jail-term random max-jail-term

　　　　］

　　　　move-to suspect　　;; move to patch of the jailed agent

　　］

End

; 巡逻

;; move to an empty patch

to move ;; turtle procedure

　　if movement? or（breed ＝ cops）［

　　　　;; move to a patch in vision; candidate patches are

　　　　;; empty or contain only jailed agents

```
        let targets neighborhood with
                    [ not any? cops-here and all? agents-here [ jail-term
> 0]]
        if any? targets [ move-to one-of targets ]
    ]
    end
```

（5）定义全局变量和定义接口（如初始化和启动按钮、变量取值区间等）

行动者中心模型在 NetLogo 软件中通过 setup 按钮进行初始化操作，go 按钮开始运行。其中，初始的警察人数密度、工人人数密度、权威机构合法性和被捕时长都是一个滑动条，以观察不同参数下模型仿真结果的变化。在 NetLogo 中通过对全局变量的声明，在 setup 和 go 两个函数中更新行动者属性和全局变量等实现全局变量定义和接口定义，具体实现代码如下：

```
to setup
    clear-all
    ;; set globals
    set k 2. 3
    set threshold 0. 1
    ask patches [
        ;; make background a slightly dark gray
        set pcolor gray-1
        ;; cache patch neighborhoods
        set neighborhood patches in-radius vision
    ]
    ;; create cops
    create-cops round ( initial-cop-density * . 01 * count patches) [
        move-to one-of patches with [ not any? turtles-here]
        display-cop
    ]
    ;; create agents
```

```
create-agents round (initial-agent-density * .01 * count patches) [
    move-to one-of patches with [ not any? turtles-here ]
    set heading 0
    set risk-aversion random-float 1. 0
    set perceived-hardship random-float 1. 0
    set active? false
    set jail-term 0
    display-agent
]
;; start clock and plot initial state of system
reset-ticks
End
to go
    ask turtles [
        ; Rule M: Move to a random site within your vision
        if (breed = agents and jail-term = 0) or breed = cops
            [ move ]
        ;    Rule A: Determine if each agent should be active or quiet
        if breed = agents and jail-term = 0 [ determine-behavior ]
        ;    Rule C: Cops arrest a random active agent within their radius
        if breed = cops [ enforce ]
    ]
    ; Jailed agents get their term reduced at the end of each clock tick
    ask agents
        [ if jail-term > 0 [ set jail-term jail-term - 1 ] ]
    ; update agent display
    ask agents [ display-agent ]
    ask cops [ display-cop ]
    ; advance clock and update plots
    tick
End
```

（6）单元测试、调试并运行模型

对程序代码单元测试后，再调试，最后运行模型。首先按下 setup 按钮，设置好初始参数。

约书亚·艾普斯坦通过"行动者中心"建模的方法，发现工人在抗议行为决策中出现了游击战式的行为策略：当警察靠近时，工人即使愤怒也会不抗议；当警察离开可视范围，工人则立即投入抗议。

警察的规模对工人的抗议起到关键作用。同样作为权威机构，警察和宏观权威机构合理性（工人的艰难程度通过权威机构解决的可能性）对抗议行动的影响机制差异很大。

警察对抗议行为的影响是平稳的。相较于长时间的、小幅度的权威机构合法性的递减（减速慢、减幅大），权威机构合理性在短时间内的快速递减（减速快、总减幅小）会引发更大规模的抗议行为，即使权威机构短时间内的递减幅度没有长时间递减幅度大。此外，约书亚·艾普斯坦还尝试定义抗议集群行为的预警指标。

（三）结论与建议

本节借鉴社会学传统量化实证研究步骤、行动者中心建模的传统八大建模步骤、行动者系统的软件工程过程，结合软件工程 UML 的类图、状态图、时序图等，并在 NetLogo 平台运行、调试、优化模型，进而提炼、总结出适用于互联网宗教舆情的行动者中心建模六大步骤。这六大建模步骤更契合以宗教社会心理学为支撑的互联网佛教舆情研究，本章后续三个小节将六大建模步骤应用于不同宗教社会心理学解释水平的互联网舆情案例，进一步调试、优化。

本节选取了社会学领域应用行动者中心建模方法的两个典范研究案例，即托马斯·谢林的种族隔离研究（行动者中心建模在社会学的第一例应用）和约书亚·艾普斯坦对集群行为的研究，通过分析其完整建模过程，以验证六大建模步骤的适用性。通过对比发现，托马斯·谢林的研究仅牵涉社会行动者的人际互动，而约书亚·艾普斯坦的研究则涉及两个群体的多元社会行动者之间的群际互动。这两个研究案例在变量定义和模型设计上存在较大差异，后者比前者在社会行动者和互动规则的设计等方面更为复杂，在通用建模步骤基础上进行调整，以适配具体研究主题。

这六大建模步骤，即建模生命周期，简述如下：一是根据研究对象和研究主题，判断其是否适合应用行动者中心建模方法，符合"缺乏中央协调的非线性复杂系统"这一特征的互动情境比较适合使用该方法；二是在理论基础和定性分析的基础上，提炼社会行动者（可能涉及多元社会行动者、规模不等的多重群体资格的社会行动者等），这一环节是建构模型"静态变量"的环节；三是关注和提炼互动环境的运作逻辑，建构模型的"动态变量"；四是关注行动者之间、行动者与环境之间的"互动规则"，对非线性互动进行程序表达，并进一步增加模型的"动态变量"；五是对模型进行可视化实现；六是进行单元测试，调试并运行模型。

基于将行动者中心建模吸纳到互联网佛教舆情研究的经验，针对中国数字人文宗教交叉研究的跨学科对话问题，本节提出四点建议。

第一，跨学科对话须规避片面、刻板地吸纳跨学科理论和方法资源，避免出现根源性偏差，可从基础性学科框架入手，找到跨学科研究的切入口和对话点。

第二，拓宽学科视野，借助共性的借鉴和参考，找寻到"他山之石可以攻玉"的跨学科切入口和对话点。诸如社会心理学"变量中心"到"行动者中心"理论迭代与行动者中心建模方法的对话，计算机科学的结构化编程到面向对象编程的迭代可为其提供共性的借鉴和参考；互联网佛教舆情案例择选与行动者中心建模的三要素（行动者、环境、互动规则）的对话，社会心理学的四种解释水平可为其提供共性的借鉴和参考；互联网佛教舆情演化机制与社会心理学理论资源的对话，行动者中心建模在理论建构的应用可为其提供共性的借鉴与参考。

第三，充分融汇各学科现有的研究主题、理论、方法等资源。充分吸纳多样的研究议题（如集群行为）、丰富的学科理论资源阐释（如多重群体资格）、多元的跨方法论（如ABM），进而在互联网佛教舆情研究中找寻恰当的研究议题、阐释角度，丰富互联网佛教舆情研究的方法论储备，开启互联网佛教舆情的解释性研究和预测性研究，同时拓展跨学科理论的阐释力和跨学科方法的适用范围。

第四，避免"再造车轮"类无效的重复性工作，跨学科对话可采取螺旋上升式迭代递增方式，规避断裂式跳跃递增带来的泡沫化。在互联网佛教舆情研究中吸纳行动者中心建模方法，可充分利用软件工程领域UML（类图、时序图、状态图等）和 NetLogo 等辅助工具和建模平台，以规避"再造车轮"类无效的重复性工作，在中国宗教学丰富的研究案例基础上，拓展中国宗教学第三范式计算机模拟仿真研究，进而丰富中国计算宗教学的研究成果。

二　人际水平：观点演化的机制研究*

本书应用六大行动者中心建模步骤，对互联网佛教舆情中的三大类事件分别进行模拟仿真，并根据每一类事件的特殊性在具体程序上进行了差异性设计与调试。三类互联网佛教舆情事件根据参与规模和互动水平的不同，在宗教社会心理学意义上存在递进层次。

本节以"法门寺文化景区微博改名事件"为背景，针对两类观点演化机制建立"行动者中心"模型，并在 NetLogo 平台上完成模拟仿真，根据结果探索与现实更契合的内部机制和发展规律。这一事件中，大规模网友参与是其最为突出的特点。网友作为本事件的"行动者"，大多呈现一种分散的、单个的人际水平的互动，从互动模式上看较为简单。由此，我们从这一事件入手，探索行动者中心建模方法在研究互联网佛教舆情事件中的应用。

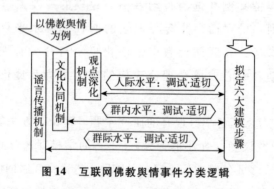

图 14　互联网佛教舆情事件分类逻辑

---

* 本节曾刊于《世界宗教文化》2017 年第 5 期，修改后收入本书。

（一）"法门寺文化景区微博改名事件"始末

"法门寺文化景区微博改名事件"是继西安兴教寺事件后，佛教信众在网络上抗议法门寺文化景区盗用寺院名义进行欺诈的行为并最终迫使法门寺文化景区更改微博用户名的互联网佛教舆情事件。

西安兴教寺事件[①]发端于 2012 年，2013 年 4 月被社会大众广泛知晓。兴教寺事件暴露出地方政府为地方发展而绑架寺院、挟佛敛财的问题，在社会大众抵制"挟佛敛财"的风潮中，盗用"法门寺"之名的"法门寺文化景区"微博遭到了网友的抗议和抵制。

陕西扶风法门寺文化景区旅游发展有限公司是一家行业类别注册为"休闲娱乐—游乐景点"的公司，却在新浪微博注册使用"法门寺"作为微博用户名。此侵权行为引发了新浪微博网友的抗议，广大网友打出"日行一善，每日一滚"的口号，在"法门寺文化景区"所发的每一条微博下发表同样留言，让景区微博"滚"出"法门寺"。2013 年 6 月 5 日，法门寺文化景区的微博被新浪平台从"法门寺"强制更名为"法门寺文化景区"，该微博对寺院的侵权行为告一段落。至此，佛教互联网舆情观点演化随之落下帷幕，网民也停止了持续留言的抗议行为。

（二）佛教互联网舆情观点演化的行动者中心模型构建

1. 行动者中心模型的总体框架图

基于行动者中心建模方法准则，模型仿真研究被划分为数据、建模、仿真、结果分析四个阶段。对于舆情观点演化而言，发布内容的用户才

---

① 兴教寺是中国历史名刹、全国重点文物保护单位，距今已有 1300 余年历史。2007 年始，西安市将兴教寺纳入申请世界文化遗产工作范畴。2012 年 7 月，陕西省确定"丝绸之路联合申遗"名单，其中包括兴教寺塔。寺院僧人得知申遗过程将进行大量拆迁后，立即提出异议，在无法改变拆迁方案的情况下，寺院住持宽池法师提出退出申遗的请求，但未获许可。2013 年 3 月，西安市相关部门到兴教寺视察申遗工作，并要求在 5 月 30 日之前完成对寺院约 2/3 建筑的拆除。4 月 10 日，《南方都市报》报道了兴教寺因为申遗将遭受大规模拆迁的新闻，引发全国众多媒体及名人学者聚焦，此后，有关方面调整拆迁方案并公布，但拆迁面积仍占寺院总建筑面积一半左右。与此同时，国家宗教事务局、国家文物局、中国佛教协会等有关政府部门、社会团体和学术单位对此都发表了声明，众多中央和地方电视台、报纸和网站，甚至海外媒体均连续予以报道，佛教界高僧、学者纷纷发言，数千万网民积极参与，由此形成"兴教寺事件"。南方都市报：《保住有僧人的兴教寺 没和尚的寺庙是荒唐》，http://bodhi.takungpao.com/topnews/2013－04/1548315.html。（阅读时间：2013 年 4 月）

能对其他行动者产生影响，发布者是实节点，不发布者即虚节点。因此，本节将行动者的范围限定为在"法门寺文化景区"微博账号下发布内容的用户。演化机制即行动者之间的互动规则，规则在下文中凝练为演化图和状态转移方程式。佛教互联网舆情观点演化机制的行动者中心模型总体框架，如图 15 所示。

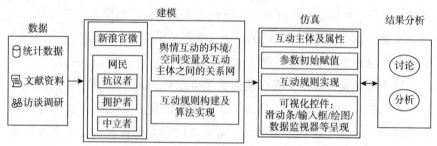

图 15　佛教互联网舆情观点演化机制的行动者中心模型总体框架

2. 人际互动水平的行动者分类及属性描述

行动者首先划分为新浪官方微博和新浪微博网民两大类，因网民所持观点不同进而又分成抗议者、拥护者、中立者三类，行动者分类及属性描述如表 14 所示。

表 14　微博改名事件行动者分类及属性描述

行动者	新浪官方微博	新浪微博网民		
		抗议者	拥护者	中立者
属性	设置为互动环境	观点 自然衰减率 观点比例 增长率差值 观点演化方向 观点演化转移率	观点 自然衰减率 观点比例 增长率差值 观点演化方向 观点演化转移率	观点 自然衰减率 观点比例 增长率差值 观点演化方向 观点演化转移率
规则	官方裁决	观点演化决策	观点演化决策	观点演化决策

基于离散的粗粒度观点划分方法，新浪微博网民对此互联网舆情可持有三种不同观点：抗议、拥护、中立。自然衰减率衡量现实舆情演化过程中随着时间延长网民对此舆情事件疲乏至态度不再明晰等情况。自然衰减率的影响是有方向性的，对抗议者而言在自然衰减影响下只能变

为中立者，不会变为拥护者；同样的，拥护者自然衰减只能变为中立者，不会变为抗议者。观点比例是指持某观点网民占全部互动网民的比例。比例越大，对其他行动者观点演化转移率越高。增长率差值衡量行动者的观点演化转移率。当持对峙观点网民增长率高于持群内观点网民增长率时，增长率的差值越大，行动者的观点演化转移率越高。观点演化方向指抗议者、拥护者和中立者在和新浪微博网友交互影响后，观点往哪个方向演化。观点演化转移率是指抗议者、拥护者和中立者在和新浪微博网友交互影响后，行动者进行观点演化的概率。

3. 行动者之间互动规则的构建及算法设计

微博平台上互动行为是跨地域的。抗议者、拥护者、中立者三类网民之间可按照一定互动规则进行观点演化，多元行动者在互动后群际边界是流动的，甚至可出现观点倒戈。行动者中心模型中行动者观点演化，如图 16 所示。

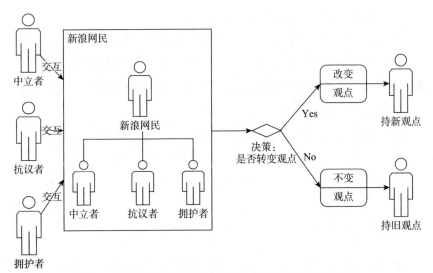

图 16　微博改名事件行动者中心模型中行动者观点演化

新浪官微的互动准则是其官方裁决，即持抗议观点网民在舆情事件参与总人数中达到一定比例后，新浪官方微博以官方身份进行裁决，认定景区微博侵权行为，并修正微博账号名称。改名后，抗议者停止抗议，模型停止运行。中立者、抗议者、拥护者的互动准则是观点演化决策，但三类行动者有着不同的演化规则。行动者的观点演化转换率是由其他网民此刻状态共同决定的。

本节针对两种不同的观点演化机制建立模型，在 NetLogo 平台实现仿真，并比较仿真结果与现实世界舆情的契合度，进而探究其内在演化机制。两种观点演化机制分别如下：机制一是舆情观点演化机制取决于对峙观点增长率差值；机制二是舆情观点演化机制取决于对峙观点人数占比。由以上互动规则和观点演化机制分析，行动者之间互动规则算法设计如下。

设在 t 时刻 R_j (t) 为抗议者 j 的观点演化转移率，G_k (t) 为拥护者 k 的观点演化转移率，W_n (t) 为中立者 n 的观点演化转移率，T_i (t) 是网友 i 的观点比例、增长率差值、观点演化方向的属性集合。d_t 为自然衰减率，λ_1 为抗议者、拥护者和中立者受网友增长率差值的影响程度，λ_0 为拥护者观点比例对抗议者和中立者的影响程度，λ_2 为抗议者观点比例对拥护者和中立者的影响程度。两种机制，t+1 时刻抗议者 j、拥护者 k、中立者 n 的状态转移方式分别如下。

机制一：舆情观点演化机制取决于对峙观点增长率差值。在此机制下，抗议者、拥护者、中立者下一刻状态（观点演化转换率），是由其他网友两种状态（增长率差值和观点演化方向）共同决定的，状态转移方程式如（1）～（3）所示。

$$R_j \ (t+1) = T_i \ (t) * d_t + T_i \ (t) * (1 - (1 - d_t) * (1 - \lambda_0 / \quad (1 + e^{T_i(t)}))) \tag{1}$$

$$G_k \ (t+1) = T_i \ (t) * d_t + T_i \ (t) * (1 - (1 - d_t) * (1 - \lambda_0 / \quad (1 + e^{T_i(t)}))) \tag{2}$$

$$W_n \ (t+1) = T_i \ (t) * \lambda_0 / (1 + e^{T_i(t)}) \tag{3}$$

机制二：舆情观点演化机制取决于对峙观点人数占比。在此机制下，抗议者、拥护者、中立者下一刻状态（观点演化转换率），是由其他网友状态（对峙阵营的观点比例，决定了倒戈的比例）决定的，状态转移方程式如（4）～（6）所示。

$$R_j \ (t+1) = 1 - (1 - d_t) * (1 - \lambda_1 * T_i \ (t)) \tag{4}$$

$$G_k \ (t+1) = 1 - (1 - d_t) * (1 - \lambda_2 * T_i \ (t)) \tag{5}$$

$$W_n \ (t+1) = \lambda_1 * T_i \ (t) + \lambda_2 * T_i \ (t) \tag{6}$$

4. 仿真参数设置

模型参数的初始化设置遵循两个假设：初始化时，抗议者人数最少，中立者最多，拥护者介于二者之间；抗议者对拥护者的影响幅度要大于拥护者对抗议者的影响幅度，即模型仿真的五个参数分别是：

（1）number：总人数。模型对抗议者、拥护者和中立者的总数及占比进行初始赋值；

（2）自然衰减率。取值范围（0，1），初始取值为0.016；

（3）抗议者、拥护者、中立者受对峙观点增长率差值的影响程度，取值范围（0，1），初始取值为0.03；

（4）拥护者比例对持其他观点行动者的影响程度，取值范围（0，1），初始取值为0.01；

（5）抗议者比例对持其他观点行动者的影响程度，取值范围（0，1），初始取值为0.05。

其中，d_t，λ_0，λ_1，λ_2是可调的，以便观察不同取值对舆情观点演化的影响。参数变量名、含义、取值区间和初始取值整理见表15。

表15　微博改名事件仿真参数设置

变量名	含义	取值区间	初始取值
d_t	自然衰减率	（0，1）	0.016
λ_0	差值影响力	（0，1）	0.03
λ_1	比例影响力	（0，1）	0.01
λ_2	比例影响力	（0，1）	0.05

（三）人际水平的观点演化机制仿真结果分析

1. 机制一的仿真结果

对照表15设置仿真参数后，机制一的仿真结果如图17所示。分析可知，当模型进行到88步时，舆情观点不再演化，抗议者、拥护者、中立者占比呈均衡稳态，抗议者继续抗议。此仿真结果与现实舆情观点演化历程不契合。

第二步，增大自然衰减率，取值0.1，即每一次互动后，10%的行动者观点自然衰减，仿真结果如图18所示。由仿真结果分析可知，当

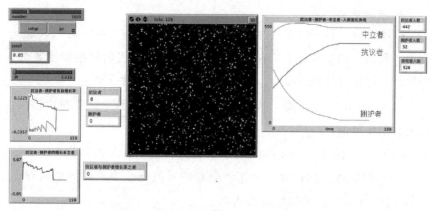

图 17　低自然衰减率下机制一仿真结果

d_t = 0.1 时，舆情观点演化呈现出抗议者和拥护者的迭代增减，与现实舆情观点演化历程不契合。

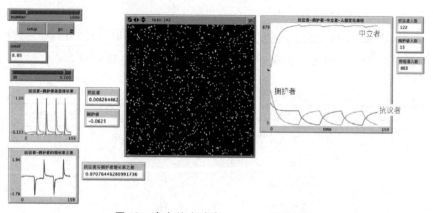

图 18　高自然衰减率下机制一仿真结果

2. 机制二的仿真结果

对照表 15 设置仿真参数，机制二的仿真结果如图 19 所示。由仿真结果分析可知，模型运行 92 次后，抗议者人数达到总人数一半，新浪官方微博修改景区微博名，仿真模型停止运行。此模型运行次数及停止状态与现实舆情观点演化历时时长、互动次数及事件结果都比较契合。

第二步，增大自然衰减率，取值 d_t = 0.1，即每一次互动后，10% 的行动者观点自然衰减，仿真结果如图 20 所示。由仿真结果分析可知，当自然衰减率增至 0.1 时，行动者以较快的速度衰减为中立者。模型最后

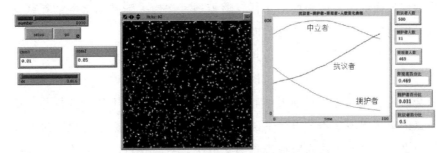

图 19   低自然衰减率下机制二仿真结果

的稳态停留在大多数人是中立者、有小部分的抗议者和拥护者的状态，此仿真结果比较符合常识。

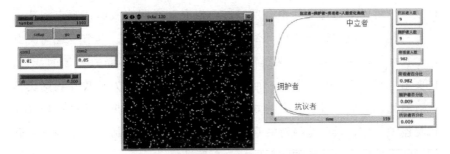

图 20   高自然衰减率下机制二仿真结果

（四）结论与建议

1. 结论和方法论意义

本节在中国现实舆情事件背景下将行动者中心建模方法首次运用到互联网佛教舆情研究中，在 NetLogo 平台上实现了模拟仿真，以可视化方式动态呈现了佛教互联网舆情观点演化过程。基于宗教社会心理学的人际水平互动定义，本节择选了一个广大网友参与的典型舆情研究案例，每一个社会行动者（网友）都有较为独立的价值偏好和判断，在此模型中新浪官微被界定为互动环境的约束条件之一，而未被划为多元行动者。比照前文提出的行动者中心建模六大步骤，本节对案例的处理基本上遵循了定性层面的可行性考察、提炼行动者等静态变量、提炼行动者与互动环境等初期动态变量、提炼互动规则等仿真机制进阶并补充动态变量、可视化转化以及最后的仿真程序运行与结果输出。行动者中心建模六大步骤的推进在本案例中推演流畅，可见行动者中心建模在互联网佛教舆情解释性研究中有较强的适用性，该模型可作为人际互动水平的互联网宗教舆情的解释性研究的借鉴模型。

本节案例的计算机模拟仿真分析，选取了人际水平互动的社会行动者，核心贡献之一是将调研访谈中获取的互联网宗教舆情参与者的不同社会心理机制转化为行动者中心建模的互动规则。基于理论分析与调研访谈的梳理提取，本节设计了两种不同互动规则对社会心理机制进行建模仿真：一是基于认为舆情观点演化取决于对峙观点增长率差值（即抗议者、中立者、拥护者人数增长率的不同）的论断；二是基于认为舆情观点演化机制取决于对峙观点人数占比（即抗议者、中立者、拥护者人数的占比）的论断，意在通过比较两种不同机制下仿真结果与现实的契合度来分析模型与现实的拟合度，进而探究互联网宗教舆情观点演化的内在机制。通过比较分析两种演化机制下的仿真结果，本节发现对峙观点增长率差值对佛教互联网舆情观点演化而言是个解释力不足的变量，仿真结果与现实有较大出入；而对峙观点人数占比作为佛教互联网舆情观点演化机制呈现较稳定、与现实有较好拟合度的效果。经过适切性调试与模型优化，最终选择对峙观点人数占比（仿真机制二）作为此互联网舆情事件中观点演变的解释性社会心理机制。

此互联网宗教舆情的人际水平上解释性研究依然有很大的改善空间，如通过对行动者观点做连续取值、为行动者中心模型添加社会心理特质和舆情媒体平台特质等方法来优化等。

2. 舆情案例的现实意义

对本节舆情案例的现实意义而言，"法门寺文化景区微博改名事件"是中国佛教舆情研究的一个标志性舆情事件，此舆情事件产生了三方面的社会效用。

首先，此舆情事件间接起到了在民众中普及佛教常识的功效。此事件让民众注意区分了挪用佛教专有称谓的商业景区与佛教僧团住持的宗教活动场所。景区屡现"宗教搭台、经济唱戏"的涉宗教商业化行为，挪用佛教"供养"概念并篡改"供养"本质等。如果混淆景区与正规宗教活动场所，佛教信仰者的供养未必被用于自己本初意愿用途，甚至无意促成了景区借宗教敛财的目的。网络空间社交媒体平台对认证账号的命名审核，对景区与正规宗教活动场所进行更精准的区分，这对大众的含混认知起到了正本清源的作用，尤其是对涉佛教却非佛教所致的社会现象的认知而言，影响更为深远。

其次，"法门寺文化景区微博改名事件"是佛教界维护自身合法权益颇有成效的集群行动之一，这为佛教界维护自身信仰权益提供了正面反馈、拓展了多元主体治理的可能性路径，为后续同类佛教舆情应对提供了可资借鉴的宝贵经验，进而贯彻落实我国宗教事务管理所坚持的"保护合法"原则。

最后，"宗教活动场所法人地位"问题开始得到关注，之所以景区能够借助佛教专有称谓而佛教僧团制止效果有限，从深层次看，佛教的宗教活动场所法人地位还有待进一步落实，佛教团体在维权过程中仍会遭遇各种困难。法门寺事件后，教内外关于"宗教活动场所法人地位"问题予以公开讨论、呼吁，甚至在政协提案与人大建议中也屡被提及，为这一症结性问题的解决提供了契机。

3. 建议

结合本节行动者中心建模的模拟仿真结果以及舆情案例的现实意义，本节提出三个建议。

第一，基于行动者中心建模，逐步开启中国宗教学的第一范式质性研究和第三范式计算机模拟仿真的融合研究。本节借助现实佛教舆情案例，探索了行动者中心建模方法应用于互联网宗教舆情演化机制的可行性，充足的演化机制可逐步构建互联网宗教舆情演化规律的理论建构。本节尝试在调研访谈资料基础上，梳理提取了参与舆情的多元行动者的多种社会心理机制，并转换为计算机建模的互动规则，进而探索互联网佛教舆情的观点演化过程。由此可见，行动者中心建模可为互联网佛教舆情的第一范式质性研究和第三范式计算机模拟仿真的融合研究提供方法论支撑。

第二，基于行动者中心建模，逐步开启互联网宗教舆情的第三范式计算模拟仿真和第四范式的数据驱动的融合研究，进而充盈互联网宗教舆情的演变机制及规律的解释性研究。本节研究发现通过对比行动者中心建模的历时仿真结果与舆情的现实演化结果，可找寻到互联网宗教舆情演化的有效解释路径。随着大数据的发展，互联网宗教舆情研究将以第四范式的数据驱动研究为主，行动者中心建模在理论建构上的优势，可有效补充数据驱动研究的解释性研究和预测性研究，结合舆情演化机制，探索舆情演化规律的提炼，并拓展舆情预测研究。

第三，将行动者中心建模方法更广泛地应用在互联网宗教舆情的观点演变、传播规律等议题的理论研究和应用对策研究。互联网宗教舆情的精准治理，诸如宗教商业化治理的精准研判和现代化水平提升，需建立在对互联网舆情基本事实、民众观点与情感的充分了解基础上。须尊重互联网舆情演化规律，对舆情动态发展态势进行精准研判，有效引导舆情走势，使互联网宗教舆情转为中国宗教工作的助力。

三　群内水平：文化认同的规律研究

互联网场域内宗教相关的文化认同事件，是群内水平的代表性舆情事件。此类事件关注同一文化共同体认同的群体内，社会行动者特定的群体资格，因而适宜使用群内水平的理论和方法探讨其文化认同现象及背后机制。2013 年的"法海事件"是群内水平的涉宗教文化认同的舆情事件，也被称为互联网宗教舆情开端，极具代表性。

宗教与文化的关系是学界持续关注的议题。二十世纪八十年代以来，多位学者从文化角度研究佛教，中国佛教文化研究形成热潮；[1] 尤其是近年来对佛教与中华优秀传统文化的探讨渐趋深入，呈现较为稳态的螺旋式增长发展态势。

文化社会心理学视角下，[2] 文化心理学假设文化、人心相生相成，文化包含了物质文化、社会文化和主观文化，并且呈现出动态的、不固定的特性。其中，主观文化是由共享知识构成的，而社会行动者思考世界的方式是由共享的信仰、价值观构成的意义系统形塑。对于个体而言文化知识在具体的情景中有相应的应用方式和行动图式。由此可知，佛教同一文化符码意涵的多元建构，会影响不同社会行动者群体的意义系统及具体情景中相应的行动图式。

自我归类论认为，[3] 文化符码意涵的建构会影响行为范式和情感体验，进而影响群体凝聚力。这与中华文化共同体意识的建构密切相关。

---

① 方立天：《中国大陆佛教研究的回顾与展望》，《世界宗教研究》2001 年第 4 期。

② 〔美〕赵志裕、康萤仪：《文化社会心理学》刘爽译，中国人民大学出版社，2011。

③ 〔澳〕特纳等：《自我归类论》，杨宜音等译，中国人民大学出版社，2011。

以"群体资格"为核心构念的转型社会心理学路径,① 以及基于类型学基础从动态分析视角对神灵、信徒、宗教组织流动的研究,② 为探究中国佛教互联网舆情的文化身份认同动态机制提供了理智资源和新的研究视角。

(一)"法海事件"始末

"法海事件"起始于 2013 年 1 月 18 日,结束于 4 月下旬。事件肇始于某卫视跨年晚会上的一首《法海你不懂爱》,歌曲戏谑了佛教著名历史人物"法海禅师",随即引发佛教僧人、文化学者,以及清华大学、北京大学等高校国学类社团在以凤凰网为代表的多个互联网舆论场中发表系列文章,呼吁文艺创作坚守道义底线,呼吁戏谑者道歉并撤销作品。③ 广泛网民参与其中,进而形成了一场持续时长达 3 个月、涉众达千万、关涉多元社会主体(佛教僧人、学者、高校社团、媒体、律师、公司等)的互联网戏谑类集群行为。该事件中,部分参与公司为自己的戏谑行为道歉或对戏谑产品进行了撤销处理。④ 该戏谑类集群行为因其涉众之广、社会反响之强烈而备受关注。

"法海事件"涉及戏谑者和文化中娱乐或信仰的定义,以及对"法海禅师"这一文化符码是遵从其真实形象,还是可以更改甚至重建其文化符码等问题。一部分社会行动者认为佛教是中华文化的重要组成部分,基于对中华文化共同体的群体资格认同,对该戏谑行为进行了抗议。对"法海"分属文化或娱乐,有些社会行动者持不同观点,进而激发了戏

---

① 方文:《转型心理学:以群体资格为中心》,《中国社会科学》2008 年第 4 期。
② 卢云峰:《从类型学到动态研究:兼论信仰的流动》,《社会》2013 年第 2 期。
③ 凤凰网华人佛教综合:《法海事件始末》,https://fo.ifeng.com/special/wendaotj1/xinu-ezs/detail_2013_03/07/22841972_0.shtml(阅读时间:2013 年 3 月 10 日);凤凰网华人佛教:原创《问道》节目特辑(1)《别拿信仰开玩笑 不是道歉那点事》,https://fo.if-eng.com/special/wendaotj1/(阅读时间:2013 年 3 月 15 日)。
④ 丹珍旺姆:《格力空调迅速处理戏谑佛教广告赢得佛教徒喝彩》,https://fo.ifeng.com/news/detail_2013_03/07/22833597_0.shtml.(阅读时间:2013 年 3 月);妙传:《维他奶就戏谑包装道歉 解决冲突需制度保障》,https://fo.ifeng.com/news/detail_2013_03/21/23348331_0.shtml.(阅读时间:2013 年 3 月);丹珍旺姆:《"法海事件"良效突显中移动撤销戏谑佛教广告》,https://fo.ifeng.com/news/detail_2013_04/01/23741406_0.shtml.(阅读时间:2013 年 4 月)。

谑类行动图式。①

　　"法海事件"中，社会行动者的观点立场和集群行为策略上确实有诸多不同乃至对立。根据杜瓦斯对社会心理学四种解释水平的研究阐述，②"法海事件"的互动确是在群内水平上的互动。此次事件中诸多社会行动者都是在中华文化共同体群体资格激活下参与的互动，不同社会行动者对同一个文化符码意涵理解的分歧，使其立场和行动策略不同。

　　首先，作为佛教互联网舆情事件的肇始，具有里程碑意义；其次，该事件体现出同一文化背景下不同网民的认知差异以及由此造成的文化身份认同离心现象；再次，该事件引发了学界和社会文化草根群体对文化解构现象的反思与抵制；最后，该事件反复强调"文化自信"的重要性，由宗教界的互联网舆情引发成文化事件，产生了较大的社会影响。

　　随着互联网的兴起、移动互联网的普及，"互联网+"走入千家万户，在一定程度上每个人都在个人终端上书写着自身体验和感知的历史。"法海事件"不仅是宗教社会心理学的群内解释水平的典型案例，也是与舆情密切相关的集群行为的研究个案。国内外学者在集群行为研究方面已取得了较为丰硕的成果。这些研究成果涵盖了集群行为的概念和分析框架的梳理③、基本特征④、情绪的测量⑤、动机⑥和发生机制分析⑦、理论建构、社会规范的影响⑧、社会控制⑨及治理等。虽然学

①　〔美〕赵志裕、康萤仪：《文化社会心理学》，刘爽译，第6~23页。

②　〔比利时〕威廉·杜瓦斯：《社会心理学的解释水平》，赵蜜等译，2011。

③　陈浩、薛婷、乐国安：《工具理性、社会认同与群体愤怒——集体行动的社会心理学研究》，《心理科学进展》2012年第1期；乐国安、薛婷、陈浩：《网络集群行为的定义和分类框架初探》，《中国人民公安大学学报》（社会科学版）2010年第6期。

④　于建嵘：《当前我国群体性事件的主要类型及其基本特征》，《中国政法大学学报》2009年第11期。

⑤　陈浩：《中国社会情绪的脉搏：网络集群情绪的测量与应用》，胡泳、王俊秀主编《连接之后：公共空间重建与权力再分配》，人民邮电出版社，2017。

⑥　侯玉波、李昕琳：《中国网民网络暴力的动机与影响因素分析》，《北京大学学报》（哲学社会科学版）2017年第1期。

⑦　应星：《草根动员与农民群体利益的表达机制——四个个案的比较研究》，《社会学研究》2007年第2期。

⑧　Ostrom, E., "Collective Action and the Evolution of Social Norms," *Journal of Economic Perspectives*, 2000, 14（3），pp. 137–158.

⑨　向德平、陈琦：《社会转型时期群体性事件研究》，《社会科学研究》2003年第4期。

者对集群行为的概念和分析框架的梳理、影响的评定等还未达成一致看法,[①] 但普遍认为互联网舆情作为集群行为是一种自发性的、非线性互动的、非中央控制的、结果不可预测性的,以及蕴藏巨大社会影响的涌现（emergence）现象。在此类研究中,互联网宗教集群行为的相关研究较少,其中周齐评述了 2013 年重大互联网佛教舆情事件的发展过程和影响,但是限于描述,鲜有对其内在宗教社会心理机制的探究。[②]

本节以中国佛教的互联网舆情的标志性事件——"法海事件"作为切入点,以现实舆情事件为背景;针对两类行动主体（潜在戏谑者、抗议者）建立了行动者中心模型,在 NetLogo 仿真平台上完成模拟;最后,基于仿真结果探索此类舆情事件的社会心理机制及演化规律。

（二）行动者中心模型构建

1. 行动者中心模型的总体框架图及步骤图

基于行动者中心建模方法准则,模型仿真研究是由分析社会行动者、声明互动规则、社会行动者属性的操作化、互动规则的实现、仿真参数的设置,以及仿真结果分析六大步骤组成。本节借鉴了约书亚·艾普斯坦工人抗议模型的行动者分类规则及分析视角,结合中国国情中对文化的不同定义和网民的异质多样的认同策略,构建了戏谑类集群行为的行动者中心模型,进而研究戏谑类集群行为的线上文化身份认同的互动规律和社会心理机制。戏谑类集群行为的行动者中心模型总体框架,如图 21 所示。

2. 模型具体构建过程

步骤一:分析社会行动者

此模型的社会行动者首先划分为网民（潜在戏谑者）、抗议者两大类,但两类行动者有着共同的群体资格,即线上中华文化共同体。但因两类社会行动者对"法海"文化符号的建构差异,在同样的群体资格

---

① 陈浩、薛婷、乐国安:《工具理性、社会认同与群体愤怒——集体行动的社会心理学研究》,《心理科学进展》2012 年第 1 期;乐国安、薛婷、陈浩:《网络集群行为的定义和分类框架初探》,《中国人民公安大学学报》(社会科学版) 2010 年第 6 期;向德平、陈琦:《社会转型时期群体性事件研究》,《社会科学研究》2003 年第 4 期。

② 周齐:《2013 年中国佛教发展形势及其热点事件评析报告》,邱永辉主编《中国宗教报告 (2014)》,社会科学文献出版社,2015。

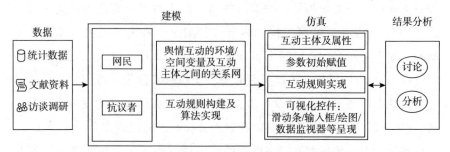

图 21　戏谑类集群行为的行动者中心模型总体框架

下，采取了不同的行动策略。在社会分类作用机制下，他们是一类行动者；但根据社会行动者自我范畴化的过程，二者在情境中又有着不同的行动策略，在面向对象中称之为"多态"。[①] 其中，潜在戏谑者相对应的仿真对象是在"法海事件"中，对佛教历史人物"法海禅师"进行戏谑的行动主体，包括歌曲《法海你不懂爱》的演唱者、利用此歌曲做广告宣传的公司，以及有戏谑影响动机的网民等社会行动者。抗议者的仿真对象是此戏谑行为表达抗议声音的人，包括佛教僧人、学者、高校社团、媒体、律师以及网民等。

步骤二：声明互动规则

此模型的社会行动者有网民（潜在戏谑者）和抗议者两类。借鉴约书亚·艾普斯坦的工人抗议模型，通过深入访谈、非参与式观察，以及对凤凰网专题及相关意见领袖和评论的话语分析，本节发现抗议者的行动策略与工人抗议中警察的行动策略类似，而潜在戏谑者的行动策略与工人抗议模型中工人的行动策略类似。结合"法海事件"自身特点，事件中的潜在戏谑者和抗议者的状态，如图22、图23所示。

潜在戏谑者的状态分为三种：可以发声并且不戏谑、可以发声并且戏谑、不能发声。三种状态之间的变化分别如下：

潜在戏谑者在可以发声并且不戏谑的状态下，去判断戏谑的舆论收益和净风险之间的差值，如果差值大于临界值，就是收益高于风险，潜在的戏谑者就变为活跃的社会行动者去戏谑佛教，进而获取戏谑的舆论收益。如果差值小于临界值，风险高于收益，潜在的戏谑者就不戏谑，

---

① 〔美〕Bruce Eckel：《Java 编程思想》，陈昊鹏译，机械工业出版社，2019，第 148 ~ 168 页。

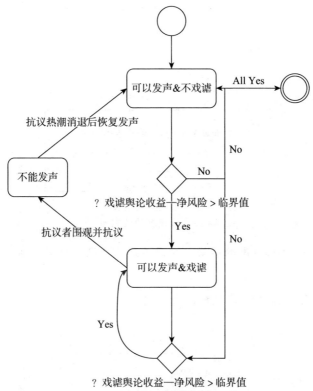

图 22　潜在戏谑者的状态图

保持状态不变，保持安静、不发声。

　　已参与戏谑的社会行动者在可以发声并且戏谑佛教时，仍会实时去判断戏谑的舆论收益和净风险之间的差值，如果差值小于临界值，风险高于收益，戏谑者就停止戏谑行为，把自己状态变为发声但不戏谑的状态，保持安静、不再参与戏谑。如果差值大于临界值，收益高于风险，戏谑者继续保持活跃状态，继续戏谑佛教，同时获取更多的戏谑引发的舆论收益。

　　戏谑有风险，因为戏谑行为会引发抗议者的围攻抗议，进而带来舆论压力。抗议者的舆论压力会促使一些平台不再呈现戏谑内容，或抗议者的声音淹没了戏谑者的发声等。

　　"法海事件"中，抗议者的行动策略贯穿始终。抗议者实时监测其可视范围内的活跃戏谑者，如果存在，抗议者便对戏谑者进行抗议，制造舆论压力，进而对戏谑者的发声范围和效果等产生负面影响，甚至达

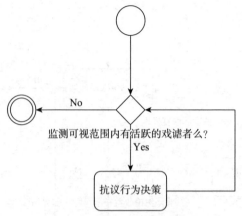

图 23　抗议者的状态图

到让戏谑者无法再发声的后果。如果不存在活跃戏谑者，则继续检查周围的戏谑者。

　　步骤三：社会行动者属性的操作化

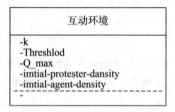

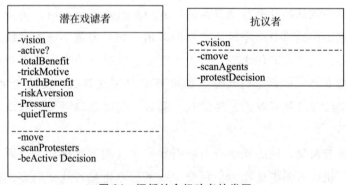

图 24　涵括社会行动者的类图

　　两类社会行动者和互动环境的操作化环节，需要根据社会行动者的互动规则及社会行动者属性的定义来落实。首先，分析潜在戏谑者的三个互动规则：迁移、网络监测、戏谑行为决策。

1. 潜在戏谑者

对于网民（潜在戏谑者）而言，互动规则是：迁移、网络监测、戏谑行为决策。

互动规则一：迁移

潜在戏谑者可以在互动环境中迁移，潜在戏谑者可以在不同的互联网舆情场域媒体平台上进行发声，渠道和范围等会在不同时间变化。潜在戏谑者的迁移范围是在其可视范围内随机移动，所以其属性中需要添加一个属性值：潜在戏谑者的网络监测可视范围（vision），此变量可影响潜在戏谑者的风险评估，以及参与戏谑的行为决策。

互动规则二：网络监测

网络监测过程中，潜在戏谑者去观察在自己可视范围的、已活跃参与戏谑的人总数以及抗议者的总数，进而评估自己参与戏谑的风险。

互动规则三：戏谑行为决策

如果 Benefit-NetRisk > Threshold，参与戏谑；否则，沉默。

其中模型变量 Benefit 指代舆论收益（Gains from public opinion），模型变量 NetRisk 指代舆论净风险（Net public opinion risk），Benefit-NetRisk 的差值如果大于非负临界值 Threshold，那么潜在的戏谑者就开始参与戏谑；否则，他将继续沉默。如果戏谑者正在参与戏谑，差值大于 Threshold 时，那么戏谑者将继续其戏谑行为；否则，他将变为沉默。

这个互动规则涉及舆论收益和舆论净风险的操作化定义。

定义 1：舆论收益

舆论收益，指戏谑者为了名利等而期望获得大众关注度，此处是戏谑者对舆论收益的心理预期，其公式如下：

$$totalBenefit = trickMotive * (1 - TruthBenefit)$$

其中 totalBenefit 为舆论收益，trickMotive 为戏谑动机强度，TruthBenefit 为如实创作制度保障。噱头吸引力是指潜在戏谑者对噱头的大众吸引度的判断进而引发自己参与戏谑的动机强度。潜在戏谑者的舆论收益由戏谑者对参与戏谑的动机强度，以及社会上如实创作的制度保障两个因素共同决定。如果戏谑者参与戏谑动机强，但制度层面对如实创作的收益大，那么戏谑者的舆论收益预期也不会大。如果潜在戏谑者的戏谑动机很强，同时制度层面对如实创作作品的收益保障度很低，那么戏谑者的舆论收益预期就会很大。潜在戏谑者参与戏谑的动机强度也与大众呈现的对戏谑类作品的点击行为密切相关，但这部分内容需要结合新媒体平台本身可用性设计，以及用户的媒体素养和信息素养等，待后续再铺展。

戏谑动机强度因人而异，在戏谑动机强度具体数据缺失的状况下，本模型对于潜在戏谑者的动机强度进行随机赋值。戏谑动机强度在仿真过程中是固定不变的。TruthBenefit 为如实创作制度保障，对所有潜在戏谑者而言是相同的，其取值范围是（0，1）。

定义 2：舆论净风险

舆论净风险是戏谑者对舆论压力的风险判断，其公式如下：

$$NetRisk = riskAversion * Pressure$$

风险规避度（riskAversion）是指戏谑者对风险的回避程度。riskAversion 越低，戏谑者越敢于承担风险。风险规避度因人而异，假设戏谑者的风险规避度是在（0，1）之间随机取值，且戏谑者的风险规避度在仿真过程中是固定不变的。

舆论压力（Pressure）是指抗议者对戏谑者形成的舆论层面的压力，其公式如下：

$$Pressure = 1 - e^{-k*(P/A)v}$$

戏谑者会根据舆论压力的大小，决策是否参与戏谑。（P/A）是指抗议者与活跃的戏谑者的人数比率。舆论压力和抗议者与戏谑者的比率正相关。v（vision）是潜在戏谑者的可视范围，在仿真软件中是指戏谑者的四周的空间区域，在现实生活中是指戏谑者能观察到的互联网场域的范围。（P/A）v 是指在戏谑者可视范围内的抗议者与戏谑者的人数比率。所有潜在戏谑者的可视范围是一样的。在多数行动者中心模型中，可视范围是有限的，信息是局部的。k 是常量，其中 A 至少等于 1，因为戏谑者在计算戏谑人数时至少包含了自己。

2. 抗议者

互动规则一：迁移

抗议者同样可以在互动环境中进行迁移，迁移的规则对于潜在戏谑者和抗议者一样。舆情事件中，抗议者也可以在不同的媒体平台上发声，渠道和范围等会在不同时间发生变化。抗议者的迁移范围在其可视范围内随机移动，所以抗议者的属性中需要添加一个属性值：抗议者的网络监测可视范围（cvision）。抗议者的属性只有可视范围，是指抗议者能监测到的互联网场域范围，在仿真平台上是指抗议者周边的空间范围。此变量可影响抗议者的抗议效果，取值可以与潜在戏谑者相同，也可以不同，仍然是方格式的局部视野，抗议者的视野仍是局部的，可以随时间有数量上的变化。在"法海事件"的后效中，抗议者正在通过科技等多种手段扩展自己的监测范围。

互动规则二：网络监测

网络监测过程中，抗议者也会监测在可视范围的已活跃参与戏谑的人，并且对戏谑者发起抗议行动。

互动规则三：抗议行为决策

抗议者的抗议行为决策，即监测可视范围内的活跃戏谑者，并且让任意一个参与戏谑的人暂时不能在互联网场域中发声，这种状态的持续时长是随机赋值的。在这个模型中，抗议者从来不改变立场，进行叛逃。

考虑到被监测到的戏谑者不能发声的时间跨度问题，不能发声时长设置一个最大值 Q_max。任何被监测到的戏谑者都被随机赋值给一个在（0，Q_max）之间的值。Q_max 将通过撤免或者稀释戏谑者的话语权等进而在很大程度上影响到模型的动态运行情况和结果。但是此模型是假设拓展不能发声的时间跨度，对于戏谑者而言是没有震慑和吓阻作用的，即在 N = RPJa 中，假设 a = 0；如果 a > 0，那么不能发声的时长将产生震慑和吓阻作用。假设潜在戏谑者在参与戏谑后恢复发声，他们感知到的戏谑动机和其参与戏谑前的动机强度是一样的，没有受到影响。

在此模型中，没有对潜在戏谑者的戏谑动机和如实创作制度收益等模型变量提供大数据的量化支持，因为首先要回答这个模型对于产生供可识别的动态结果是否有效。所以，首先观察模型是否可以产生出有趣的输出结果，以及确保模型产生的数据和历时可视化输出是有效的。

仿真过程发生在 NetLogo 的软件环境中，潜在戏谑者和抗议者在这个空间内移动并且进行互动。

步骤四：互动规则的实现

模型的互动规则的实现环节需要借助 UML 的时序图梳理出两类社会行动者——潜在戏谑者（agents）和抗议者（protesters），以及互动环境之间互动规则的前后顺序，进而落实在 NetLogo 平台的 to go 函数调用中。时序图如图 25 所示，其中首先是潜在戏谑者和抗议者在各自可视范围内的迁移，然后返回新的发声渠道。之后潜在戏谑者监测可视范围内的抗议者的数量和活跃戏谑人的总数，进而评估戏谑风险等，做出参与戏谑的行为决策。抗议者同步监测周边是否有积极参与戏谑的人，如果有就发起抗议并且使戏谑者不再能发声。然后潜在戏谑者和抗议者分别更新自己的状态，并且在仿真平台上通过形状和颜色的不同来展示自己的状态。

建模的步骤五（仿真参数的设置）和步骤六（结果分析），将在后面章节中进行详细陈述。

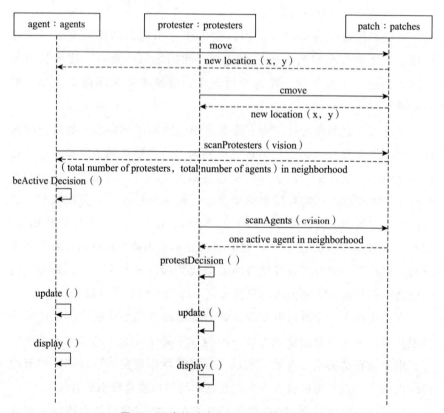

图 25　两类行动者与互动环境的时序图

（三）仿真参数设置及结果分析

模型参数的初始化设置遵循一个假设，抗议者人数较少，潜在戏谑者人数占比非常多，因为在互联网场域中任何一个人都可能成为戏谑者，但在模型中假设抗议者的立场不变。约书亚·艾普斯坦对集群行为研究中两个假设：抗议者的人数是固定不变的，以及抗议者对戏谑行为的监测范围在互动期间是稳定不变的。这两个假设与"法海事件"演变规律不符，故本模型放弃了这两个假设，并在仿真过程中观察了抗议者人数变化，以及可视范围变化对仿真结果的影响。

表 16　戏谑事件仿真参数设置

变量名	含义	取值区间	初始取值
trickMotive	戏谑动机强度	（0，1）	行动者之间是异质的，正态分布
TruthBenefit	如实创作制度保障	（0，1）	0.47
k	常量	（0，1）	2.3
Threshold	临界值	（0，1）	0.1
Q_max	失语时长最大值	（0，N）	30
vision	潜在戏谑者的网络监测/可视范围	（0，20）	7（当取值为20时，就获得了全局视野）
cvision	抗议者的网络监测/可视范围	（0，20）	7（当取值为20时，就获得了全局视野）
initial-protester-density	抗议者的人数百分比	（0，1）	5.02%
initial-agent-density	潜在戏谑者的人数百分比	（0，1）	67%
Color	潜在戏谑者的状态标识	红色：戏谑 绿色：不戏谑 黑色：不能发声 橙色：戏谑的舆论收益感知高却不进行戏谑	行动者之间是异质的，正态分布
Shape	人群的分类	圆形：潜在戏谑者 三角形：抗议者	

仿真 1：当 cultureIndetityActive =0，仿真结果如图 26 所示。

由模型结果可知，当抗议者行为激活了中华文化共同体群体资格中文化/文艺分歧点时，戏谑行为发生。

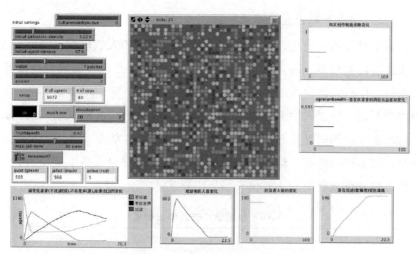

图 26　文化/文艺碎片整合模式互动仿真结果

仿真 2：当 cultureIndetityActive = 1，仿真结果如图 27 所示。

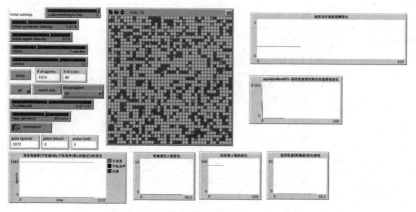

图 27　文化叠合整合模式互动仿真结果

抗议者行为激活了中华文化共同体群体资格时，在积极自我呈现动机作用下，不再出现戏谑行为。

仿真 3：cultureIndetityActive = 0 时，戏谑舆论收益感知高于平均值却不戏谑的社会行动者的人数变化趋势如图 28 所示。

由仿真结果可见，当戏谑者所付出的代价是短期的，并且不具备持续影响力的时候，戏谑者行为会出现"欺骗式"行为。当抗议者在附近时，私下的戏谑行为的舆论收益与风险感知差值到达临界点时，即为沉默者（行为上呈现为非戏谑者）。当中华文化共同体群体资格被激活时，

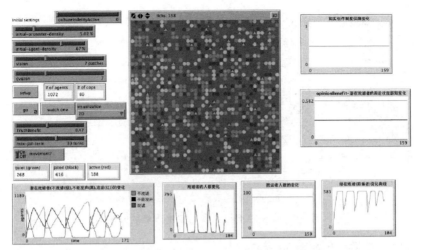

图 28　戏谑舆论收益感知对互动行为的影响

虽然对于戏谑舆论收益有高感知但当抗议者在周边时，潜在戏谑者仍然不戏谑；但当周边再有戏谑声音或者抗议人数变少时，对于戏谑舆论收益有高感知的人变为戏谑行为的易感群体，极易受周边环境影响而再次发生戏谑行为。所以要遏制此类戏谑者，需从其戏谑舆论收益感知度入手，不能从戏谑行为的实施与否来判断。

当抗议者已经到潜在戏谑者的可视范围之外时，潜在戏谑者则会参与戏谑佛教的行为。当抗议者的离开降低了潜在戏谑者的净风险感知，令舆论收益与净风险的差值超越了潜在戏谑者的阈值，所以潜在戏谑者参与了戏谑，但这不在预期之中。进一步，潜在戏谑者可能会因为超出了空间的可视范围没有被监测到；个人的欺骗行为在整个时间序列的戏谑行为中昭然若揭。

当潜在戏谑者和抗议者随机移动的时候，抗议者密度小的区域就可能发生戏谑事件。抗议者/戏谑者的比例到足够低的水平的时候，偏中立的戏谑者会发现他参与戏谑是合理的。

仿真 4：可视范围 = 13，人数占比 = 5.02%，抗议人数每次互动减少一位，潜在戏谑者人群占比 = 67%，抗议聚焦程度 = 6 时，模型结果如图 29 所示。

仿真 5：可视范围 = 13，人数占比 = 5.02%，但抗议人群每次互动减少 2 位，潜在戏谑者人群占比 = 67%，抗议聚焦程度（移动范围的差值）

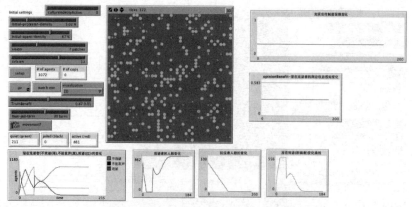

图 29　高坚守度抗议者对舆情走势的影响

=6 时，模型结果如图 30 所示。

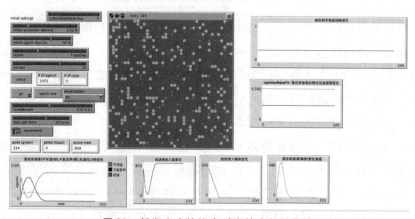

图 30　低坚守度抗议者对舆情走势的影响

　　结合仿真 4、仿真 5 的结果，抗议人数的态度坚定度及持久度对戏谑行为的影响。

　　仿真 6：TruthBenefit 在两次互动中从 0.3 增长至 0.8 时，增长速率 0.25/次，增幅为 0.5，戏谑行为的变化趋势如图 31 所示。

　　此仿真结果显示，此机制下单次戏谑行为以较快速度停止，但仍有反复，虽然反复的规模已经较之前减少了近一半的人数，但仍呈现出周期戏谑的特征，拥有高感知戏谑舆论收益的潜在戏谑者仍会在时机合适时继续戏谑。

　　仿真 7：TruthBenefit 在 20 次互动中从 0.3 增长至 0.9 时，增长速率

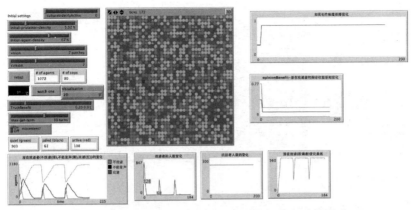

图31　"小增幅－快增率"的如实创作制度保障的影响

0.03/次，增幅为0.6，戏谑行为的变化趋势，如图32所示。

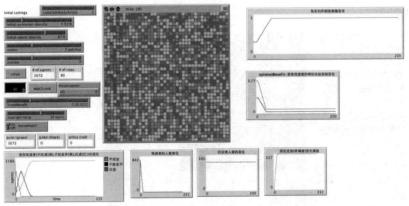

图32　"大增幅－慢增率"的如实创作制度保障的影响

　　仿真7是从0.3增长至0.9，但是增率为0.03/次，增加总次数为20次。第一次增长分两阶段，分别从0.3增长至0.55，再增加至0.8。仿真结果显示：此机制下，单次戏谑行为停止速度虽然没有上一个模型快，但没有了后续戏谑的反复发作，即使拥有高感知戏谑舆论收益的潜在戏谑者不再戏谑。

　　仿真8：抗议者可视范围=7，人数占比=5.02%，潜在戏谑者人群占比=67%，抗议聚焦程度（移动范围的差值）=0时，模型结果如图33所示。

　　仿真9：抗议者可视范围=13，人数占比=5.02%，潜在戏谑者人群

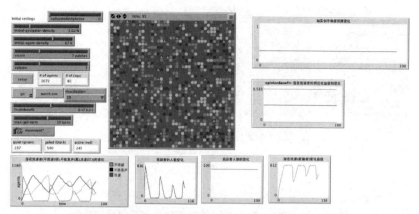

图 33   "窄视野 – 不聚焦" 抗议行为对舆情走势的影响

占比 = 67%，抗议聚焦程度（移动范围的差值）= 6 时，模型结果如图 34 所示。

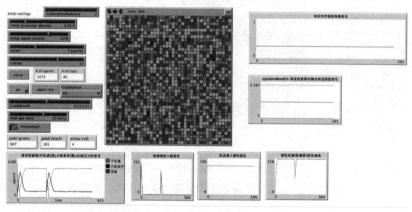

图 34   "宽视野 – 聚焦" 抗议行为对舆情走势的影响

仿真 10：抗议者可视范围 = 20，人数占比 = 5.02%，潜在戏谑者人群占比 = 67%，抗议聚焦程度（移动范围的差值）= 13 时，模型结果如图 35 所示。

仿真 8、9、10 的结果显示，网络监测和移动范围对于遏制戏谑现象起关键作用。当潜在戏谑者的网络监测范围相对固定，但抗议者扩大自己的互联网监测范围时，戏谑行动发生的频率降低，至全视野状况下，戏谑行为不再复发。

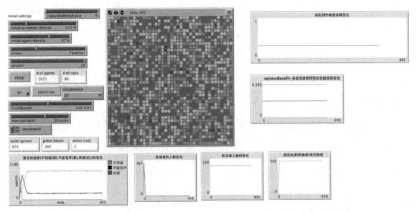

图35 "全视野－高度聚焦"抗议行为对舆情走势的影响

（四）结论与建议

本节在中国现实舆情（"法海事件"）背景下将行动者中心建模方法运用到互联网佛教舆情研究中，在NetLogo平台上实现了模拟仿真，以可视化方式动态呈现了互联网场域戏谑佛教舆情事件。这个模型中，不论是潜在戏谑者还是抗议者都基于可预期的收益和可预期的成本来决策如何行动。行动者是有限理性的，而且局部互动是清晰的。行动者中心建模方法在非中心控制的集群行为研究中具有广阔的应用前景。

本节的模拟仿真结果所延伸的结论，既是探索性的，也是预测性的。第一，中华文化共同体群体资格在具体情境中变得显著时，因为不同社会行动者对文化的定义未达成共识，进而在群内水平的群体资格下激发了不同的行动策略和图式。第二，模型研究结果发现了社会行动者的欺骗式戏谑的非预期行为。第三，制度层面如实创作的收益保障在较短时间内的快速增长，会极大地减少戏谑者的参与行动，但戏谑行为仍会复发；而长时间逐渐提高保障对周期性发生的戏谑产生了明显的遏制效果。第四，抗议者人数的减少会产生大量的戏谑行为。第五，抗议者的网络监测范围的扩大使戏谑行为的遏制效果更加显著。后续可将口碑及影响吸纳到本模型中，让戏谑者的负面口碑成为戏谑的代价，不再是短时段且可消除的，进一步完善此模型的仿真结果。

基于如上模拟仿真结果，本节提出对策建议如下。

第一，为规避舆情，应在观点分歧发生时，在多重群体资格基础上挖掘可达成共识的共享群体身份认同，进而激发共享的行动策略和图式。

第二，主动、反复、充分地阐释构建网络空间命运共同体的倡议，将其落实到中国宗教工作，并持续关注此类戏谑行为的动向，进一步完善法律法规。在当前社会文化环境中，由模拟仿真结果可知，戏谑佛教行为可能会呈现反复、欺骗式戏谑等非预期行为。

第三，需持续关注戏谑佛教行为，运用互联网技术提取戏谑行为特征并拓展戏谑行为检测范围，进而精准治理戏谑佛教舆情。基于互联网舆情自下而上和自上而下相融合的发展态势，互联网佛教舆情治理需要多元社会行动者的共同参与，尤其是那些对中华传统文化有正确认知且高度认同的民众的参与。

四　群际水平：谣言传播的预测研究

（一）互联网场域涉佛教谣言的类型特征及成因分析

大数据时代，信息传播已高度依赖互联网，尤其是移动互联网已成为人们获取信息的主要来源。在海量信息中，冗余及虚假信息也带来了巨大负面效应。为了维护国家安全与社会稳定，构建谣言监测、治理、预警机制与权威辟谣平台迫在眉睫。

1. 谣言传播研究的研究综述

有学者提出，谣言是"未经官方证实却在民间广为流传的对现实世界的假设，或人们在议论过程中产生的即兴新闻，它可以作为一种工具性说法，帮助人们解读当前模糊而重要的情境"；谣言具备四个特征，即模型性、非官方性、广为流传、新闻性。[①] 相较奥尔波特和波斯特曼认为的与谣言流传密切相关的重要性与模糊性，已有学者用"个体感觉对此事件/情境的卷入程度"与"个体感觉到的不确定性"来修正具体情境的主观感知差异。

相较谣言传统传播模式——链状传播、树状传播，作为互联网谣言的特有传播模式，放射状传播、旋涡型复式传播使互联网谣言积累了更大的能量。[②] 从现实发展趋势上看，在中国互联网舆情场域中谣言传播

① 周裕琼：《当代中国社会的网络谣言研究》，商务印书馆，2012，第14、18、69页。
② 周裕琼：《当代中国社会的网络谣言研究》，第39、65页。

事件频发，并且往往起势凶猛、传播迅速、干预困难。

已有学者围绕互联网谣言的传播机理、传播模型的动力学研究、政府应对建言等维度开展研究，如对互联网谣言形成、传导与舆情引导机制的研究，[1] 利用微分方程理论对社交网络谣言传播的动力学研究[2]，基于NetLogo 通过行动者中心建模对推特（Twitter）谣言传播的模拟研究，[3] 追溯谣言的社会渊源的研究，[4] 在自然灾害、辐射污染、意外伤亡、社会伤害、政府行动、食品安全等互联网谣言事件类型基础上开展互联网谣言事件的政府应对研究。[5]

既有研究成果定性分析较多，特别是在宗教舆情研究领域，涉宗教的互联网谣言的量化研究颇为鲜见。鉴于佛教谣言在互联网场域的高传播率，本节首先从类型、特征及成因对涉佛教互联网谣言现象进行分析，采用行动者中心建模方法，对互联网佛教谣言治理效果进行模拟仿真。本书将佛教舆情事件关涉的网民作为谣言传播的参与主体，研究了各类社会行动者的交互行为并定义交互规则，模拟了佛教谣言传播及辟谣治理效果，并根据传播学中的"意见领袖"理论，分别在意见领袖[6]是否存在的两种情况下进行模拟仿真，最后依据相关结果提出谣言监测及治理建议。

2. 互联网场域涉佛教谣言的类型及特征

就近年事件来看，根据主题维度及具体内容可将佛教互联网谣言分

---

① 姜胜洪:《网络谣言的形成、传导与舆情引导机制》,《重庆社会科学》2012 年第 6 期。

② 赵洪涌、朱霖河:《社交网络中谣言传播动力学研究》,《南京航空航天大学学报》2015 年第 3 期。

③ Dechun Liu, Xi Chen, Rumor Propagation in Online Social Networks Like Twitter-A Simulation Study, 2011 Third International Conference on Multimedia Information Networking and Security (MINES), IEEE, 2011, pp. 278 – 282; Emilio Serrano, et al., "A Novel Agent-Based Rumor Spreading Model in Twitter," *Proceedings of the 24th International Conference on World Wide Web*, 2015, pp. 811 – 814.

④ 景军:《艾滋病谣言的社会渊源: 道德恐慌与信任危机》,《社会科学》2006 年第 8 期。

⑤ 王国华、汪娟、方付建:《基于案例分析的网络谣言事件政府应对研究》,《情报杂志》2011 年第 10 期。

⑥ 此处将意见领袖由个人拓展至个人及具有权威和高信任度的辟谣平台等。而意见领袖通常指"能够正式或非正式地影响别人态度或者一定程度上改变别人行为的个人，这类个人对舆论形成和演化具有重要的引导作用"。参见刘怡君、陈思佳《国家治理的系统认知》, 牛文元主编, 刘怡君等编著《社会物理学网络舆情安全》, 科学出版社, 2017, 第 58 ~ 66 页。

为两大类。

（1）常识型谣言。这类谣言有的出于一些习以为常的讹传，近年也有商家为了贩卖与佛教相关的产品、器材而大量制造此类谣言。普通民众往往会误将非佛教的观念当成佛教的，而正确的佛教知识则始终不为人们所了解。谣言阻碍了人们正确了解佛教文化的途径，让人们陷入盲目迷信。

（2）娱乐恶搞型谣言。这类谣言往往信息来源模糊，标题与内容离奇夸张，并带有情绪宣泄成分，多是各类网站、微信公众号出于吸引点击量的商业目的而制造。此类谣言内容常与"和尚""僧人"等佛教教职人员捆绑在一起。随着网络娱乐化及媒体谋求点击量的利益诉求激增，此类谣言呈几何级增长态势，如2011年12月16日和尚"船震门"事件（网络推手炒作，涉事主体并非宗教教职人员），① 以及网上广为流传的"寒山寺招聘尼姑"谣言（2011年苏州寒山寺为此发过辟谣公告）。②

佛教互联网谣言主要有以下四大特征。

（1）目的商业性。制造涉佛教互联网谣言可以为内容运维者带来点击量，进而带来经济利润，是此类谣言层出不穷的重要原因。除商业目的，也存在部分人出于诽谤佛教、中伤佛教人士等原因蓄意制造谣言。

（2）传播反复性。诸多已被澄清的陈年谣言，在改换标题或重组内容后仍大量出现。如招聘僧人广告，虽已被中国佛教协会和关涉的地方佛教协会屡次辟谣，③ 但每隔一段时间仍反复传播。

（3）渠道草根性。谣言常在非主流的微信公众号、微博、新闻App、

---

① 凤凰网华人佛教综合：《"和尚船震"真相大白 抹黑佛教网友要索赔》，https://fo.ifeng.com/news/detail_2014_08/14/38189442_0.shtml。（阅读时间：2014年8月20日）

② 澎湃新闻网：《苏州寒山寺"高薪招聘尼姑"寺院辟谣：不收女僧》，https://www.the-paper.cn/newsDetail_forward_1310491（阅读时间：2015年4月）；环球网：《苏州寒山寺"高薪招聘尼姑"寺院辟谣：不收女僧》，https://china.huanqiu.com/article/9CaKrnJIJkM（阅读时间：2015年4月）。

③ 中国佛教协会：《关于网络招聘和尚等不实信息的声明》，https://www.chinabuddhism.com.cn/e/action/ShowInfo.php?classid=506&id=40374。（阅读时间：2019年4月）

视频网站、贴吧、论坛以散点式大量传播。谣言的错谬信息形塑着大众对佛教文化的社会记忆。在类似主题的社会舆论情境下，这些社会记忆会被激活，进而影响大众的观点和态度，以及舆情的发展态势。

（4）界定专业性。佛教是世界五大宗教之一，有着博大精深的教义与文化内涵，有相当数量的涉佛教谣言依附于专业的佛教概念，相比于其他垂直领域的社会谣言，对这类谣言进行辨识、证伪的难度更大，这为佛教互联网谣言的滋生提供了生存空间。

3. 互联网场域涉佛教谣言的成因分析

佛教互联网谣言的形成及传播与当前中国互联网环境密不可分，主要成因有以下五个方面。

（1）佛教界在建构权威且有效信息发布机制上有较大提升空间；相较于谣言的快速传播，辟谣信息的发布相对滞后或模糊。当互联网谣言演化为社会舆论焦点时，权威信息发布的滞后或缺失极大拓展了谣言传播空间。如果长时间没有佛教界的权威声音应对表态，不仅会降低佛教在社会上的信誉度，甚至会使大众对佛教文化形成刻板印象，短期内难以逆转。

（2）互联网佛教谣言审核机制缺失。相较于传统媒体的信息发布机制，互联网宗教信息发布的门槛低，主体责任较模糊。虽然近年来政府加大了对互联网谣言的打击力度，然而界定佛教信息真实性的难度较大，导致佛教互联网谣言广泛传播。

（3）部分从业人员的职业素养欠缺。部分从业人员出于经济利诱，蓄意炮制佛教谣言以赚取新闻点击量，成为佛教谣言产生的重要源头。代表性事件如"船震门"事件，2014 年 8 月事件幕后推手杨秀宇供认其与某公司签合同炒作旗下画家安某，并向对方收费 17 万余元的事实。①

（4）大众对谣言的辨识能力受涉佛教互联网谣言个体卷入程度与个体感知不确定性的影响。很多佛教谣言和民众存在重大利害关系，"宁可信其有不可信其无"的畏惧心态导致很多民众在面对佛教谣言时心理承受能力大大降低。

---

① 凤凰网佛教：《收 17 万造"和尚船震"案宣判：获刑四年罚 15 万》，https://fo. ifeng. com/a/20141119/40873048_0. shtml。（阅读时间：2014 年 11 月）

（5）相关法律的立法、执法不足，以及佛教信众的包容导致造谣佛教的成本低廉。很多谣言虽然严重中伤了佛教形象，如假冒僧人摆拍视频，捆绑"金钱""美女"等关键词吸引眼球等，① 但由于被侵权主体不明，除非涉嫌其他的犯罪内容，否则诉讼程序难以启动。被侵权主体的宽容与涵忍，极大降低了造谣者的风险成本。

（二）互联网场域涉佛教谣言传播的行动者中心模型构建

1. 互联网场域涉佛教谣言传播的事件背景

2017 年初，爆发了一场发酵迅速、影响深广、涉及多元社会行动者的互联网谣言传播事件，即"五行币派对事件"，最终在权威平台与意见领袖的合力辟谣下得以妥善终止。此谣言有三个主要发展阶段，最初以"五台山一女尼结婚，众师姐妹来参加婚礼"②为题的网络视频被广为传播。经查实，这是一个号称"五行币"的非法传销机构在某洲际酒店举办传销派对的现场视频。2017 年 4 月 7 日，微信公众号 chan 原创发布了《【辟谣】"五行币"邪教组织剃光头举办婚礼混淆视听，实与佛教无关!》的文章，③ 当天即达到了 10 万 + 的阅读量。2017 年 4 月 8 日，中央电视台《焦点访谈》栏目推出专题报道《五行币到底是什么》，引发了人民网等线上线下媒体平台的转载。④

---

① 中国佛教协会：《中国佛教协会回应假僧人事件吁严处还佛门清净》，https：//www. chinabuddhism. com. cn/xw1/hwzx/2017 – 08 – 03/18791. html（阅读时间：2012 年 4 月）；央视网：《中国佛协：呼吁严肃查处"假僧人"事件》，http：//news. cntv. cn/20120410/117086. shtml（阅读时间：2012 年 4 月）。

② 南方法治报：《网上疯传的"五台山尼姑结婚"视频真相……》，https：//www. sohu. com/a/133499409_117916（阅读时间：2017 年 5 月）；极目新闻：《网传"五台山一女尼结婚，众师姐妹来参加婚礼"？假消息》，https：//www. 163. com/dy/article/HD6MJ9VP053469LG. html（阅读时间：2022 年 7 月）。

③ chan：《【辟谣】"五行币"邪教组织剃光头举办婚礼混淆视听，实与佛教无关!》，https：//mp. weixin. qq. com/s? src = 3&timestamp = 1659771048&ver = 1&signature = DmIQd3esaq5EJVktSYff49ND0XUk3ySrOcF5vn ＊ CeoX – 77c4CGrHpMGHJbhhkTAt5rBVKgI MUMuuQ-7scJ1xmzjML8XelU0dmBWXAGtTeAZGEJRJLNuKs3IS7IQkpaOHTPNn ＊ jB3sXVfmcVB1nHJaj8jweeIVZGbiW1iNdPwWkM =。（阅读时间：2017 年 4 月）

④ 央视网：《〈焦点访谈〉：五行币到底是什么》，http：//m. news. cctv. com/2017/04/08/ARTIsHGKCSIrVXyyjEtWgxFY170408. shtml（阅读时间：2017 年 4 月）；人民网：《5000元一枚五行币 1 年后至少价值 400 万元？别再被骗》，http：//finance. people. com. cn/n1/2017/0409/c1004 – 29197467. html（阅读时间：2017 年 4 月）。

2. 互联网场域涉佛教谣言传播的模型

"五行币派对事件"中信息流的传播呈现自下而上的发展态势，对中国佛教界而言是一场须及时给予回应的舆情危机。该事件涉及多元社会行动者，谣言信息源、辟谣平台、意见领袖、网民。故本节借鉴危机情境的信息传播模型，[1] 以及模型对信息发送者和接收者的内外两方面影响变量的梳理，构建了互联网佛教谣言的传播模型，如图36所示。

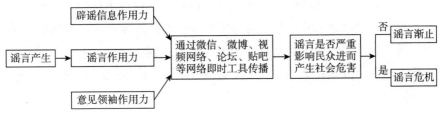

图36 谣言传播的基础模型

基于此，本节构建行动者中心建模视角的互联网场域涉佛教谣言传播模型。行动者中心模型的基本构想是：用行动者中心建模的 Agent 模拟谣言传播中的多元社会行动者，通过设置社会行动者的行为与属性模拟群际之间的社会互动，将局部互动清晰的交互规则进行编码，进而对谣言传播过程中不同群体意见改变进行模拟仿真，并基于仿真结果给予对策建议。在模型初始值设定后，通过多次运算，模拟出多次意见交互后宏观的群体观点状况。行动者中心建模模拟了在观点交互互动规则清晰的情境中，互联网场域涉佛教谣言传播的历时过程，如图37所示。

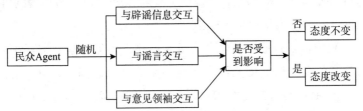

图37 互联网场域涉佛教谣言传播的行动者中心建模模型

① Duggan，F.，& Banwell，L.，"Constructing a Model of Effective Information Dissemination in a Crisis，" *Information Research*，2004，9（3），pp. 178 - 184.

3. 互联网场域涉佛教谣言传播的社会行动者分类及属性描述

在谣言传播过程中，民众态度倾向的形成往往会受他人特别是意见领袖的影响。本节基于行动者中心建模，将互动的社会行动者分为四类，分别是网络民众、谣言制造者、意见领袖、辟谣平台，其中后三者可对网络民众施加影响，使其态度转变。我们考虑与谣言传播有关的四个特性：态度、从众度、可信度、权威度。

（1）态度。态度是四类社会行动者共有的另一动态变量。对于佛教互联网谣言，可以将网民（包括意见领袖）的态度分为接受、反对、中立三种。在量化建模时，考虑到现实生活中人的态度并非是离散的个体点，而更接近连续变化的曲线，因此我们以区间 $[0,1]$ 上的数值作为个体意见的数值，其中 $[0,0.33)$ 表示反对，$[0.33,0.67)$ 表示中立，$[0.67,1]$ 表示接受。

（2）从众度。这是网络民众突出的静态变量之一。在现实生活中，工作性质、阅历、个性、兴趣、对信息相关内容的掌控程度等都是影响网民从众度的因素。这里用区间 $[0,1]$ 上的数值作为网民的从众度，$[0,0.33)$ 表示网民立场坚定，$[0.33,0.67)$ 表示网民容易动摇观点，$[0.67,1]$ 表示网民易受影响而改变观点。

（3）可信度。可信度，即所掌握证据的说服力，这是四类社会行动者皆有的动态变量之一。谣言制造者和辟谣平台都具备"可信度"的属性，但对两类社会行动者而言"可信度"表征意涵有差异。对于谣言制造者而言，"可信度"用于表征谣言的煽动性；对于权威辟谣信息平台而言，"可信度"用于表征信息的辟谣力度。这里用区间 $[0,1]$ 上的数值作为可信度，$[0,0.33)$ 表示说服力较弱，$[0.33,0.67)$ 表示有一定服力，$[0.67,1]$ 表示说服力较强。

（4）权威度。权威度的静态变量，反映出意见领袖及辟谣平台两类社会行动者的专业权威度及综合影响力。此处取区间 $[0,1]$ 上的数值作为意见领袖的权威度，$[0,0.33)$ 表示不够权威，$[0.33,0.67)$ 表示有一定权威，$[0.67,1]$ 表示非常权威。

4. 行动者之间互动规则的构建及算法设计

在谣言的传播过程中，主要有四类主体：网络民众、谣言制造者、意见领袖、辟谣平台。其中，谣言的属性包含态度与可信度，网民的属性包含态度、可信度与从众度，意见领袖与辟谣平台的属性包含可态度、可信度与权威度。

下面设置行动者之间的交互规则。首先设出在时刻 t，谣言制造者、意见领袖、辟谣平台以及每个网民 i 的属性参数（属性参数不含 t 则表示该参数在初始时给定，不随时间变化）。

表 17　t 时刻主体 i 的属性描述

属性 主体	态度	可信度	从众度	权威度
网络民众	$A_i(t)$	$T_i(t)$	C_i	
谣言制造者	A_1	T_1		
辟谣平台	A_2	T_2		Q_2
意见领袖	A_3	T_3		Q_3

在时刻 t，任一网民 i 的状态为 $A_i(t)$，$T_i(t)$，C_i，此时令其随机与辟谣平台、谣言制造者和意见领袖进行交互。取交互阈值 a = 0.34，即态度值的差值小于 a 时说明主体之间的观点差异较小，此时有互相影响的可能；否则说明主体间观点落差较大，即意见有较大分歧。

（1）若 $|A_i(t) - A_j| < a$ 且 $T_j > T_i(t)$（说明 j 能影响 i 的态度，这里 j 为 1、2 或 3，分别表示交互对象为谣言制造者、意见领袖或辟谣平台），则 t+1 时刻 i 的状态为：

$$A_i(t+1) = A_i(t) + [A_j - A_i(t)] \cdot g_{ji}(t),$$
$$T_i(t+1) = T_i(t) + [T_j - T_i(t)] \cdot g_{ji}(t).$$

其中 $g_{ji}(t)$ 表示 j 影响 i 的程度。

这里 $g_{ji}(t)$ 的设置原则，我们取 $g_{1i}(t) = C_i \cdot T_1 / [1 + T_i(t)]$，表示谣言对网民的影响与网民从众度及谣言煽动性成正比，网民的可信度越高则受影响程度越小。取 $g_{2i}(t) = C_i \cdot T_2 \cdot Q_2 / [1 + T_i(t)]$，表示意见领袖对网民的影响与网民从众度、意见领袖可信度、意见领袖权威度成正比，网民的可信度越高则受影响程度越小。取 $g_{3i}(t) = C_i \cdot T_3 \cdot Q_3 / [1 + T_i(t)]$，表示辟谣信息对网民的影响与网民从众度、辟谣力度、辟谣平台权威度成正比，网民的可信度越高则受影响程度越小。

（2）若 $|A_i(t) - A_j| \geq a$ 或 $T_j \leq T_i(t)$，则 t + 1 时刻 i 的状态为：

$$A_i(t + 1) = A_i(t),$$
$$T_i(t + 1) = T_i(t).$$

（三）仿真结果分析

本节通过设置上述佛教互联网谣言传播模型的初始参数，对佛教互联网谣言传播过程进行模拟仿真，并通过改变参数值检验以上谣言模型中的变量因素对谣言传播的影响。

1. 谣言传播力的仿真结果

为了检验谣言的传播力，设置初始参数，取网民总数为1000，并设定除谣言以外的参数值；将意见领袖和辟谣平台的可信度设为0，即均不发挥作用，详见表18。

表18　谣言传播力的仿真参数设置

参数 主体	态度	可信度	从众度	权威度	初始立场分布
网络民众	$A_i(t)$ 随其立场随机取值，接受者为[0, 0.33)之间随机数，中立者为[0.33, 0.67)之间随机数，反对者为[0.67, 1]之间随机数	$T_i(t) = (0, 1)$ 之间随机数	$C_i = (0, 1)$ 之间随机数		（接受，中立，反对）= (100, 500, 400)
谣言制造者	A_1 模型取值	T_1 模型取值			
辟谣平台	$A_2 = 1$	$T_2 = 0$		$Q_2 = 1$	
意见领袖	$A_3 = 1$	$T_3 = 0$		$Q_3 = 1$	

取谣言态度值 $A_1 = 0.1$（接近0，表示谣言态度倾向较为明显，如结论极为偏颇等），谣言可信度 $T_1 = 0.5$。运算100次后，仿真结果如图38（a）所示。

从图38（a）可以看出谣言影响下各立场人数的变化过程。其中，接受者人数基本不变，中立者和反对者人数减少，随着时刻 t 的增大，受到谣言影响的人逐渐变多，当时刻为100时已有177人接受谣言，即接受谣言者的数量增加接近一倍。仿真结果说明，在谣言较为极端时，

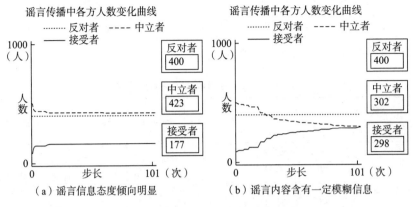

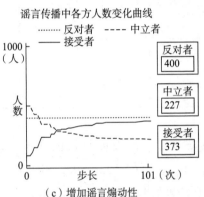

图 38 无辟谣下网络空间中谣言传播仿真结果

主要影响的是态度与谣言相近及立场模糊的中立者；此外，立场与佛教互联网谣言差异较大（即倾向于反对谣言）的人数基本不变。

取谣言态度值 $A_1 = 0.3$，谣言煽动性 $T_1 = 0.5$。运行 100 次后，仿真结果如图 38（b）所示。被谣言影响的人数持续增加，且增加速度明显比 $A_1 = 0.1$ 时加快。当时刻为 100 时有 298 人接受谣言，比态度值 $A_1 = 0.1$ 时接受谣言人数的多 101 人。仿真结果说明，谣言信息的模糊性信息与其造成影响的动态变化关系。

取谣言态度值 $A_1 = 0.3$，谣言煽动性 $T_1 = 0.7$。运行 100 次后，仿真结果如图 38（c）所示。被谣言影响的人数增加速度比 $T_1 = 0.5$ 的情况更快，当时刻为 100 时有 373 人接受谣言，比上述两种情况中接受谣言的人数更多。仿真结果凸显出谣言的煽动性与其所造成影响的共变关系。

2. 辟谣效果的仿真结果

为了辟谣平台的影响力，设置初始参数如表 19 所示。这里将意见领袖的可信度设为 0，即不发挥作用。

表 19　辟谣平台影响力仿真参数设置

主体 ＼ 参数	态度	可信度	从众度	权威度	初始立场分布
网络民众	$A_i(t)$ 随其立场随机取值，接受者为 $[0, 0.33]$ 之间随机数，中立者为 $[0.33, 0.67]$ 之间随机数，反对者为 $[0.67, 1]$ 之间随机数	$T_i(t) = (0, 1)$ 之间随机数	$C_i = (0, 1)$ 之间随机数		（接受，中立，反对）＝（100，500，400）
谣言制造者	$A_1 = 0.3$	$T_1 = 0.7$			
辟谣平台	A_2 模型取值	T_2 模型取值		Q_2 模型取值	
意见领袖	$A_3 = 1$	$T_3 = 0$		$Q_3 = 1$	

取辟谣平台的态度、辟谣力度与权威度（A_2，T_2，Q_2）分别为（0.7，0.7，0.7）、（0.7，0.7，1）、（0.7，1，0.7）、（1，0.7，0.7）运行 100 次后，仿真结果如图 39 所示。

从图 39 可以清晰看出各参数下谣言影响各立场人数的变化过程。

（1）（A_2，T_2，Q_2）＝（0.7，0.7，0.7）时，仿真结果见图 39（a）。随着时刻 t 的增大，反对者人数稍有增加，中立者人数减少，受到谣言影响的人逐渐变多，当时刻为 100 时有 275 人接受谣言。对比在没有辟谣平台时谣言态度值 $A_1 = 0.3$、谣言煽动性 $T_1 = 0.7$ 的前述仿真结果（373 人接受谣言），说明在佛教互联网谣言传播过程中，平台发布的辟谣讯息对谣言产生了相当的遏制作用。但是，在谣言煽动性与辟谣力度等同的情况下，人们依旧更容易受到谣言影响。

（2）（A_2，T_2，Q_2）＝（0.7，0.7，1），即提高辟谣平台权威度后，仿真结果见图 39（b）。随着时刻 t 的增大，反对者人数逐渐增加，中立者人数减少，受到谣言影响的人缓慢增加，当时刻为 100 时有 168 人接受谣言，对比（A_2，T_2，Q_2）＝（0.7，0.7，0.7）情况可知，辟谣平台权威性越高，辟谣效果越好。

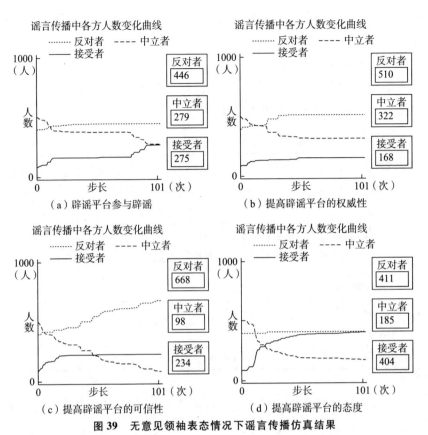

图 39　无意见领袖表态情况下谣言传播仿真结果

注：增加 A_2 的值拉大了辟谣平台与谣言态度的差异 A_2 取值为 1（辟谣态度更鲜明）。

（3）（A_2，T_2，Q_2）＝（0.7，1，0.7），即在前次仿真基础上提高辟谣可信度，此时仿真结果见图 39（c）。随着时刻 t 的增大，反对者人数迅速增加，中立者迅速减少，受到谣言影响的人缓慢增加，当时刻为 100时有 234 人接受谣言，对比（A_2，T_2，Q_2）＝（0.7，0.7，0.7）情况可知，辟谣平台的可信度越高，辟谣效果越好。然而该仿真结果也表明，在意见领袖未发挥作用的情况下，仅靠辟谣平台依然难以遏制谣言的传播。

（4）（A_2，T_2，Q_2）＝（1，0.7，0.7），即在前次仿真基础上提高辟谣信息的鲜明度，此时仿真结果见图 39（d）。随着时刻 t 的增大，反对者人数逐渐增加，中立者迅速减少，受到谣言影响的人逐渐增加，当时刻为 100 时有 404 人接受谣言，在本轮的四次仿真结果中接受谣言者的人数最多，可知辟谣信息的态度若过于鲜明，反倒不利于辟谣产生效果。

3. 意见领袖的仿真结果

在上述模拟的基础上，加入意见领袖的作用。意见领袖的作用通过参数 A_3 不同取值的仿真结果来呈现。

表 20　意见领袖影响的仿真参数设置

参数 主体	态度	可信度	从众度	权威度	初始立场分布
网络民众	$A_i(t)$ 随其立场随机取值，接受者为 $[0, 0.33)$ 之间随机数，中立者为 $[0.33, 0.67)$ 之间随机数，反对者为 $[0.67, 1]$ 之间随机数	$T_i(t) = (0, 1)$ 之间随机数	$C_i = (0, 1)$ 之间随机数		（接受，中立，反对）=（100，500，400）
谣言制造者	$A_1 = 0.3$	$T_1 = 0.7$			
辟谣平台	$A_2 = 0.7$	$T_2 = 0.7$		$Q_2 = 0.7$	
意见领袖	A_3 模型取值	T_3 模型取值		Q_3 模型取值	

分别取意见领袖的辟谣力度、可信度与权威度（A_3，T_3，Q_3）为 (0.6, 1, 1) 或 (0.3, 1, 1)，各运行 100 次后，结果如图 40 所示。

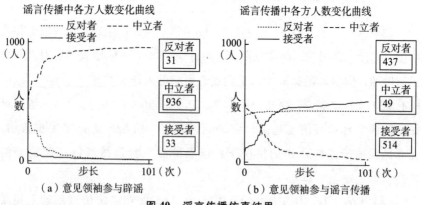

图 40　谣言传播仿真结果

从图 40 可以看出，不同参数下各立场人数的变化过程。模拟仿真结果显示，意见领袖的参与对谣言传播产生了很大影响。

（1）（A_3，T_3，Q_3）＝（0.6，1，1）的仿真结果见图40（a）。当时刻为100时只剩33人接受谣言，即当意见领袖参与辟谣时，与辟谣平台相结合，可有效遏制谣言传播。

（2）（A_3，T_3，Q_3）＝（0.3，1，1）的仿真结果见图40（b）。当时刻为100时高达514人接受谣言，即意见领袖参与传播谣言时，对辟谣产生了非常负面的影响。从图40（b）可以看出，当意见领袖参与谣言传播时，即使辟谣平台持续辟谣，仍有大量原本的中立者转为谣言的接受者，甚至出现谣言在网民中蔓延的状况。

（四）结论及建议

本节分析佛教互联网谣言现象的类型、特征及成因，构建佛教网络谣言传播的基本模型，并利用行动者中心建模方法构建了涉佛教互联网谣言传播模型。行动者中心建模可对互联网舆情传播规律的质性研究结论进行验证，并通过模拟仿真结果呈现历时演变态势，也可用于建构新的传播规律。

本节基于互联网谣言的传播机制、传播模型、互联网场域涉佛教谣言的特性特征，选取了"五行币派对事件"，借鉴危机情境的信息传播模型，建立了涉佛教互联网谣言传播的行动者中心模型，此模型是群际水平的互联网宗教舆情研究。模型对网络民众、谣言制造者、意见领袖、辟谣平台四类社会行动者的态度、从众度、可信度、权威度及群际互动进行模拟仿真，进而可视化呈现谣言的传播历程、网民态度转变历程、权威辟谣平台及意见领袖的干预效果等。

本节模拟仿真结果可凝练为三个涉佛教互联网谣言传播规律。

一是谣言观点与民众认知态度差异较大时，传播力不大，受影响人群有限；谣言的模糊性、谣言的虚伪可信性是谣言得以传播的重要因素。在谣言态度鲜明甚至偏离民众态度时，主要影响的是态度与谣言相近及立场模糊的中立者。当谣言更具模糊性时，将更大幅度地转变网民的态度，进而使网民成为传谣者；当谣言让民众感知可信时，促使更大规模的网民转换为传谣者。

二是辟谣平台的权威度、意见领袖的参与方式成为影响辟谣效果的重要变量。辟谣平台权威性越高，辟谣效果越好；意见领袖参与辟谣，以及其与辟谣平台的结合，可有效遏制谣言的传播；但若有意见领袖在未能辨别真相前发出误导信息，则会助长谣言的蔓延之势。

三是辟谣讯息对谣言产生了相当的遏制作用，但在谣言的虚伪可信度与辟谣信息的可信度等同的情况下，人们依旧更容易受到谣言影响。辟谣信息的态度通常表达得较为清晰、态度坚定，不会含糊笼统，因而可能出现与民众日常笼统认知或含糊表达差异较大的情况，反而不容易被民众接受，削弱了辟谣效果。谣言内容如与民众核心关切点密切关联，在"宁可信其有，不可信其无"心理机制的作用下，谣言便更具传播力。

基于佛教互联网谣言传播模型的模拟仿真结果，本节提出四点建议。

第一，在法治层面，需提高戏谑宗教的法律常识普及度、加强对谣言的网络监管、完善涉佛教互联网谣言的相关处罚条例，有效治理涉佛教互联网谣言舆情；若能做到有法可依、违法必究，便可从源头上有效遏制涉佛教互联网谣言现象。

第二，在涉佛教互联网谣言舆情发生初期，需及时对谣言模糊性进行清晰化梳理，基于正统佛教观点解构谣言的可信性，将佛教与谣言撇清关联，这需要政、教、学三支队伍的共同参与。对于与民众核心关切点密切关联的谣言，需理解民众"宁可信其有，不可信其无"的心理作用，深度挖掘"信其有"的现实诉求，从权威信息源的及时发布、现实诉求的切实解决，解构谣言的可信性，逐步提升民众相关科学常识和宗教常识水平。

第三，需统合权威辟谣平台和意见领袖力量，协同推进涉佛教互联网谣言舆情的治理和辟谣工作。涉佛教互联网谣言舆情发生时，权威度高的辟谣平台及时、有效地发布辟谣信息至关重要，可有效遏制谣言传播。因此，提高政府部门与佛教团体的网络信息工作效率、增强佛教信息透明度是遏制佛教互联网谣言的有效手段。意见领袖对于佛教文化的正确了解，及时普及佛教文化常识，也能遏制佛教互联网谣言的传播。相反，若对佛教文化一知半解，意见领袖的名人效应则对佛教互联网谣言有推波助澜作用。若出现这种情况，不仅需要辟谣平台的参与，还需要那些能辨明基本事实、具备宗教正知正见、可以发表传播性观点、更有影响力的意见领袖的参与，才能有效遏制谣言的蔓延。

第四，在权威辟谣平台和意见领袖等社会行动者基础上，需围绕多元社会行动者协同治理，梳理那些反复频发谣言所波及的民众模糊认知内容，并及时进行常识普及，进而根源性防治涉佛教互联网谣言舆情的发生。民众的媒介素养、数字素养和宗教常识水平关涉其受谣言影响的方向和程度。民众佛教文化常识的普及程度越高、数字素养和媒介素养越高，佛教互联网谣言的识别率就越高，其生存空间、生存时长越小，反复性越低。因而提升民众的媒介素养、数字素养和宗教常识水平，可作为推动涉佛教互联网谣言治理的着眼点。

第四章　第四范式的互联网宗教舆情治理的人工智能研究

大数据时代，伴随 2009 年 *Science* 上《计算社会科学》（"Computational Social Science"）论文的发表，人文社科与大数据的融汇引发了人文社科领域的关注。中国数字人文宗教研究已经开启了数据驱动的第四范式研究，但存在两方面问题：一是中国宗教学自身学科积累与人工智能的结构性对话不足，与中国宗教学传统学科成果交叉程度浅；二是数据驱动研究常常陷于单维度大数据的统计分析，对人工智能方法论的引入常常陷入算法黑箱，尚未将内部机制梳理清晰。

本章首先对宗教学与人工智能进行结构性对话；其次，从文化社会心理学视角对戏谑宗教行为进行简要分析，并结合人工智能技术中标注和机器学习等方法提出对策建议；最后，基于人工智能领域的爬虫、监督学习和情感分析（BERT 预训练模型），获取中国汉传佛教八大宗派祖庭、佛教四大名山的佛教协会和寺院、公司运维却挂寺名景区、大众媒体高频报道的景区及被影响的寺院、景区所在地方政府、负责宗教事务的中央国家机关六类代表性微信公众号群发消息，展开涉佛教宗教商业化案例的计算宗教学实证研究，以期推进互联网宗教信息服务的法治化进程，探索互联网场域宗教治理的落地路径。

一　中国宗教学与人工智能交叉研究的结构化落地

随着 ChatGPT 在 2023 年初的火爆，人工智能对人文社科的冲击引发了越来越多的关注。人工智能与第四次工业革命密不可分。吴军梳理了四次工业革命：第一次是生产力解放的革命，第二次是电的革命，第三次是信息革命，第四次是机器智能带来的革命。[①] 伴随人工智能发展，

---

① 吴军：《大数据、机器智能和未来社会的图景》，《文化纵横》2015 年第 2 期。

大数据的重要性再次凸显。大数据时代的数据要素呈现出多维度、完备性及大规模等基本特征,[①] 与其相伴而生的数据驱动模式也在增量更新人文领域研究的范式与方法论。

随着互联网 + 的深入发展,如果人文社科领域的研究不能主动拥抱和适应人工智能算力和算法的提升,那么相对于其他行业的发展,人文社科领域的研究成本整体升高,就会呈现出行业间的鲍莫尔效应。更进一步,人文社科领域中以经济学为代表的学科已经主动拥抱人工智能算力和算法带来的范式迭代,并推进了学科发展。行动上的滞后,使人文社科领域内部呈现出叠加的鲍莫尔效应。为规避大数据时代宗教学研究出现鲍莫尔效应,[②] 将人工智能及大数据对宗教学新研究范式的助力切实落地,我们需主动面对并充分挖掘人工智能及数据驱动范式对宗教学研究的积极作用。

(一) 人工智能时代的宗教学的鲍莫尔效应

中国宗教学界早已开启宗教学与人工智能的讨论,但仍需进一步完善。首先,一些研究者对宗教学与人工智能最新进展的理解和反思不是基于宗教学、信息科学、哲学、社会学、数学、物理学等学科发展。以元宇宙为例,已有学者提出"要区分科技和工程意义上的元宇宙、科幻意义上的元宇宙以及泡沫元宇宙"。[③] 同样,宗教学与人工智能的学科对话,若以影视科幻意义为起点,则会导致于科技和工程意义的人工智能的底层逻辑出现系统性偏差。人工智能方法拓展到宗教学领域时,在主题和数据择选、结论的人文阐释等方面,常遇到难以打破学科壁垒的困难。其次,在谈及人工智能如何在宗教学领域落地时,往往是在人工智能的大结构下,择选宗教学的碎片化内容进行落地。虽然出发点是好的,但缺乏结构性对话,且在底层基础上脱离宗教学发展的核心诉求。最后,以宗教学来透析人工智能时,对人工智能的学科体系和底层逻辑的透视度不够。多方作用下,相关研究由火热转为半停滞状态,或落入泛泛而谈。一方面是人工智能如火如荼的发展局面,另一方面是其对宗教学发展助力

---

① 吴军:《大数据、机器智能和未来社会的图景》,《文化纵横》2015 年第 2 期。

② 郭凯明、杭静、颜色:《中国改革开放以来产业结构转型的影响因素》,《经济研究》2017 年第 3 期。

③ 沈阳、向安玲:《把元宇宙同科幻和泡沫区分开》,《环球时报》2021 年 11 月 30 日。

作用的明显缺位；与此同时，应用场景的择选不当，使有限的应用实践不仅未能通达人工智能的底层逻辑，亦未能契合宗教学学科的核心诉求。

（二）冯诺依曼结构下宗教学研究与人工智能的结构性对话

冯诺依曼结构是通用图灵机得到最广泛应用的设备结构，这也是互联网和人工智能发展历程中重要的工程基础。赵汀阳按照人工智能的哲学性质将其划分为两大类，一类是非反思性人工智能，简称 AI，属于图灵机概念；另一类是反思性人工智能，简称 ARI，超图灵机；图灵机人工智能没有存在论级别的危险。[①] 自然科学领域对人工智能的分类标准各异。有以学术流派为标准，将主流人工智能划分为符号主义、连接主义、行为主义等；有以目标是否明确为标准，将其划分为监督学习、非监督学习；还有以所使用的模型为标准，将其分为循环神经网络、递归神经网络、卷积网络等。为使宗教学研究找寻到适切的落地路径，本节择选人工智能场景应用的关键词（有交叉而非严格区分）作为宗教学与人工智能结构性对话的入手处。这种尝试以冯诺依曼结构为基础，旨在推动人工智能领域与宗教学研究的结构性对话，助力宗教学研究范式的更迭，从而有效规避鲍莫尔效应。本节以中国佛教研究的结构化成果为根基，[②] 相关梳理结果如表 21 所示。

表 21　中国佛教研究与人工智能的结构对话

宗教学 （佛教研究为例）	结构对话的入手处		
	冯诺依曼结构		人工智能
研究结果 （结论）	存储	输入/输出	可视化 知识图谱 计算机视觉 地理信息系统（含 AI） 语音识别 自然语言处理 数字化
问题域 （佛教典籍文献、宗派、文化艺术、制度、佛教中国化、人间佛教、佛教现代化）			
时空坐标系 （佛教史、佛教区域研究）			

---

① 赵汀阳：《人工智能提出了什么哲学问题？》，《文化纵横》2020 年第 1 期。
② 方立天：《中国大陆佛教研究的回顾与展望》，《世界宗教研究》2001 年第 4 期；魏道儒：《改革开放四十年来的佛教研究（上）》，《中国宗教》2018 年第 8 期；魏道儒：《改革开放四十年来的佛教研究（下）》，《中国宗教》2018 年第 9 期。

社会行动者 （人物）			
方法论 （行动者中心建模、计量经济学等多元方法）	存储	控制/运算	数据挖掘 深度学习 特征工程
理论 （佛教哲学、历史学、文献学、心理学、社会学、人类学等）			

传统学科中既有理论又有方法，表21仅是罗列在数字人文方向上宗教学学科结构性起步最简便的入手处，并非数学意义上严格的包含或被包含关系。随着交叉学科发展，结构对话必然会有进一步的调整，学科理论和方法论也会有叠合和交叉，因此该表仅作为起步阶段的落地尝试。在人工智能与宗教学等人文学科深入融合的过程中，不仅应考量宗教学场景落地的功能实现，更应侧重性能测试指标及方法等体系建设；不仅要评估结论，更要透视研究假设来源的理论深度、适用场景是否得当、变量的操作化过程、数据来源及数据库设计等，这些才是更为重要、更具决定意义的维度。

（三）宗教学对人工智能领域成果的结构化吸纳

宗教学对人工智能领域成果的结构化吸纳紧扣五个方面，以扭转被计算机科学驱逐的被动局面，转为主动拥抱新的学术增长点和新方法。

一是在主体性上，宗教学领域对人工智能的引入和吸纳，需坚守以宗教学为根基。首先确立"谁为主体，谁格谁"的问题，规避用人工智能"格"宗教，在应用前期可以用图灵机和冯诺依曼结构打开与宗教学的对话之门，进行应用场景的磨合。

二是在目标导向和需求导向上，研究成果需满足中国宗教学核心诉求。人工智能与中国宗教学的交叉研究，还需坚守需求导向、理论导向、问题导向。以佛教研究为例，其研究议题涵括了佛教史、佛教文献整理及典籍研究、佛教哲学、佛教文化艺术、佛教制度、佛教宗派、佛教区域性研究、佛教中国化、佛教现代化等。紧扣宗教中国化、中国式现代化等重要议题，场景包括但不限于对外促进文化交流、加强国家安全建设；对内助力文化强国和社会和谐，并提升社会凝聚力。宗教学界对人工智能的底层逻辑和通用流程及模式的了解不够充分，为政界、教界、学界真正需求痛点所提供的人工智能落地方案尚未成熟，皆有待进一步完善。

三是在研究选题上，需敏锐捕捉到新的学术增长点，诸如宗教信仰自由的隐私伦理、信息知情权的新形式不平等及公司对用户信息的不当使用、老年人比重较高的宗教信仰群体中"数字弃民"现象的具体影响、人工智能对宗教信仰者日常生活维度的影响等。人工智能的应用利弊兼具，本节仅列举三类代表性问题：（1）用户数据及隐私暴露并被企业不当应用的问题；（2）资本支撑的计算力加剧了信息知情权方面的不均等现象；（3）在老年人占比较高的宗教信仰群体中，老年人因使用数字技术存在困难而成为"数字弃民"[①] 的现象，尚未得到足够重视。大数据时代的健康社会应是一个即使数据素养和媒介素养匮乏的人也能安居的社会。对人工智能的关注，不仅需关注其宏观和中观层面，更应关注其对大众日常生活的微观影响。

四是在宗教学对人工智能成果的垂直落地上，宗教学与人工智能的交叉研究需着力于建设凸显差异化优势的研究成果。与此同时，学术共同体可着力于多样态成果的产出与制度保障。在传统议题新解决方案的拓展上，以宗教常识的普及为例，可紧扣常识普及度、普及效果、普及效率等问题，从传统宗教学报告成果拓展到涉宗教元素的电子游戏及游戏化的宗教学常识普及等多样态成果。在基础设施的建设上，复用已有平台，采用螺旋式增量迭代的平台研发模式，避免重复建设；更重要的是，通过中间件（middleware）等灵活方式，实现不同平台的分工与合作。

五是在人才队伍建设上，需培育宗教学领域所需的交叉专业人才。目前相关议题的从业者呈现出以下三种情形：（1）希望拥抱技术，却找不到落地路径；（2）畏惧技术，受限于自身对技术的透视力和基本原理的认知能力；（3）出现"似做实弃"的情况，误导后学。

---

① 苏涛、彭兰：《技术与人文：疫情危机下的数字化生存否思——2020 年新媒体研究述评》，《国际新闻界》2021 年第 1 期。

（四）开展基于人工智能方法的中国宗教学交叉研究的五个建议

在结构性对话缺失的前提下，诸如元宇宙、微纳制造、AR、VR、XR、6G、5G、区块链、量子计算机、人工智能等新概念层出不穷。若知其结构、懂其原理，其迭代便会凸显出来。以元宇宙为例，元宇宙是"三维化的下一代互联网"，元宇宙经济体系正是要解决 UGC（用户生成内容）模式对网友的数字劳动的盘剥问题等。[①]

相较于对散点概念进一步精致打造，当前更迫切的工作是建构概念丛的生态系统，让已产生、正产生、未产生的新概念各安其位，为其与宗教学进行结构性对话打下坚实基础。通过了解机器智能底层支撑的软硬件层级结构，将不断涌现的新名词归于同一结构，帮助学界更精准区分因对本质问题的精准捕捉而更持久的核心概念、未捕捉本质特征而短暂存在的阶段化概念、违背底层逻辑的泡沫化概念、"牵一发而动全身"的突破性成果、仅更新了形式却无新内容的冗余性成果等。

为规避底层泡沫的表面繁荣，本节建议从五个方面开启宗教学与人工智能的交叉研究。

一是人工智能拓展了宗教学的研究维度，从描述性研究拓展到基于深度挖掘与分析的解释性研究和预测性研究。交叉研究评价体系需建立多维指标，规避仅以数据量大小等单一的量化维度来判断学术贡献等做法。以短视频研究为例，宗教学视角可助益短视频现象的解释性研究。《六祖坛经》中"风动""帆动""仁者心动"的问答、《道德经》中"五色令人目盲，五音令人耳聋，五味令人口爽"的论述，对 Web 3.0 而言，是重要的理智资源。跨学科理论成果也为宗教学与人工智能交叉研究提供了理智资源。比如，短视频沉溺的社会心理机制研究可参照消除刻板印象的研究成果；在性别的刻板印象研究中，有学者提出对刻板印象的教育和知情就已经起到消除刻板印象影响的作用。[②] 社交媒体上的信息读写不仅是一种信息生产和消费行为，更是线下社会活动的日常

---

① 沈阳：《元宇宙的大愿景》，《青年记者》2022 年第 4 期。

② Johns, M., Schmader, T., & Martens, A., "Knowing Is Half the Battle: Teaching Stereotype Threat as a Means of Improving Women's Math Performance," *Psychological Science*, Vol. 16, No. 3 (2005), pp. 175 – 179.

转化；当前一些人的注意力及决策力以被动沉溺的方式被转移到其他人手中，这种情形尤其值得关注和警惕。将短视频沉溺行为归因于自制力薄弱是片面的，也未能透视其完整运作机制。短视频沉溺现象背后的机制是用户喜好的主动沉溺、自制力薄弱的被动沉溺、认知力差距导致的被动沉溺，抑或是现代零售业逻辑在短视频平台上重演的信息零售现象。① 在潘毅研究中，"女工尖叫中的叛离"等心理机制与当前短视频沉溺现象的关联也有待进一步挖掘。②

　　二是对新方法论背后范式及思维的透视，需打破跨学科借计算力的单一做法，全方位吸纳计算力背后的计算思维和范式更迭。人工智能与宗教的交叉研究虽然以宗教学要素为核心、人工智能为助力，但并非仅仅是宗教学对人工智能的借力，或人工智能的应用场景拓展到另一学科领域。学术研究方式正呈现出理论驱动、问题驱动、解决方案驱动的范式交叉与迭代，量化研究中也存在着模型驱动与数据驱动的范式交叉与迭代。以虚拟现实（VR）为例，不仅需关注其应用场景，更需关注其建模方法、表现技术、交互方式及其设备、开发平台与支撑环境，而且更要对 VR 场景的可建模性、模型的复杂性与可信性、图像的相似性测度与图像质量评价、海量数据管理、VR 系统性能和 VR 应用效果的评价等问题展开进一步研究。③ 数字化的生活、工作方式以及增强现实（AR）、虚拟现实等技术应用场景，对每个人的专注力、自主性、抗干扰性等提出了更高的要求。同一技术和媒介所承载内容的阅读方式不同，其传播力也不同。因此，这不仅需要垂直领域的本色呈现，更需内容与技术的贴合应用；大数据时代，"形式决定内容"规律的影响将越发广大、深远。

　　三是需要清晰认知人工智能已有成果的适用范围。人工智能的计算力是有益的，它能够帮助人们摆脱烦琐、重复的工作，从而专注于创造性工作。人工智能擅长对结构化的数据进行流程清晰的批量处理，正如

---

① 〔美〕理查德·桑内特：《公共人的衰落》，李继宏译，上海译文出版社，2014，第 196 ~ 206 页。

② 潘毅：《开创一种抗争的次文体：工厂里一位女工的尖叫、梦魇和叛离》，《社会学研究》1999 年第 5 期。

③ 赵沁平：《虚拟现实综述》，《中国科学（F 辑：信息科学）》2009 年第 1 期。

成熟工业流水线上的机器人和机器臂等，但有些工作仍处于人工智能能力范围之外。

四是坚守从宗教学角度对人工智能方法的反思，保持对人工智能机器学习类原理机制的透视，以便清晰分辨研究结论是宗教学的创新性发展或隐含偏见的无意识传递。宗教学与人工智能交叉研究的第一阶段目标仍是指向新信息量和新知识点的产生，这也契合现代计算科学"数据—信息—知识—智慧—顿悟"的信息处理的智能化晋级管道。① 以机器学习的监督学习为例，数据源和标注数据是关键。黑箱算法中的模型或标注数据中若已隐藏偏见，其所产出的信息和知识则会让偏见在无意识中传递下去，进而误导大众，故我们需要拥有对黑箱算法的透视力，读懂并反思它。随着迁移学习（transfer learning）② 的广泛应用，对模型及算法反思的重要性会越发凸显。

五是注重交叉研究底层基础应用的搭建，保持对上层应用与底层基础设施建设的区分。长远看来，研究瓶颈常常不在上层应用，而是在需数十年积累的底层基础应用上。自中国在 MatLab、芯片、人工智能等多个维度受到钳制，我们清晰地认识到基础学科滞后造成的困境。当下解决"卡脖"处的核心是（需要数十年积累的）函数库等基础工作，而不是界面和功能按钮设计。宗教学与人工智能的交叉研究，需要辨别可较短时间内复制的上层应用，并坚守需常年积累的底层基础设施建设，从而规避学术研究在后期遭遇钳制。

二 互联网场域戏谑宗教行为治理的反思*

（一）互联网场域戏谑宗教行为及研究综述

近年来，在互联网场域中，不利于宗教和谐、有伤我国国民形象、恶意戏谑宗教的行为频发，引发了多起舆情事件。

戏谑宗教类行为在互联网普及之前就已经引发过多起舆情事件，比如说，影片《达·芬奇密码》引发抗议，《三个和尚》MTV 涉嫌讽刺佛

---

① 陈钟：《从人工智能本质看未来的发展》，《探索与争鸣》2017 年第 10 期。
② 庄福振、罗平、何清、史忠植：《迁移学习研究进展》，《软件学报》2015 年第 1 期。
* 本节曾刊于《宗教与世界》2019 年第 4 期，修改后收入本书。

教致使中国佛教协会写信抵制等。① 在互联网技术的普及和互联网＋的纵深发展下，戏谑宗教行为也蔓延至互联网场域。2012 年底，某卫视跨年晚会上一曲《法海你不懂爱》对佛教祖师的高调戏谑，引发了教界、学界、法律界、广大网民的参与和热议。② 2018 年 8 月，网络电影《天蓬元帅之大闹天宫》中出现戏谑贬低丑化道教神仙的情节，严重伤害了道教界人士及信教群众感情，相关负责人专程到中国道教协会，向道教界人士和信教群众致歉。③

戏谑是一种话语方式，已有学者探讨过戏谑与假传的关联④、与草根话语方式嬗变的关联⑤、法律视角下该行为的民事法律后果⑥、真意保留与意思表示解释规则的探讨⑦等。

已有学者比较了《中华人民共和国民法总则》和《德国民法典》对"真意保留"与"戏谑行为"的不同处理方法。⑧ 德国、日本和瑞士等国民法典中曾对戏谑行为评价进行比较分析。《德国民法典》将戏谑行为称为缺乏真意，以与真意保留相区分。《德国民法典》第 118 条规定，预期对真意缺乏不致误认而进行非真意表示的意思表示无效；同时，《德国民法典》第 122 条第 1 款规定，意思表示依第 118 条无效时，应赔偿因信赖而产生的损失，但不得超过该行为有效时可得利益的数额，即善意受领人对于有过失的戏谑行为（致使真意缺乏、信赖利益受损的行为）可以要求信赖利益损害赔偿。日本将戏谑行为纳入"真意保留"概念，如《日本民法典》第 93 条规定，意思表示不因表意人明知其出于非真意

① 禅林网：《辱佛（道）谤僧历年道歉清单》，https://www.sohu.com/a/243478654_466973。（阅读时间：2018 年 11 月）
② 凤凰网华人佛教：原创《问道》节目特辑（2）《别拿信仰开玩笑 敢发声说话是历史的进步》，https://fo.ifeng.com/special/ganfashengsjb/。（阅读时间：2013 年 3 月 18 日）
③ 《网络电影〈天蓬元帅之大闹天宫〉制片公司和发布平台优酷向道教界致歉》，https://www.daoisms.org/article/sort028/info-37022.html。（阅读时间：2018 年 8 月 30 日）
④ 刘成国：《以史为戏：论中国古代假传》，《江海学刊》2012 年第 4 期。
⑤ 郑满宁：《"戏谑化"：社会化媒体中草根话语方式的嬗变研究》，《中国人民大学学报》2013 年第 5 期。
⑥ 杨立新、朱巍：《论戏谑行为及其民事法律后果——兼论戏谑行为与悬赏广告的区别》，《当代法学》2008 年第 3 期。
⑦ 纪海龙：《真意保留与意思表示解释规则——论真意保留不具有独立的制度价值》，《法律科学》（西北政法大学学报）2018 年第 3 期。
⑧ 冉克平：《真意保留与戏谑行为的反思与构建》，《比较法研究》2016 年第 6 期。

所为而妨碍其效力，但相对人明知或可知表意时，其意思表示无效——即对善意相对人（不知有保留者）继续肯定效力，并可获得信赖利益损害的赔偿请求权。《瑞士民法典》第3条，按照信赖主义原则从相对人的客观角度考虑，是否戏谑行为非严肃性达到了可以被理性第三人认知的程度来结合法理进行判断——即如果受领人不可以认明为戏谑行为时，可请求损害赔偿，戏谑行为应受到拘束。①

（二）互联网场域戏谑宗教行为影响分析

戏谑宗教并非单纯教内事务，不可轻视。网络空间上戏谑宗教，尤其是对儒释道文化中普遍为人所知的原型性文化符码②进行解构和重构的行为，关涉每一位中国人、每一位华人的文化自信、文化身份认同，影响"中国人""华人"的群体凝聚力。文化符码意涵差异引发不同方向的塑造作用——或增强文化自信，提升群体凝聚力；或削弱文化自信，成为群体离心力。③

互联网场域中戏谑宗教行为对儒释道等宗教文化的原型性文化符码的核心意涵进行解构和重构，首先改变了某群内个体成员的特征（如玄奘大师），进一步影响到该群体的刻板化规范的归纳，进而影响更大范围的社会类别（中国唐朝僧人＜中国人＞华人）的特征认知，使此群体资格所带来的情感和价值意义随之变迁。

更值得关注的是，互联网场域中戏谑宗教行为可能导致的戏谑泛化趋势。戏谑宗教是互联网场域中戏谑类行为的其中一种典型代表，此类戏谑行为若未得到及时处理，是对商界、文艺界、网民等多元行动者戏谑心态的一种纵容，会进一步削弱群体的凝聚力。如从中国历史上的宗教人物的戏谑扩展到对中国历史文化名人的戏谑，进而发展到对历史英雄人物丧失敬畏，对庄重深刻的中华文明产生泛娱乐化倾向，使更多文化自信和文化自觉的文化符码被解构，削弱国人的文化自信、社会认同、群体凝聚力。

原型性文化符码意涵在戏谑行为中的重构会导致两种趋势。第一种

---

① 杨立新、朱巍：《论戏谑行为及其民事法律后果——兼论戏谑行为与悬赏广告的区别》，《当代法学》2008年第3期。
② 〔美〕赵志裕、康萤仪：《文化社会心理学》，刘爽译，2011。
③ 〔澳〕特纳等《自我归类论》，杨宜音等译，2011。

趋势是将被广告和影视重构后的原型文化符码意涵作为群体成员身份标准特征信息。第二种趋势是解构或重构中华传统文化中原型文化符码意涵，进而改变与"中国人""华人"文化身份相伴的情感和价值意义，解构"中国人""华人"的文化身份认同，使大众在"唯一的独特个人"和"内群体"的连续体上朝"唯一的独特个人"的方向发展，甚至朝"外群"方向发展。如在一部名为《法海你不懂爱，民法总则学起来!》的动画中，蝙蝠侠成为"救星"，被塑造为拯救世界的英雄人物，而"法海"则被塑造为不安本业、跨界到世俗家庭中解决家庭纠纷的宗教人物。蝙蝠侠对"法海"的替代看似在"逻辑上自恰"，但事实上"蝙蝠侠"是以美国为代表的西方价值体系中虚构的英雄与救世主，而"法海禅师"却是中国历史上真实存在的人物。动画对"蝙蝠侠"和"法海禅师"两个文化符码的错位借用和演绎，可归咎于戏谑宗教行为对原型性文化符码意涵反复解构、重构造成的泛化，进而导致社会认知模糊。

（三）对策建议

基于互联网传播路径、特征及发展规律，对互联网场域戏谑宗教行为治理提出如下四点对策建议。

第一，需对佛教内外有差异性行为凝聚社会共识。戏谑行为常常是由于戏谑者观察到了行为层面的差异且很好奇，同时对二者差异缺乏常识性的、可信的、可及的有效信息来源，普及常识性、共性的阐述迫在眉睫。尤其是在跨领域创作中，创作者需对非己专业领域的文化符码，尤其是原型性文化符码的本真意涵有基本认识，为创作提供底线保障。

第二，从宗教治理角度和宗教法治化建设视角，建议将中国法学领域对意思表示的解释、真意保留、信赖利益损害赔偿、戏谑行为的讨论引入互联网场域戏谑佛教行为治理，推进中国宗教工作戏谑宗教行为治理的法治化进程。《中华人民共和国民法典》（以下简称《民法典》）与戏谑相关条款主要在"意思表示的解释"中。《民法典》第142条【意思表示的解释】："有相对人的意思表示的解释，应当按照所使用的词句，结合相关条款、行为的性质和目的、习惯以及诚信原则，确定意思表示的含义。无相对人的意思表示的解释，不能完全拘泥于所使用的词句，而应当结合相关条款、行为的性质和目的、习惯以及诚信原则，确定行为人的真实意思。"① 互联网场域中戏谑佛教类舆情的法律鉴定及惩处规定，结合中国宗教工作的领域特异性，可参阅各国民法典对于"真意保留""信赖利益损害赔偿"等内容，进一步推进我国互联网场域戏谑宗教行为治理的法治化建设，并丰富中国《民法典》关于意思表示的解释规则、真意保留、戏谑行为的适用探讨。

第三，对互联网场域中的戏谑宗教类行为进行法治化规范治理和惩处，戏谑本身并不仅仅是"开个玩笑"，应对中国历史长河中那些具有使命感、超脱生命追求、用实际行动担纲文化、救护世界人心的原型性人物/文化符码正本清源，进行系统而立体的梳理。对关涉国家凝聚力和大众文化自信的文化符码给予有力的法治化保护，保障利益损害方的赔偿请求权，对戏谑行为进行有效约束。

第四，可结合人工智能技术，对戏谑类观点进行标注，利用机器学习，自动识别互联网场域中对宗教人物及历史英雄文化人物的戏谑行为，作为互联网场域中对戏谑往圣先贤行为治理的辅助。

三　基于计算宗教学的涉佛教商业化治理现代化研究*

基于对门户网站评论数据的情感分析结果，本节聚焦于对挂寺名景区的涉佛教商业化治理，以中国汉传佛教宗派及菩萨信仰研究为先导，对相关运营主体社交媒体数据进行抓取，最后对挂寺名景区的涉佛教商业化治理的被治理主体及本质问题进行可视化分析。

（一）佛教商业化治理的研究综述

佛教商业化治理研究多关注线下佛教活动场所及广义的互联网佛教信息，但对聚焦于社交媒体平台的佛教商业化治理研究还颇为鲜见。政、教、学三支队伍从多个角度、多种路径探索佛教商业化治理之路。佛教商业化治理宗教工作文件及报道中，"景区、佛教名山'被上市'""佛教道教活动场所的非营利性质""严禁商业资本介入佛教道教""互联网宗教信息服务管理""教风建设、健康传承""依法依规处理"等关键词

---

① 《中华人民共和国民法典》，中国法制出版社，2023，第109～110页。

* 本节曾刊于《世界宗教文化》2022年第5期，修改后收入本书。

高频出现。① 治理路径上，各地宗教工作部门侧重梳理依法依规处理佛教商业化典型案例、工作经验和对策建议等，② 而佛教界则侧重于加强自身教风建设。③ 旅游学在概念界定和研究阐述中易混淆景区和佛教活动场所。④ 在治理焦点上，旅游景区及上市公司借千年古寺之名设置功德箱⑤、公司运维景区借四大名山之名上市等商业化问题⑥，是引发全国各界共同关注的议题。随着数字化进程的深入，社交媒体对人们日常生活的影响愈加显著，基于社交媒体数据的佛教商业化治理研究越发重要。

　　基于社交媒体数据的佛教商业化治理研究为捕捉主流媒介平台的变迁中涉宗教观点、情感、行为和组织，⑦ 并为精准研判民意、情感倾向提供了可行性路径。首先，社交媒体平台所承载的民意及情感倾向分析是佛教商业化治理的核心要素。文本情感分析是指通过分析主观性文本的情感色彩，挖掘其情感倾向；情感分类标准多样，有粗粒度分类方法，也有将跨学科的情绪分类引入文本情感分析中。⑧ 社交媒体平台情感倾向可借鉴计算机科学领域的文本情感分析成果。其次，社交媒体平台佛教商业化数据具有含糊性特征，这对研判的精准性提出了更高要求。已有成果主要依据微信公众号名称对其进行分类及真实性判断。以账号"佛佛佛"（微信号 fofofo365）为例，因其账号名称含有"佛"字而易被误判为佛教类账号，但其认证主体为"太原亮星信息技术有限公司"，

---

① 本刊编辑部：《对佛教道教商业化问题必须出重拳治理》，《中国宗教》2017 年第 11 期。

② 《积极作为　依法处理　山东日照市处理佛教商业化问题典型案例解析》，《中国宗教》2018 年第 5 期。

③ 释演觉：《坚持佛教中国化方向　推动佛教事业健康发展　为实现中华民族伟大复兴的中国梦贡献力量——中国佛教协会第九届理事会工作报告》，《法音》2020 年第 12 期。

④ 刘爱利、涂琼华、刘敏、刘福承：《宗教型遗产地旅游商业化的演化过程及机制——以嵩山少林寺为例》，《地理研究》2015 年第 9 期。

⑤ 人民网：《千年古寺内，"功德箱"鱼目混珠竟成上市公司"小金库"》，http://finance. people. com. cn/n/2014/1218/c1004 – 26231075. html.（阅读时间：2014 年 12 月 18 日）

⑥ 周齐：《维护佛教优良文化蕴涵　抵制借佛敛财及商业化》，《世界宗教文化》2018 年第 3 期。

⑦ 吕大吉主编《宗教学纲要》，第 34～41 页。

⑧ 李然、林政、林海伦、王伟平、孟丹：《文本情绪分析综述》，《计算机研究与发展》2018 年第 1 期。

此类情况使后续分析易出现根源性偏差，故须对账号认证的运营主体及群发消息进行大数据分析，以提升分析研判的精准性。

基于社交媒体大数据的佛教商业化治理精准研判需吸纳计算宗教学与人工智能等交叉研究领域的计算力资源。现阶段佛教商业化治理研究仍以质性研究为主，但有少数学者在数据驱动模式趋势下，基于 CFPS 等社会调查数据和计量经济学研究佛教去商业化行动的后效影响。① 社交媒体大数据与传统的访谈、社会调查数据等有较大差别，因而社交媒体佛教商业化治理研究迫切需要吸纳计算力更充足的计算宗教学与人工智能成果。本书提出的计算宗教学内涵与克里斯托弗·尼尔博（Kristoffer Nielbo）等在 2012 年提出的计算宗教学②阐述有差别。克里斯托弗·尼尔博等所阐述的"计算"内涵主体是计算方法（computational approach）在理论建构、理论与实证研究双向反馈的应用，尤其侧重计算机建模仿真在宗教学的应用，而本书认为的计算宗教学包含了交叉学科的计算本质、计算思维、计算力③和多元计算方法（不限于计算机建模仿真）在宗教学的应用。其中，人工智能是计算宗教学的多元计算方法和计算力的重要组成部分。智能革命与国家治理现代化的探索已成为重要议题，郑筱筠研究员指出，"宗教治理属于国家治理体系的一部分"。④ 有学者指出国家治理能力最重要的评价是强度评价和有效性评价；对国家治理现代化而言，人工智能至少在资源丰富、共识达成、充分回应三个维度形成重要支撑。⑤ 以社交媒体数据的情感分析为例，吸纳文本情感分析方法常用的方法——使用预训练模型的深度学习⑥（如 BERT 模型⑦），

---

① 向宁、韦欣：《互联网佛教去商业化行动对政府执行力感知影响的实证研究》，《世界宗教文化》2019 年第 6 期。

② Nielbo, K. L., et al., "Computing Religion: A New Tool in the Multilevel Analysis of Religion," *Method & Theory in the Study of Religion*, 2012, Vol. 24, No. 3, pp. 267 – 290.

③ 吴军：《计算之魂》，第 13 ~ 18、61 ~ 72 页；邱泽奇：《数字社会与计算社会学的演进》，《江苏社会科学》2022 年第 1 期。

④ 郑筱筠：《关于在国家治理体系现代化进程中的宗教治理体系建设之思考》，《世界宗教研究》2019 年第 5 期。

⑤ 高奇琦：《智能革命与国家治理现代化初探》，《中国社会科学》2020 年第 7 期。

⑥ 王婷、杨文忠：《文本情感分析方法研究综述》，《计算机工程与应用》2021 年第 12 期。

⑦ 刘思琴、冯胥睿瑞：《基于 BERT 的文本情感分析》，《信息安全研究》2020 年第 3 期。

可有效提升佛教商业化研究的计算力。由此可知，计算宗教学和人工智能的计算力资源等可在多个维度提升佛教商业化研究的现代化水平。

（二）挂寺名景区的涉佛教商业化治理研究

佛教商业化治理历经多次媒介变更，媒介变更不仅是宗教行为发生场域的变化，对媒介变更历程的深度挖掘可为政府基层治理及知识转型提供透视力。自 2013 年前后佛教商业化舆情事件至今，"法海事件"、兴教寺事件、瑞云寺事件的核心舆论场聚集在以凤凰网华人佛教为代表的门户网站，[①] 大量网民在文章下方发表评论。佛教商业化治理历程媒介经历了门户网站、博客、微博、微信公众号、短视频等媒介的更迭。媒介变更视野中，以书—刊的变更为例进行说明。在书与刊两种不同媒介"互为中介"的过程中，近代中国知识发生着转型。[②] 在当下数字媒介更迭中，从门户网站到微信公众平台的更迭蕴藏着公共空间民意承载形式的变迁。

佛教商业化治理的门户网站评论数据（观点和情感的杂糅）有助于打破社交媒体平台涉佛教商业化治理的研究困境。在门户网站平台，同一文章下网民所发表的评论由门户网站经营方统一审核；而微信公众平台的评论审核权归属于各账号内容运营者，极易形成圈层文化。随着互联网宗教舆情场域向微信公众平台的迁移，多元舆论观点主要分散在不同微信公众号文章及各自评论区，不同意见不再交织在同一线上时空，因而门户网站评论内容及其标注数据的复用可为微信公众平台圈层文化研判分析做补充。门户网站评论数据可有效打破微信公众平台圈层文化中佛教商业化治理议题难以确立，以及局部数据导致议题有偏等研究困境。

佛教门户网站评论数据的情感分析结果使社交媒体佛教商业化研究议题更聚焦于"对挂寺名景区的涉佛教商业化治理"。本节抓取了凤凰网华人佛教门户网站的 306330 条评论数据，基于 BERT 模型，采用

---

① 凤凰网华人佛教：原创《问道》节目特辑（1）《别拿信仰开玩笑 不是道歉那点事》，https://fo.ifeng.com/special/wendaotj1/。（阅读时间：2013 年 3 月 15 日）

② 黄旦：《媒介变革视野中的近代中国知识转型》，《中国社会科学》2019 年第 1 期。

粗粒度离散取值对情感进行分类（正面、中性和负面），随机筛选标注1 万条评论数据，用于预训练模型参数微调，对佛教商业化相关主题词进行情感分析判断，并依据判断结果助力佛教商业化研究选题的深挖与聚焦。情感分析结果发现，佛教信仰者外部对少林寺方丈的常用称谓（释永信）呈现负面情感倾向，而佛教信仰者内部对少林寺方丈的常用称谓（永信法师）呈现正面情感倾向，内部称谓与禅宗传承相关衍生关键词（达摩、立雪亭、断臂）的组合皆呈现正面的情感倾向。少林寺是兼具"祖庭"（禅宗初祖祖庭）和"被景区围住"（被嵩山少林景区围住）的两个核心特征的佛教活动场所。此结果也契合佛教商业化既往质性研究关切的主题：佛教祖庭、景区、商业化的潜在冲突。后文将围绕"祖庭""景区"对社交媒体涉佛教商业化治理精准研判铺展研究，聚焦选题。

（三）挂寺名景区涉佛教商业化治理的数据抓取：宗派和菩萨信仰研究指引操作化落地

聚焦于佛教祖庭、景区、商业化三个关键词，本节将挂寺名景区的涉佛教商业化治理的关涉主体分为四类："全国宗教工作""祖庭""景区""媒体"。综合微信公众号运营主体、群发内容，本节抓取了六类微信公众号共 75974 条群发消息，[①] 对其高频词进行比较分析。

1. 祖庭：中国汉传佛教八大宗派的祖庭寺院

中国佛教宗派史研究积累丰硕，其中中国汉传佛教分为八大宗派，分别为禅宗、华严宗、净土宗、天台宗、三论宗、唯识宗、律宗、密宗。[②] 祖庭"作为宗派的发祥地，祖师大德修行弘法、传灯续慧的道场，承载着汉传佛教的思想源流、修行法门和文化内核，是汉传佛教散枝开叶、根深叶茂的活水源头"，[③] 已有学者梳理了汉传佛教"祖庭"的渊

---

① 所有群发消息都由爬虫抓取，因网络稳定性的影响或存在遗漏消息的情况，其优势是抓取过程无研究者主观干预。文中操作化过程说明会简要陈述所抓取账号的代表性确立原则及时间段截取原则。

② 魏道儒：《改革开放四十年来的佛教研究（上）》，《中国宗教》2018 年第 8 期；魏道儒等《世界佛教通史》第四卷，中国社会科学出版社，2015，第 120 ~ 264、330 ~ 742 页。

③ 王作安：《在汉传佛教祖庭文化国际学术研讨会上的致辞》，《法音》2016 年第 12 期。

源、内涵及文化意义的变迁。①

　　受限于时间和服务器租赁成本，仅抓取少数代表性祖庭微信公众
号群发消息数据，八大宗派的代表性寺院梳理如下：一是律宗祖庭，
择选了唐朝道宣弘扬律宗的道场净业寺；二是密宗的代表性祖庭，大
兴善寺；三是净土宗祖庭，香积寺和东林寺；四是三论宗祖庭，草堂
寺；五是唯识宗祖庭，择选了大慈恩寺；六是天台宗祖庭，择选了国
清寺；七是华严宗祖庭，择选了华严寺；八是禅宗祖庭，基于禅宗在
中国的影响，所抓取数据来源的祖庭分为三个部分：一是禅宗初祖到
六祖祖庭，二是现当代具有深远影响的与虚云法师相关的两座祖庭，
三是在当代契合互联网社交媒体及技术发展的一座禅宗寺院。不同微
信公众号群发消息频率各异，基于八大宗派群发消息占比尽量均衡、
尽可能覆盖全时段两个核心原则，抓取中国汉传佛教八大宗派的祖庭
寺院（14 个微信公众号共 38335 条消息），对其中 19930 条群发消息
进行高频词统计，具体的寺院名、运营主体、微信公众号名称和微信
号梳理如下（梳理时未找到"国清寺""无相寺""山谷寺"的微信公
众号）。

表 22　中国汉传佛教八大宗派祖庭寺院的微信公众号信息

	择选标准	寺院名	运营主体	微信公众号名称	微信号
1	三论宗 · 祖庭	草堂寺	陕西省户县草堂寺	草堂寺	caotangsi
2	唯识宗 · 祖庭	大慈恩寺	西安市大慈恩寺	大慈恩寺	DacienTemple
3	天台宗 · 祖庭	国清寺		无账号	
4	华严寺 · 祖庭	华严寺	长安区华严寺	西安华严寺	gh_0c1025639bfa
5	律宗 · 祖庭	净业寺	长安区净业寺	终南山净业寺	gh_0353f8ab3a11
6	密宗 · 祖庭	大兴善寺	西安市大兴善寺	密宗祖庭西安大兴善寺	xiandaxingshansi
7	净土宗 · 祖庭	香积寺	长安区香积寺	长安香积寺	caxjss
	净土宗 · 祖庭	东林寺	江西省九江市庐山东林寺	江西庐山东林寺	jxlsdonglinsi

---

① 曹振明、方光华：《汉传佛教"祖庭"的渊源、内涵及文化意义——佛教中国化突出标
　识探析》，《世界宗教研究》2020 年第 2 期。

择选标准	寺院名	运营主体	微信公众号名称	微信号
禅宗·初祖	少林寺	中国嵩山少林寺	少林寺官方网站	slsgfwz
禅宗·二祖	无相寺		无账号	
禅宗·三祖	山谷寺		无账号	
禅宗·四祖	四祖寺	湖北黄梅四祖寺	黄梅天下禅	hbhmszs
禅宗·五祖	五祖寺	湖北黄梅五祖寺	五祖寺	wuzusizhengci
禅宗·六祖	南华寺	韶关市曲江区南华禅寺	南华禅寺	nhcs9616
虚云禅师	真如禅寺	江西省永修县真如禅寺	云居山真如禅寺	yunjushanzhenrusi
虚云禅师	云门寺	云门山大觉禅寺	云门祖庭	yunmenzuting
禅宗+互联网	灵隐寺	杭州灵隐寺	灵隐寺	LingYinTemple

(表格左侧标注数字 8)

2. 祖庭与景区：佛教四大名山、佛教协会及寺院

文殊、普贤、观音、地藏四大菩萨及四大名山在佛教信仰者群体中影响深远。景区及四大名山的相关资讯及辨析在佛教商业化治理的讨论中高频出现。本节以四大名山的名字为关键词在微信中搜索，择选代表性账号，抓取群发消息。这些微信公众号的特点是运营主体为当地的佛教协会或正规佛教活动场所，但基于佛教信仰者群体的影响力和地理位置等多方面原因，寺院被景区围绕。基于四大名山群发消息占比尽量均衡、尽可能覆盖全时段两个核心原则，共抓取 7 个微信公众号的 25705 条群发消息，对其中 4101 条群发消息进行高频词统计，具体梳理如下。

表 23　佛教四大名山、佛教协会及寺院的微信公众号信息

四大名山	运营主体	微信公众号名称	微信号
五台山	山西省五台山佛教协会	五台山佛教	wutaishanfojiao
峨眉山	峨眉山佛教协会	峨眉山寺院	emeishansiyuan
普陀山	普陀山佛教协会	南海普陀山佛教	nhputuo
	厦门南普陀寺	南普陀寺	npts0592

四大名山	运营主体	微信公众号名称	微信号
九华山	青阳县崇圣寺	九华山崇圣寺	jhscss99
	九华山慧居寺	九华山慧居禅寺	gh_4b15242e58e6
	九华山翠峰寺	九华山翠峰寺	jhscfs

3. 景区：公司运维却挂寺名的景区

择选在中国佛教互联网舆情事件中被反复提及的六个景区，分别从广度和深度来进行比较和爬梳。这六个景区中有两个景区分别开通了两个微信公众号，故本节统计了六个景区的 8 个微信公众号。广度分析从 8 个微信公众号中爬取 5503 条群发消息，时间跨度为 2013 年 4 月 ~2022 年 2 月 7 日。深度分析基于时间跨度最广的原则，从 8 个账号中筛选了 1 个微信公众号，爬取其全部群发消息（共计 1215 条），截取的时间跨度为 2013 年 4 月 ~2022 年 2 月 7 日。公司运维却挂寺名的景区的微信公众号运营主体、微信公众号名称和微信号梳理如下（2022 年 2 月进行梳理和爬取）。

表 24   公司运维却挂寺名的六个景区的微信公众号信息

景区	运营主体	微信公众号名称	微信号
1	北京红螺寺旅游开发有限公司	红螺寺景区	bjhongluosi
2	北京京西山水文化旅游投资控股有限公司戒台寺景区分公司	戒台寺风景名胜区	jietaisifjmsq
3	北京京西山水文化旅游投资控股有限公司潭柘寺景区分公司	潭柘寺景区	tanzhesijq
	北京京西山水文化旅游投资控股有限公司潭柘寺景区分公司	潭柘寺风景区	tanzhesijingqu
4	河南嵩山少林文化旅游有限公司	嵩山少林景区	gh_acc1e4108195
5	陕西法门寺文化景区旅游发展有限公司	法门文化景区	fmsfwhjq
	陕西法门寺文化景区旅游发展有限公司	法门寺文化景区	Famensijingqu
6	无锡灵山胜境文化旅游有限公司	无锡灵山胜境	ls_wuxilingshan

4. 媒体：大众媒体高频报道的景区及被牵连的佛教寺院

在大众媒体中被高频报道且颇受各界争议的两个景区，分别是嵩山少林景区和法门文化景区，这两个都属于公司运维却挂寺名的景区。抓取两个景区运营的 3 个微信公众号的群发消息，对比其与正规佛教活动场所少林寺和法门寺的群发消息，2022 年 2 月爬梳微信账号 5 个，群发消息 7995 条（其中 7791 条消息与之前抓取消息重合）。以此对比结果为基础，可以分析大众媒体的判断和报道倾向是否与现实情况吻合，抑或是受现有话语体系下概念界定混淆的影响而存在偏差以至于误导大众。

表 25　大众媒体高频报道的景区及被影响的寺院的微信公众号信息

类型	数量	运营主体	微信公众号名称	微信号
景区	1	河南嵩山少林文化旅游有限公司	嵩山少林景区	gh_acc1e4108195
	2	陕西法门寺文化景区旅游发展有限公司	法门文化景区	fmsfwhjq
		陕西法门寺文化景区旅游发展有限公司	法门寺文化景区	Famensijingqu
寺院	1	中国嵩山少林寺	少林寺官方网站	slsgfwz
	2	扶风县法门寺	法门寺	famensi-

5. 负责相关事务的国家机关

中国宗教杂志社运维的微信公众号"微言宗教"可作为代表性账号，其微信号为 zgzj-wyzj。本节抓取群发消息 4180 条，将其作为全国宗教工作的准绳，研判佛教商业化问题治理现存问题与治理对策指向（2022 年 2 月进行梳理和爬取）。

6. 地方政府：景区所属地方政府

法门文化景区所属地方政府为陕西省宝鸡市扶风县，而"扶风发布"即扶风县人民政府办公室认证、运营的微信公众号，微信号为 fffb-wx，抓取群发消息 2047 条，截取的时间跨度为 2019 年 5 月 6 日 ~2022 年 2 月 7 日（与法门文化景区两个微信号的时间跨度相同），以便进行同时期的对比（2022 年 2 月进行梳理和爬取）。

（四）佛教商业化治理的精准研判结论：对待治理主体及本质问题的可视化分析

对待治理主体亟待治理问题本质的可视化分析是佛教商业化治理精准研判的根基。本节通过对挂寺名景区的涉佛教商业化治理波及的多元主体微信公众号群发消息的抓取、分词、词频统计等，基于六类微信公众号高频词词云，对此类佛教商业化治理的待治理主体及本质问题进行可视化分析，得出三个研究发现。

微信公众号群发消息的高频词是不同类型运行主体核心关切点的一种量化的呈现方式。在六类微信公众号群发消息的高频词统计中，群发消息皆由爬虫自动抓取，分词及词频统计皆由 Python 脚本基于同一分词词典完成。围绕研究议题，基于高频词统计结果，为保证群发消息中词义完整且呈现运营主体关切的关键词和主题，对 Python 脚本的统计结果进行了数据清洗，主要过滤四类分词结果：一是单个字被过滤，除非其单个字可完整表述名词或为佛教特有词则保留；二是数字、标点符号、量词、副词、状语、否定词、线上操作提示等；三是研究对象的地方名、人名等；四是可能会引发对宗教工作错谬解读的词。①

图 41　四大名山佛教协会及寺院（左）、汉传佛教八大宗派祖庭（右）

1. 佛教四大名山的正规佛教团体未呈现商业化趋势

佛教四大名山的佛教协会和寺院虽被景区围绕，但其高频词词云与中国汉传佛教八大宗派祖庭代表性寺院群发消息高频词词云高度叠合，并呈现以下三方面特征。

首先，佛教健康传承的核心词占较高比例。相关高频词有佛教、菩萨、佛、心、佛法、智慧、修行、佛陀、功德、道、烦恼、念佛、戒、

---

① 由于此部分数据清洗环节由人工完成，可能偶有符合如上条件却未过滤的情形，有待后续修正、完善。

解脱、清净、禅师、出家、法界、佛学、因缘、开示、苦、庄严、道场、因果、忏悔等。

其次，佛教中国化特色凸显，重视中华优秀传统文化，强调对众生的大悲精神及对当下生活的观照等。相关高频词有众生、生活、中国、人生、世间、父母、慈悲、大众、生命、文化、善、在家、社会、工作、方便、国家等。

最后，佛教文化现代化传播主题。相关高频词有视频、程序、网络、电话、微信号等。

佛教四大名山的佛教协会和寺院虽被景区围绕，但在社交媒体平台未呈现景区化、商业化趋势。佛教四大名山的佛教协会和寺院，如同中国汉传佛教八大祖庭寺院，坚守佛教本色，坚持我国佛教中国化方向。由此可见，从旅游学视角进行的概念阐述及大众媒体报道对大众存在误导，其建构内涵需更正。

2. 公司运维却挂寺名的景区与佛教伪相关，并与地方政府局部相似

图42　公司运维却挂寺名景区的广度（左）及深度（右）分析

对景区广度、深度分析及与其所属地方政府的高频词词云对比可见。

第一，综合对公司运维却挂寺名景区的广度和深度分析，其共同点是高频词中佛教核心词显著缺位，不同点是深度分析中单个景区凸显自身特色旅游主题的关键词占比较高。

第二，通过公司运维却挂寺名的景区与景区所属地方政府的高频词统计的对比分析，景区群发消息与所属地方政府有一定程度的相似性，地方政府群发消息的高频词，诸如"中国""国家""人员""建设""落实""企业""发展""作用""加强"等主题词，也高频出现在景区的群发消息中。

图 43   公司运维的景区（左）、地方政府（右）

第三，大众活动向线上迁移，景区乱象的牵连者呈现佛教寺院向景区所属地方政府迁移的趋势。

3. 大众传媒屡次误判 涉佛教商业化治理的待治理主体及本质问题

图 44   备受争议景区所影响的寺院（左）、公司运维的景区（右）

图 45   被景区围绕的寺院（左）、公司运维的景区（右）

由群发消息高频词词云对比可见，被景区牵连、被大众媒体高频报道的寺院（少林寺）与挂名景区有显著差异。寺院运营微信公众号群发消息高频词与中国汉传佛教八大宗派祖庭寺院高频词是高度叠合的。高

图 46　全国宗教工作（左）、被景区围绕的寺院（右）

频出现的佛教教法及修学、佛教中国化、佛教与社会主义社会相适应等主题词，包括中国、文化、佛教、菩萨、佛法、禅、修行、道、慈悲、智慧、道、功德、修行、戒等。由此可见，因被景区牵连而在大众媒体上备受争议的寺院仍坚守祖庭本色，大众媒体对此类寺院的报道存在误判，对大众有误导。

另一被景区牵连的佛教寺院（法门寺）与挂名景区在群发消息高频词上也存在显著差异，也未呈现出"景区化"趋势。将其群发消息高频词与微言宗教的宗教工作类高频词对比发现，二者高频词重叠较多；这体现出佛教寺院对国家宗教工作精神的落地。与此同时，将此寺院高频词与中国汉传佛教八大宗派祖庭寺院群发消息高频词对比发现，此寺院高频关键词确实鲜少出现佛教健康传承、教法修学等佛教核心词，诸如修行、众生、心、智慧、戒、禅、道、出家、法门、开示、清净、佛陀、慈悲等，这类关键词在此寺院群发消息中出现频率明显低于此寺院群发消息高频词，为高频词词频的 10% 左右；念佛、布施、烦恼、用功、办道、无明、因果等核心修学关键词的频次更低。

（五）对策建议

研究发现主要是基于爬取的线上数据，后续研究还将进一步与线下调研相融合、补充，以完善研究结果。目前的研究结果可作为线下调研及精准治理的新数据源，对跨学科方法进行补充，针对上述研究发现本书提出六点对策建议。

第一，亟须清晰区分"公司运维却挂寺名的景区"和"佛教活动场所"。互联网场域中国汉传佛教八大宗派祖庭寺院与佛教四大名山的佛教协会及寺院坚守佛教本位，落地全国宗教工作的核心精神；而公司运维却挂寺名的景区几乎完全不涉及佛教文化核心词。在宗教渗透和破坏性膜拜团体相关问题亟须治理的当下，若不注重景区与宗教活动场所的区分，以及相关宗教常识普及，乱象治理的成本会极大增加，因而景区与宗教活动场所的常识性区分亟须纳入宗教常识普及工作。

第二，谨防牵连主体由"线下佛教寺院"转为"线上地方政府"的可能性趋势变迁。公司运维却挂寺名的景区高频词词云与景区所属地方政府高频词词云呈现局部相似性，可见宗教商业化治理不仅关涉佛教寺院被景区乱象牵连的情况，还关乎地方政府被景区乱象牵连而涉地方政府治理问题。为预防上述风险，应进一步加大对此类景区乱象的精准化治理及治理力度。

第三，深度解耦佛教寺院、地方政府与景区的被动关联。在宗教商业化治理过程中，一些景区从名称着手，如采取了不含"寺"字等举措，比如"法门文化景区""嵩山少林景区"等。但对于正规佛教活动场所而言，法门寺的"法门"、少林寺的"少林"才是其寺名核心，景区名称仅去"寺"字还远未达到解耦功效。类似情形同样适用于地方政府与景区的耦合解除过程。

第四，在注意力稀缺的新媒体时代，需及时纠正大众媒体对景区与祖庭等不同主体的混淆与误判，消弭其对大众的误导。在大众媒体和旅游学领域备受争议景区牵连的祖庭寺院，并未出现景区化、商业化趋势。被景区围住的祖庭寺院中偶有群发消息高频词的佛教健康传承、佛教核心修学词频次较低的情况。针对此情况，佛教内部可加强教风建设，对此类问题进行精准化干预。

第五，多维度提升大众媒体及公众的涉佛教数字素养及媒介素养。一是，政、教、学三支队伍需及时纠正大众媒体中弥漫的误导性内容，含糊、持续、重复地报道个案，而鲜有报道佛教公共样板，致使大众媒体中涉宗教内容精准研判长期缺位。二是，结合社交媒体平台传播特性，针对频繁触发公众好奇心且易引发公众误解的话题，亟须普及宗教常识，这也是涉宗教商业化问题的根源性治理路径之一。三是，吸纳数据驱动范式和人工智能多元方法，提升公众对涉佛教舆情的主体真实性甄别力等数字素养。

第六，夯实中国宗教学交叉研究的学科框架（参阅图47），加快推进政、教、学三支队伍建设，助力中国宗教现代化转型，提高互联网宗教事务管理涉事主体真实性甄别的精准性，提升宗教治理能力现代化水平。

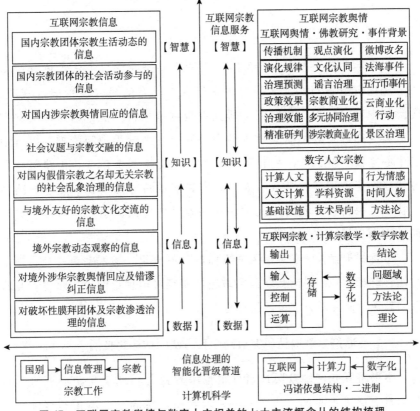

图 47 互联网宗教舆情与数字人文相关的七大主流概念丛的结构梳理

第五章　中国数字人文宗教交叉研究的
跨学科对话

　　宗教学在数字人文方向实践的难题之一是跨学科方法论的介绍多以方法论自身逻辑为先，对宗教学研究者已有的研究逻辑缺乏观照。为降低中国宗教学在数字人文研究中吸纳跨学科方法论的难度，本书尝试以更趋近宗教学研究思维的宗教社会心理学为中间阶梯，以行动者中心建模为例，从结构化吸纳和流程化提炼两个角度，构建跨学科方法应用于中国宗教学数字人文研究领域的特异性步骤。此可行路径的初步成果将助力更多多元方法在宗教学的应用向愈广、愈深、愈全面的方向拓展。

　　本章基于宗教学在数字人文方向的已有成果，融汇宗教社会心理学的四种解释水平，讨论互联网宗教舆情研究吸纳理论的通用步骤、互联网宗教舆情研究对方法论的流程化提炼。

一　互联网宗教舆情研究对跨学科方法的结构化吸纳

　　本书将互联网佛教舆情事件根据宗教社会心理学互动水平的差异分为具有递进水平的三大类——人际互动水平的观点演化类事件、群内互动水平的文化认同类事件、群际互动水平的谣言传播类事件等。这三大类事件在建构行动者中心建模设计过程中，既摸索出了基础的、通用的推进步骤和一般性程序与算法推演，又针对每一类事件的特殊性，进行了具体的、差异性的定性理论分析与程序算法上的细部调试。这些差异性的调试与优化，是本书努力探索的重点之一，以下总结宗教学交叉研究对跨学科方法论（以计算社会学的行动者中心建模方法为例）和跨学科理论框架（以社会心理学的四种解释水平为例）的结构化吸纳。

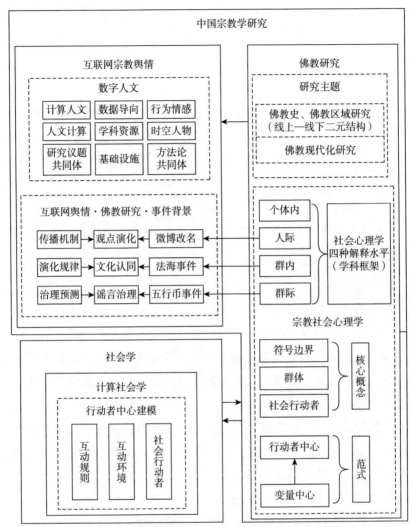

图48　互联网宗教舆情研究与计算社会学的联结尝试

（一）理论框架应用的必要性与可行性再回顾

本书以宗教社会心理学核心概念"社会行动者"为出发点，基于宗教研究由变量中心到行动者中心的范式变迁，借鉴计算社会学的行动者中心建模方法与社会心理学的四种解释水平，用以进行互联网宗教舆情场域中的相关研究。在必要性上，本书的实证情境，即互联网宗教舆情场域具有"缺乏中央协调的非线性复杂系统"的属性，需要以传统定性与定量研究范式之外的新研究思路和技术来把握；在可行性上，行动者中心建模方法恰恰可以通过行动者中心的视角、面向对象的视角，与上述宗教社会心理学支持的互联网宗教舆情研究需求进行联结。

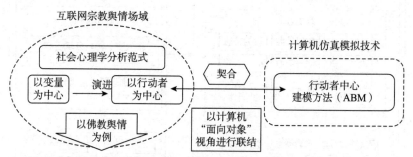

图49　宗教社会心理学进路的互联网宗教舆情研究与ABM的联结尝试

1. 必要性："线上—线下"二元结构出现令研究问题复杂程度增大

随着互联网技术的飞速发展，"线上—线下"二元结构已然出现。该结构在将线下的空间和关系延展到线上的同时，也凸显出一些不同于线下的特征，如更深化的不确定性、虚拟身份与现实身份的糅合、社会行动者的线上和线下多重群体资格不同权重的叠加，[①]以及在不同的结构中群体资格权重随情境而发展出的动态变化等。社交媒体并非单纯是传统社会传播链条的延伸和补充，而是以截然不同的运作逻辑框定着大众当今的行动空间。社交媒体左右着大众注意力的分配、钳制着日常生活的走向。[②]在复杂的互动情境下，传统宗教学研究方法对宗教现象及其中社会行动者的行动规律和行动预测的把握日趋困难。

2. 交叉研究图景更迭：从全景视角获取全面图景

传统研究受限于信息收集和处理技术的发展，宗教学相关研究需在现有历史信息与资料基础上，形成理论框架并借助归纳、演绎和抽样统计等方式推演全局、把握未知。数据挖掘和计算机模拟仿真技术等相关领域的迅猛发展，一些趋近全景呈现的技术力量正在冲击假设与推演的研究思路。传统宗教学研究领域正引入此类技术力量并逐步发展为成熟的研

---

① 方文：《群体符号边界如何形成？——以北京基督新教群体为例》，《社会学研究》2005年第1期。

② 向宁：《新媒体使用中的"心理诉求错位解决"现象及其解释机制》，《兰州文理学院学报》（社会科学版）2017年第3期。

究手段，这将是宗教学领域新学科建设的必然过程。交叉学科的发展正逐步扫除一些传统的思维盲点并努力趋近对人与事外象的全景呈现。*Nature* 2015 年 9 月封面——多学科的人以多元超人的形象一起合作，即是跨学科合作趋势的表征之一。2020 年 11 月，国家自然科学基金委员会成立交叉科学部，是中国学术界对交叉研究重视及有效推进的代表性事件之一。

本书尝试在交叉学科联结的进程之中，遵循"行动者为中心"共同研究思路，将中国佛教研究领域的互联网宗教舆情研究、宗教社会心理学、社会心理学四种解释水平、计算社会学的行动者中心建模进行结构性对话，并在具体实践情境中进行小范围调试和应用，共同推进宗教交叉研究的学科体系建设。

3. 可行性：跨学科方法和理论吸纳的联结通道是把握跨学科的共同思路

单纯提取变量并假设变量间关系难以推进对非线性、混沌复杂的人类互动的认识。实际上，宗教社会心理学自身在研究范式上也正经历从以变量为中心过渡到以行动者为中心的思路，有待更有力的实现工具推进其从语言描述层面向显性展现层面转化。

宗教学领域，"社会行动者"及"群体"概念可与计算社会学行动者中心建模方法中的"行动者"概念对应，进而在一定程度上对应互动情境中的个人与群体，并经由互动环境和互动规则等的预置，模拟出各类模式及联合模式，甚至对群体资格理论所揭示的规律进行一定程度的反映。社会心理学理论资源丰富，为宗教社会心理学进路及行动者中心建模方法交叉研究的合理性提供了很好的支持。

宗教社会心理学的社会行动者、群体资格等核心构念阐述可为行动者中心建模的"行动者"铺垫学理基础；社会分类、社会范畴等理论积淀可为建模过程中的互动环境设计提供指导。在以变量为中心的研究范式下，田野调查、深度访谈、抽样统计等信息收集方法，可极大丰富计算机仿真模型的初始变量设置，极大提高模型的稳健性，扩展模型的适用范围，并可进一步提炼和完善理论等。

计算社会学的行动者中心建模方法契合涂尔干提出的"非还原论"原则。在社会学领域，易出现跨越分析层次的研究误区，比如个体层次的研究结果被直接汇总为群体层次的表现形态，抑或是群体层次的研究结果被直接还原为个体层次的表现形态。行动者中心建模方法是贯彻涂尔干等提出的"非还原论"原则的方法。不同于归纳、演绎、统计方法,行动者中心建模的根本思路可以比较有效地模拟出在给定观点交互互动规则的情况下从微观个体观点衍生出宏观舆情的演化过程。

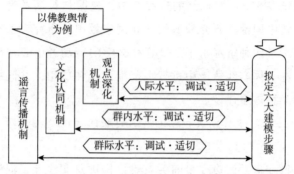

图50 互联网宗教舆情的研究案例选取与跨学科理论框架的对话

基于行动者中心建模方法的互联网宗教舆情研究和基于传统统计学的宗教学量化研究存在较大差异。如上文所述,传统统计学方法往往是以变量为中心的研究思路,理论对话与定性分析有助于抽象出整个互动情境中的变量,建构假设并通过抽样、田野调查等方式收集信息数据来验证假设。行动者中心建模方法遵循的则是截然不同的研究思路,不是以变量为中心,而是单纯设置行动者,并将行动者的相关特征收集并赋值,进而让模型运行,静观进展与结果。当然,在分析社会行动者的解释水平(如人际、群内、群际)维度上,可吸纳特定解释水平的理论与定性分析成果,理论支持与定性分析可共同完善互动环境和互动规则运行逻辑与约束条件的设置。

(二)人际互动水平的观点演化机制研究

1. 差异性理论对话与定性分析

第三章的"法门寺文化景区微博改名事件"案例的情境基本上是大规模网友自发在网络上针对一个事件进行抗议、拥护、中立的观点表达,缺乏社会心理学意义上"群体身份"的激活过程,因此被界定为人际互动水平的一类事件。从个体观点的演化和决策角度来看,鉴于互联网意见表达的便利和隐匿性,本案例的行动者有一个"观点即行动"的直观属性，即网友表达个人观点时受到的外部压力和约束条件比较少。这一特点与行动者中心建模"动态最小化"原则的应用是比较适切的，这一原则要求在建构模型时，尽量少地附加辅助性变量、尽可能用最简约的信息还原最真实的情境。该案例以"观点表达和变化的周期规律"为研究基础，为仿真模型增加了d_t（自然衰减率）这一变量，并为变量进行了取值区间（0.010，0.199）以及初始取值0.016的设置，作用是通过d_t这一变量的不同取值，来观察仿真结果是否符合事态的总体发展过程，并由此确定两个观点演化机制的优劣取舍。

此外，"法门寺文化景区微博改名事件"的研究，还曾通过深度访谈追踪过部分参与观点表达及观点前后有变化的网友，探索了新浪微博官方裁决机制与网友之间的互动规律，也模拟了不同机制驱动下网友观点的动态演化过程，并在此基础上形成了观点演化机制的取舍，具体处理方式见下文"差异性程序设计与实现"。

2. 差异性程序设计与实现

该案例的互动规则基于深度访谈，在行动者中心建模时设计了两种不同互动规则的仿真机制，一是基于认为舆情观点演化取决于对峙点增长率差值（即抗议者、中立者、拥护者人数增长率的不同）的论断，设计了仿真机制一；二是基于认为舆情观点演化机制取决于对峙观点人数占比（即抗议者、中立者、拥护者人数的占比）的论断设计了仿真机制二，意在通过比较两种不同机制下仿真结果与现实的契合度来分析模型与现实的拟合度，进而探究互联网宗教舆情观点演化的内在机制及传播规律。两种机制下，$t+1$时刻抗议者 j、拥护者 k、中立者 n 的状态转移方式的算法表达分别如下（此处仅用核心算法权做示意）。

机制一：舆情观点演化机制取决于对峙观点增长率差值。在此机制下，抗议者、拥护者、中立者下一刻状态（观点演化转换率），是由其他网友两个状态（增长率差值和观点演化方向）决定的，状态转移方程式如（1）~（3）所示。

$$R_j(t+1) = T_i(t) * d_t + T_i(t) * (1 - (1 - d_t) *$$
$$(1 - \lambda_0) / (1 + e^{T_i(t)})) \tag{1}$$
$$G_k(t+1) = T_i(t) * d_t + T_i(t) * (1 - (1 - d_t) *$$

$$(1 - \lambda_0) / (1 + e^{T_i(t)}) \qquad (2)$$

$$W_n (t+1) = T_i (t) * \lambda_0 / (1 + e^{T_i(t)}) \qquad (3)$$

机制二：舆情观点演化机制取决于对峙观点人数占比。在此机制下，抗议者、拥护者、中立者下一刻状态（观点演化转换率），是由其他网友状态（对峙阵营的观点比例，决定了倒戈的比率）决定的，状态转移方程式如（4）～（6）所示。

$$R_j (t+1) = 1 - (1 - d_t) * (1 - \lambda_1 * T_i (t)) \qquad (4)$$

$$G_k (t+1) = 1 - (1 - d_t) * (1 - \lambda_2 * T_i (t)) \qquad (5)$$

$$W_n (t+1) = \lambda_1 * T_i (t) + \lambda_2 * T_i (t) \qquad (6)$$

通过比较分析两种演化机制下的仿真结果，发现对峙观点增长率差值对佛教互联网舆情观点演化而言是个不稳定的解释变量，仿真结果与现实有较大出入；而对峙观点人数占比作为佛教互联网舆情观点演化机制呈现较稳定、与现实有较好拟合度的效果。

表 26　观点演化机制的程序设计与算法调试

变量名	含义	取值区间	初始取值
d_t	自然衰减率	(0.010，0.199)	0.016
λ_0	差值影响力	(0，1)	0.03
λ_1	比例影响力	(0，1)	0.01
λ_2	比例影响力	(0，1)	0.05

经过适切性调试与模型优化，最终选择对峙观点人数占比作为确定的观点演化机制的解释机制，一是探索出此观点演化舆情事件的传播规律，为此类舆情事件的预警和预测提供舆情传播规律支撑；二是可为后续同类型的人际互动水平的互联网宗教舆情提供适用模型。

（三）群内互动水平的线上文化认同机制研究

1. 差异性理论对话与定性分析

在第三章的研究案例"法海事件"中，法海禅师到底是文化娱乐形象还是宗教祖师，这一认知差别以及是否可以被随意戏谑是事件爆发的关键。基于"文化身份认同""群体资格动态变化"等相关理论论述，此模型的社会行动者首先被划分为网民（潜在戏谑者）和抗议者两大类。两类行动者背后有着共享的文化认同资源，在同样的群体资格作用下，因社会行动者内化的文化符码内涵差异情境激活权重差异，他们采取了不同的行动策略。由此，本书根据行动者中心建模的便捷性，将该案例作为互联网佛教舆情群内互动水平的典型案例进行分析。

2. 差异性程序设计与实现

以潜在戏谑者这类社会行动者的一类互动规则（戏谑行为决策）为例，爬梳其核心变量的操作化定义及数字公式的实现，进而分析互联网宗教舆情在群内解释水平的行动者中心建模的差异化程序设计与算法调试。

戏谑行为决策的互动规则，其规则内核为：

如果 Benefit-NetRisk > Threshold，参与戏谑；否则，沉默。

其中 Benefit 为舆论收益，NetRisk 为舆论净风险，Benefit-NetRisk 的差值如果大于非负临界值 Threshold ，那么潜在的戏谑者就开始参与戏谑；否则，他将继续沉默。如果戏谑者正在参与戏谑，差值大于 Threshold 时，那么戏谑者将继续其戏谑行为；否则，他将变为沉默。

这个互动规则涉及舆论收益和舆论净风险的操作化定义。

定义1：舆论收益

舆论收益，指戏谑者出于名利等目的期望获得的大众关注度，这里是戏谑者对舆论收益的心理预期。其公式如下：

$$totalBenefit = trickMotive * （1 - TruthBenefit）$$

其中 totalBenefit 为舆论收益，trickMotive 为戏谑动机强度，TruthBenefit 为如实创作制度保障。

定义2：舆论净风险

舆论净风险指戏谑者对舆论压力的风险判断。其公式如下：

$$NetRisk = riskAversion * Pressure$$

riskAversion 为风险规避度，指戏谑者对风险的回避程度。riskAversion 越低，戏谑者越敢于承担风险。风险规避度是因人而异的，假设戏谑者的风险规避度是在（0，1）之间随机取值，并且戏谑者的风险规避度在仿真过程中是固定不变的。

Pressure 为舆论压力，指抗议者对戏谑者形成的舆论层面的压力。其公式如下：

$$Pressure = 1 - e^{-k*(P/A)v}$$

　　戏谑者会根据舆论压力的大小决策是否参与戏谑。（P/A）指抗议者与活跃的戏谑者的人数比率。舆论压力和抗议者与戏谑者的比率呈正相关。v（vision）指潜在戏谑者的可视范围，在仿真软件中指戏谑者四周的空间区域，在现实生活中指戏谑者能观察到的互联网场域的范围。（P/A）v 指在戏谑者可视范围内的抗议者与戏谑者的人数比率。所有潜在戏谑者的可视范围是一样的。在多数行动者中心模型中，可视范围是有限的，信息是局部的。k 是常量，其中 A 至少等于 1，因为戏谑者在计算戏谑人数时至少包含了自己。

表 27　戏谑宗教行为的程序设计与算法调试

变量名	含义	取值区间	初始取值
trickMotive	戏谑动机强度	(0，1)	行动者之间是异质的，遵从正态分布
TruthBenefit	如实创作制度保障	(0，1)	0.47
k	常量	(0，1)	2.3
Threshold	临界值	(0，1)	0.1
Q_max	失语时长最大值	(0，N)	30
vision	潜在戏谑者的网络监测/可视范围	(0，20)	7（当取值为 20 时，就获得了全局视野）
cVision	抗议者的网络监测/可视范围	(0，20)	7（当取值为 20 时，就获得了全局视野）
initial-protester-density	抗议者的人数百分比	(0，1)	5.02%
initial-agent-density	潜在戏谑者的人数百分比	(0，1)	67%
Color	潜在戏谑者的状态标识	红色：戏谑 绿色：不戏谑 黑色：不能发声 橙色：戏谑的舆论收益感知高却不进行戏谑	行动者之间是异质的，遵从正态分布
Shape	人群的分类	圆形：潜在戏谑者 三角形：抗议者	

（四）群际互动水平的互联网谣言传播机制研究

1. 差异性理论对话与定性分析

第二章通过深入分析涉宗教谣言类事件的爆发与传播情境，将行动者这一静态因素定义为四类人群：网友、谣言（传谣者）、辟谣平台（辟谣平台内容发布的运维者）、意见领袖（有高影响权重的行动者）。本书将互联网场域中涉宗教谣言的传播过程界定为上述四类人群之间的互动，因而与宗教社会心理学的"群际"互动水平是适切的，也与佛教现代化研究中谣言治理及互联网舆情的治理预测研究密切相关。

该案例建模借助"意见领袖"的相关理论论述，将网民作为谣言传播的参与主体，定义交互规则，并分别在"意见领袖"是否存在的两种情况下进行模拟仿真，尝试与意见领袖理论形成对话，并依据相关结果提出谣言监测与治理建议。

该案例建模也借助社会心理学"刻板印象"（社会成见、污名化等）等相关理论论述，设置了网民群体和传谣者、辟谣平台、意见领袖三个群体进行交互模拟时的一个"交互阈值 a = 0.34"。它的意义是假设网友的态度是否已经对佛教形象形成思维定式。如果网民个体的初始态度值和上述三个群体的相关值的差值小于 a 时，说明相互间的观点差异较小，不存在所谓刻板印象等，此时有互相影响的可能性；否则说明主体间观点落差较大，交互效应难以发生。具体算法调试见下文。

2. 差异性程序设计与实现

涉佛教谣言研究在群际水平互动的四类群体分别是：网友、谣言（传谣者）、辟谣平台（辟谣平台内容发布的运维者）、意见领袖（有高影响权重的行动者）。其中，四类群体共享的两个属性是态度和可信度，从众度是网民的特有属性，而权威度是意见领袖和辟谣平台特有的属性。

涉佛教谣言治理预测的建模研究同样遵循行动者中心建模的六大步骤，即分析社会行动者、声明互动规则、对社会行动者属性进行操作化、实现互动规则的逻辑与运算、设置互动环境参数、对仿真结果进行分析。综合上述四类群体的行动者属性及互动规则，涉佛教谣言传播的综合仿真初始赋值如表 28 所示。

表 28　谣言传播的程序设计与算法调试

参数 主体	态度	可信度	从众度	权威度	初始立场 分布
网民	A_i（t）随其立场随机取值（接受者为 [0, 0.33] 之间随机数，中立者为 [0.33, 0.67] 之间随机数，反对者为 [0.67, 1] 之间随机数）	T_i（t）= (0, 1) 之间随机数	C_i = (0, 1) 之间随机数		（接受，中立，反对）= (100, 500, 400)
谣言	$A_1 = 0.3$	$T_1 = 0.7$			
意见领袖	A_2 待定	T_2 待定		Q_2 待定	
辟谣平台	$A_3 = 0.7$	$T_3 = 0.7$		$Q_3 = 0.7$	

　　涉佛教谣言传播的行动者中心建模可呈现宏观层面上多次互动后人群观点的分布状况。用行动者中心理论建模，尝试模拟出在给定观点交互规则的情况下从不同群体的微观个体的观点交互过程中衍生出宏观宗教舆情的发展过程。

　　上文所述刻板印象相关理论指导下设置的"交互阈值"，赋值为 a = 0.34，具体算法如下（示意）。

　　（1）若 $|A_i(t) - A_j| < a$ 且 $T_j > T_i(t)$（说明 j 能影响 i 的态度，这里 j 为 1、2 或 3，分别表示交互对象为谣言、意见领袖或辟谣平台），则 t +1 时刻 i 的状态为：

$$A_i(t + 1) = A_i(t) + [A_j - A_i(t)] \cdot g_{ji}(t) , T_i(t + 1)$$
$$= T_i(t) + [T_j - T_i(t)] \cdot g_{ji}(t).$$

　　其中 $g_{ji}(t)$ 表示 j 影响 i 的程度。

　　这里 $g_{ji}(t)$ 的设置原则，我们取 $g_{1i}(t) = C_i \cdot T_1 / [1 + T_i(t)]$，表示谣言对网民的影响与网民从众度及谣言煽动性成正比，网民的可信度越高则受影响程度越小。取 $g_{2i}(t) = C_i \cdot T_2 \cdot Q_2 / [1 + T_i(t)]$，表示意见领袖对网民的影响与网民从众度、意见领袖可信度、意见领袖权威度成正比，网民的可信度越高则受影响程度越小。取 $g_{3i}(t) = C_i \cdot T_3 \cdot Q_3 / [1 + T_i(t)]$，表示辟谣信息对网民的影响与网民从众度、辟谣力度、辟谣平台权威度成正比，网民的可信度越高则受影响程度越小。

　　（2）若 $|A_i(t) - A_j| \geq a$ 或 $T_j \leq T_i(t)$，则 t + 1 时刻 i 的状态为：

$$A_i(t + 1) = A_i(t)$$
$$T_i(t + 1) = T_i(t)$$

通过对比和总结三个互联网宗教舆情研究案例的"理论对话与定性分析""程序设计与实现"可知,"理论对话与定性分析"通常是针对具体研究案例的佛教研究的学科关切点和互联网舆情的研究主题,吸纳跨学科理论和研究思路,并落地于行动者中心建模的社会行动者的分类及属性值的结构化构建、互动规则及核心概念的内涵阐释、属性的赋值等环节。"程序设计与实现"主要体现在互动规则和相关核心概念的操作化定义、数字公式及程序代码实现。这部分对话贯穿了佛教现代化、文化认同及谣言治理等宗教学研究主题和"人际""群内""群际"三类解释水平的互联网宗教舆情研究案例。

二　互联网宗教舆情研究对方法论的流程化提炼

宗教学的量化实证研究主导范式是基于调研所得的问卷数据,通过统计模型结果进行分析。主导范式的跨学科方法论的应用主要分为两类。一类是对方法自身的介绍,侧重方法论概念内涵及外延的梳理;另一类侧重此方法在具体案例中的应用,比较典型的研究如基于 CFPS 2012 年调查数据对当代中国宗教状况报告的研究,[1] 以及基于长三角宗教信仰调查数据,对宗教归属与政府信任度的分析。[2]

主导范式存在三类问题。一是引入的跨学科方法常见于社会学统计方法,鲜有侧重计算科学、经济学、数学等跨学科方法论的引入;二是随着计算社会学、计算语言学、计算经济学等新学科与计算科学的进一步融入,宗教学需要找寻到充分吸纳多学科的计算本质、计算思维、计算力和多元计算方法的切入点;三是宗教学领域对跨学科方法论的介绍和具体案例的应用,对人文学科研究者而言切入难度大、存在思维逻辑差异。此三类问题中,第三类问题的解决是第一、二类问题的基础。互联网宗教舆情研究对交叉学科方法论的吸纳可将跨学科方法进行领域适

---

① 北京大学宗教文化研究院课题组,卢云峰执笔《当代中国宗教状况报告——基于 CFPS (2012) 调查数据》,《世界宗教文化》2014 年第 1 期。

② 黄海波:《信任视域下的宗教:兼论基督教中国化——基于长三角宗教信仰调查数据的分析》,《世界宗教研究》2017 年第 3 期。

切的步骤化调试，助力涉宗教互联网宗教舆情研究的流程化推进，进而推进数字人文宗教学学科发展。

本节以互联网宗教舆情研究对计算社会学的行动者中心建模方法的吸纳为例，基于宗教社会心理学的核心构念与学科框架，借鉴计算社会学对建模方法总结的八大步骤①和行动者中心建模在社会心理学理论建构研究的九大步骤②，以社会学研究步骤和思维范式为中间阶梯，对宗教学领域引入行动者中心建模方法做了领域适切性调试。流程化梳理了宗教社会心理学取向的互联网宗教舆情研究吸纳行动者中心建模的六个步骤，提炼行动者中心建模方法的通用步骤，并对核心步骤给出编程代码；通过编程举例辅助理解，努力缩小宗教学领域思维范式与跨学科方法的间隔。

（一）借鉴社会学研究的流程及步骤助力宗教学吸纳行动者中心建模

行动者中心建模的"行动者—互动环境—互动规则"与社会学研究的"抽象定义—操作化—检验假设"存在关联与差异。行动者中心建模方法与社会学传统量化实证研究思路存在较大差异，但行动者中心建模方法的变量、指标的操作化及互动规则的实现等核心环节与社会学的抽象研究层次到经验研究层次的落地过程有相通之处，所以宗教学在吸纳行动者中心建模方法时可借鉴社会学研究传统量化实证研究的流程及步骤。

传统社会学统计方法往往是以变量为中心的研究思路，理论对话与定性分析有助于抽象出社会互动情境中的变量、指标等，建构假设并通过抽样调查等方式收集数据来验证假设。社会学传统量化实证研究尤其是社会统计学研究思路通常遵循的推进步骤如图51所示。

计算社会学的行动者中心建模方法，以社会行动者为核心构念，在局部互动清晰的情境中，分析宗教行动者，并声明互动规则。借鉴社会学传统量化实证研究的概念化、变量和指标的操作化及假设检验等流程及步骤，对宗教行动者的属性进行操作化，以编程语言的逻辑运算实现

---

① Gilbert, G. N., & Troitzsch, K. G., *Simulation for the Social Scientist*, 1999, Maidenhead: Open University Press.

② Smith, E. R., & Conrey, F. R., "Agent-Based Modeling: A New Approach for Theory Building in Social Psychology," *Personality and Social Psychology Review*, 2007, 11 (1), pp. 87–104.

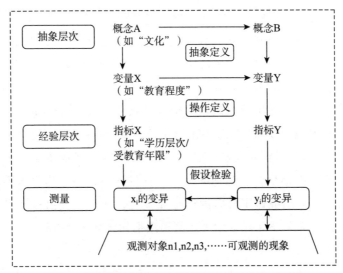

图 51 社会学传统量化实证研究的推进步骤及流程

互动规则，基于问卷、调研资料、统计数据或大数据等，对互动环境等属性值进行设置，最后运行模型，分析模拟仿真结果如图 52 所示。

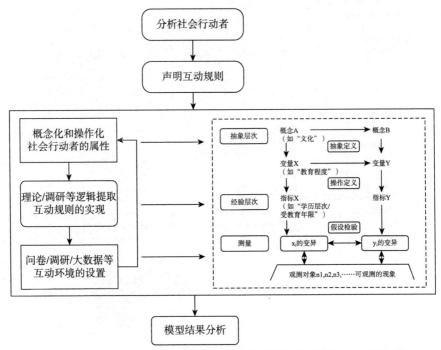

图 52 宗教学借鉴社会学传统量化实证研究步骤吸纳行动者中心建模方法

（二）宗教学研究吸纳行动者中心建模方法的六大步骤通用框架的提炼

　　宗教学领域跨学科量化实证研究两类主导范式——方法的介绍和研究案例的应用——对宗教学传统研究者而言都难以复制，需要步骤梳理，以降低同类方法探索者开展此类研究的技术门槛。

　　三类互联网佛教舆情案例对六个建模步骤的应用性调试，景区微博改名的模型聚焦于互联网宗教舆情发展态势机制分析，"法海事件"聚焦于互联网宗教舆情传播规律探究，而谣言传播分析侧重于对谣言治理效果的预测。借鉴社会学研究流程及步骤与行动者中心建模步骤对比与衔接的分析，本研究做了必要的调整和优化，并正式提出行动者中心建模方法应用于宗教学领域的六大步骤通用框架，如图53所示。

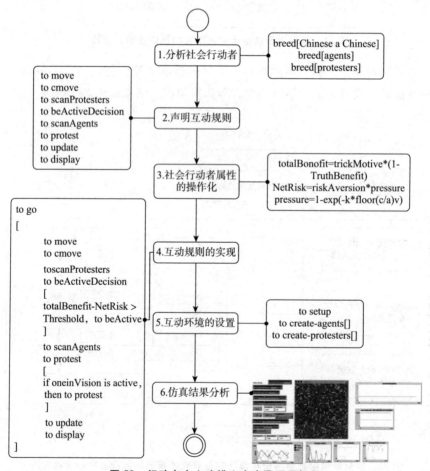

图53　行动者中心建模六大步骤通用框架

与第三章相比，本节六大步骤主要有三处改动：一是可行性分析被纳入行动者中心建模六大步骤的前行分析，因其判断准则清晰，将为作为方法适用的前置判断；二是提炼社会行动者与互动环境的静态变量及初步动态变量，更为声明互动规则，通常以 UML 的类图和活动图来呈现，因为此步类图还不完整，活动图等基本要素主要以互动规则的命名声明来呈现；三是互动规则的实现被拆分为社会行动者属性的操作化和互动规则的实现两个部分，这对于已有社会学统计方法学术训练的学者而言，降低了应用行动者中心建模方法的难度。

本节并未直接引入软件工程领域面向对象建模步骤，主要基于三方面考量：一是基于中国宗教学量化实证研究方法论的现有储备情况；二是基于宗教社会心理学理论范式由变量中心到行动者中心过渡的范式更迭现状；三是基于社会科学的计算机建模方法的常用建模软件，如 NetLogo 等。

本节吸纳第三章社会学两个经典研究案例的六大步骤，结合人际水平、群内水平、群际水平三个互联网佛教舆情案例研究步骤，借鉴社会学传统量化实证研究的推演步骤，结合社会学方法准则和宗教社会心理学理论，侧重阐释从分析宗教学问题到完成模型编码过程的可操作性、可复制性，这六个步骤依次确定为分析社会行动者、声明互动规则、社会行动者属性的操作化、互动规则的实现、互动环境的设置、仿真结果分析。

研究者在建模前需根据方法适用范围进行可行性分析，判断其是否适用于行动者中心建模方法，即当系统是非线性复杂系统、行动者的局部互动清晰可辨，但缺乏中央协调机制时，适用于行动者中心建模方法。

第一步，分析社会行动者。从对宗教学问题的文字描述与定性分析中，提炼出行动者、行动者属性和互动环境，为模型增加"静态变量"，并绘制类图。绘制类图时要确保分析设计中类的数量不会过多，并且其变量值的取值枚举数量不会过量。建模要简化，但不可让研究对象的静态变量和属性被过度简化；首先建立可实施的简单模型，再扩展至涵括更多特质和复杂度。

第二步，声明互动规则。对行动者之间的非线性互动进行建模，定义互动规则。该步骤是在行动者之间模拟非线性互动规则。规则的建立不但要基于数学公式的推演，更要基于扎实的理论对话与定性分析。跨学科领域中的诸多理论假说和理智资源，可为建模过程中的互动规则设置提供依据，具体匹配研究案例的内在运作逻辑。声明互动规则这一步的灵活度非常大，也比较容易体现研究亮点。

第三步，社会行动者属性的操作化。这步与社会学研究的概念操作化类似，即结合第二步基础性互动规则将社会行动者更为丰满地诠释，并用可测量的指标、赋值等方式进行操作化，使行动者能够以定量的形态参与到模式的运作中。

第四步，互动规则的实现。为增加模型动态变量，并绘制状态图与UML 时序图。这一步需要借助 UML 的时序图梳理出社会行动者互动的前后顺序，并落实在 NetLogo 平台 to go 函数的调用中。

第五步，互动环境的设置。这步主要是设置互动环境中的常量，构建整个模型共性的、共享的初始化状态和背景。这步从常量的设置到赋值，也都需要相当的理论对话与定性分析、调研数据与大数据来支撑。

第六步，仿真结果分析。首先是用户界面设计，使模型可视化，如定义全局变量并根据实现工具定义接口，诸如：下拉条、开关、按钮和变量的输入值区间。然后进行单元测试、调试并运行模型，并描述或解释结果。进行单元测试、调试并运行模型时，以 NetLogo 软件为例，首先根据类图对模型的行动者和属性变量进行命名和声明：使用 turtles 类对行动者（研究对象）进行建模，以 patch 类对互动环境进行建模。然后以 go 函数、setup 函数、自定义函数以及函数之间的消息传递和调用对行动者与互动环境以及行动者之间互动进行建模。单元测试可以保证开发的效率、准确性以及代码的可复用性。

随着研究的深入，行动者中心建模可能会返回到上一步重新修改类图、用例图、活动图等，这是一个迭代补充和优化的过程。理论资源不但是建模的基础，更会在相当程度上帮助简化建模，定性分析便于敏锐捕捉模型的关键变量，并有助于识别模型假设。需要注意的是，模型设计不是对/错的二分法，关键是设计能抽象出所研究的社会学问题。

（三）宗教学研究行动者中心建模六大步骤核心环节编程代码样例

表29列出行动者中心建模核心环节相应的编程语法结构和代码实例，以降低宗教学研究对行动者中心建模等跨学科方法吸纳的难度。

表 29　宗教学研究吸纳行动者中心建模方法的核心步骤的代码样例

行动者中心建模方法的适用性判断准则
（1）研究问题相对复杂，具有"缺乏中央协调的非线性复杂系统"的特征； （2）研究对象/社会行动者之间的互动方式是多层次和非线性的； （3）研究对象/社会行动者之间的局部互动规则是清晰的； （4）研究的目的：探索、解释、理论建构。

宗教学研究吸纳行动者中心建模方法的步骤和基本组成要素	NetLogo 平台语法及代码样例
【分析单位】 从研究问题表述文字中提炼名词，将其转为社会行动者，即研究的分析单位	社会行动者声明 （1）语法 breed［*classname objectname*］ *objectname* 是研究的分析单位——社会行动者，*classname* 是社会行动者所组成的群体或组织。 举例： breed［*supporters a-supporter*］ breed［*onlookers a-onlooker*］ breed［*protesters a-protester*］
【历时研究】 社会行动者之间的互动次数 说明：行动者中心建模方法适用的研究问题中，社会行动者之间互动过程要经历一段时间跨度，过程中互动的总次数需要记录下来。	记录社会行动者互动次数的变量 （1）语法1 　reset-ticks （2）语法2 　tick NetLogo 平台用 ticks 的数值，来记录社会行动者之间的互动次数。 其中，reset-ticks 是对 ticks 进行初始化，重置为0；tick 是对 ticks 进行增值计算，即完成一次互动，就使 ticks 加1。两个语法对所有模型都是通用的，可直接使用。
【概念化】 社会行动者属性 社会结构和制度 互动环境	声明社会行动者属性、社会结构和制度、互动环境 **1. 声明社会行动者属性** （1）语法 breed［*classname　objectname*］ *classname*-own［ 　*variablename*1 　*variablename*2 　……　　　　　　　］

续表

【概念化】 社会行动者属性 社会结构和制度 互动环境	语法中，*variablename*1，*variablename*2，*variablename*3 代表社会行动者所属群体和组织 *classname* 共享的属性，这些属性可用来描述这类社会行动者多维度的特征。 举例： breed［*Buddhists　Buddhist*］ *Buddhists-own*［ 　*beliefIdentityWeight* 　*cultureIdentityWeight* 　……］ 一名中国佛教徒，作为社会行动者，具备多重群体资格，比如佛教信众的成员资格、中华文化共同体的成员资格等。 **2. 声明社会结构和制度** 社会结构和社会制度对每个行动者而言是相同的，具体的取值要与社会调查和统计资料等相符。 （1）语法 声明全局变量 globals［ *globalvariablename*1 *globalvariablename*2 ］ 全局变量赋值 （1）语法 set *globalvariable　gvalue*1 举例： set *risk-aversion random-float* 1.0 举例： 戏谑宗教风险厌恶程度（*risk-aversion*）反映出网民此维度社会心态的截面。因缺少此变量的社会调研数据的支持，为这一变量赋值为 0 到 1 的随机变量。 **3. 声明互动环境** 应用场景：当一维变量即可足够表征互动环境的变化，采用语法1。当互动环境需要由多维变量来共同描述时，采用语法2。采用语法2时，需要根据问题为环境变量声明初始值。 （1）语法1 patches-own［*classname*］ （2）语法2 声明：patches-own［ *variablename*1 *variablename*2 *variablename*3 ……　　　］

社会行动者属性 社会结构和制度 互动环境	赋值：ask patches [set　*variablename*1　*value*1 set　*variablename*2　*value*2 set　*variablename*3　*value*3] 举例： "法海事件"文化认同模型设计中，为探索潜在戏谑者其戏谑宗教行为的策略及规律，以互动环境变量 *neighborhood* 定义为社会行动者可视范围 *vision* 内的邻居所在范围。 patches-own [*neighborhood*] ask patches [set　*neighborhood patches in-radius vision*]
【理论及假设】 　　互动规则建构 　　部分互动环境建构 说明：从抽象层次操作化为经验层次	互动规则 **1. 社会行动者间及其与环境间的互动规则声明** （1）语法 to *interactRule 1* [互动规则具体的实现方法] 举例： breed [*agents agent*] to *determine-behavior* [ ] 代码样例定义了宗教行动者——潜在的戏谑宗教者（*agents*），其中潜在戏谑者的行为决策（*determine-behavior*）是由戏谑者对参与戏谑的动机强度以及社会上如实创作的制度保障这两个因素共同决定的。 **2. 互动中行动者受其他社会行动者或社会结构和制度影响的属性的具体计算公式** （1）语法 v1 = f（v2，v3，v4，……） 其中，v2，v3，v4，……是自变量，v1 是因变量 举例： 潜在的戏谑宗教者，在决策是否进行戏谑时，分析其参与戏谑的舆论收益与舆论净风险的差值；如果大于非负临界值，那么潜在的戏谑者就开始参与戏谑，否则他将继续沉默。如果戏谑者正在参与戏谑，差值大于非负临界值时，那么戏谑者将继续其戏谑行为；否则，他将变为沉默。 具体的实现举例： breed [agents agent] to go 　ask turtles [　　……

【理论及假设】 　　互动规则建构 　　部分互动环境建构 说明：从抽象层次操作化为经验层次	if breed ＝ agents and jail－term ＝ 0 ［determine－be-havior］ …… 　］ …… 　tick end to determine－behavior 　set active? （benefit-risk-aversion ＊ pressure 〉threshold） end NetLogo 可调用的函数和正则表达式，可查询其用户手册的详细说明。
总体与抽样（信息收集） 观察（信息收集） 信息与资料处理	1. 社会行动者数量及稳定不变的内生性变量赋值 （1）语法 create-*classname agentTotalNumber* ［ 　　　　setvariablename1　value1 　　　　setvariablename2　value2 　　　　setvariablename3　value3 　　　　…… 　　］ 举例： breed ［*Buddhists　Buddhist* ］ *Buddhists*-own ［ *beliefIdentityWeight* *cultureIdentityWeight* *careerIdentityWeight* *humanIdentityWeight* 　　…… ］ create-*Buddhists 1000* ［ set *beliefIdentityWeight random-float* 1. 0 ＋ 0. 5 set *cultureIdentityWeight random-float* 1. 0 set *traditionalcareerIdentityWeight　random-float* 1. 0 set　*technologycareerIdentityWeight　random-float* 1. 0 set　*humanIdentityWeight　random-float* 1. 0 　　…… 　］ 研究模型中包含了 1000 多名佛教信众，根据对其不同身份认同权重的统计规律，对信众的五重群体资格的权重进行分别赋值。

续表

信息与资料处理		2. 社会结构赋值 3. 互动环境赋值 （1）语法 ask patches [set *variable*1 *value*1 set *variable*2 *value*2 set *variable*3 *value*3 ……] 举例： patches-own [*neighborhood*] ask patches [set *neighborhood patches in − radius vision*]
结果呈现与分析	行动者属性对宗教现象影响	可视化控件
	通过设置行动者属性的不同取值，探究社会行动者属性对宗教现象结果的影响。社会行动者属性有四种不同的取值方式： （1）二元取值 （2）连续取值 （3）离散取值 （4）具体数值	NetLogo 中四种可视化控件对应着属性值的四种取值方式： （1）开关 （2）滑动条 （3）选择框 （4）输入框
	社会现象	NetLogo 动态过程及结果
	研究探索社会行动者的不同分布状态下的宗教学现象 （1）互动过程中的社会行动者们的变化 （2）具体一个社会行动者的实时状态 （3）最后呈现的宗教学现象	NetLogo 中的仿真过程及结果 （1）NetLogo 软件的网格空间中所有社会行动者的总体视图 （2）指定行动者唯一标识，然后观察它的实时状态 （3）NetLogo 仿真的最后结果
	社会现象发生而社会行动者属性的变化	NetLogo 的监视器和绘图窗口
	社会互动发生过程，社会行动者属性有两种类型的变化： （1）行动者属性的实时状态 （2）行动者属性的历时变化	NetLogo 的两种可视化控件对应社会行动者属性的两种类型变化： （1）数据监视器 （2）绘图

| 研究基本要素顺序梳理 | 1. 声明社会行动者并初始化
1.1 声明社会行动者
breed［］
1.2 初始化
to setup［
reset - tick
］
2. 记录互动次数
to go［
tick
］
3. 声明并实现社会行动者的互动规则
to interactRule1［］
to interactRule2［］
……
3.1 操作化：社会行动者属性声明
breed［*classname*　*objectname*］
classname - own［
*variablename*1
　*variablename*2
　*variablename*3
　……
］
3.2 操作化：声明所有研究对象共享的变量——社会制度或结构
Globals
［globalvariablename1
globalvariablename2］
3.3 操作化：声明互动环境
patch［］
3.4 操作化：根据问题域选定配套的可视化控件
（1）开关
（2）滑动条
（3）选择框
（4）输入框
（5）数据监视器
（6）数据监视器
（7）绘图
4. 依据理论假设，将互动规则依顺序写入主函数 go 函数中
to go［
for objectname1（condition1）［
　to interactRule1［］ |

研究基本要素顺序梳理	] for objectname2（condition2）[　　to interactRule2 [ ]] ……] 5. 根据调研材料和统计数据等，对模型的社会行动者属性、社会结构和社会制度和互动环境等赋值 6. 运行仿真，并记录结果，进行分析

三　讨论与展望

本书原计划将宗教学与经济学计量分析范式、社会学计算机建模范式、计算机科学人工智能数据驱动范式进行跨学科对话，开启宗教学在数字人文方向探索的交叉研究，但受限于时间等诸多条件，在人工智能章节的实证研究部分仅分析了一个案例，在计量经济学章节偏于方法在宗教学领域的直接应用，还未与宗教学议题、理论、方法进行跨学科的深入对话。相比而言，本书在行动者中心建模方法的研究案例较丰富，因而本章以行动者中心建模为例，结构化吸纳跨学科方法，以社会心理学的四种解释水平为理论支撑，将佛教舆情领域的诸多事件萃取出三类解释水平案例进行建模，并在此过程中针对每一类案例特殊的实践情境进行了理论对话与定性分析，并用差异性的程序设计与算法调试实现了问题域的适配，总结提炼出通用的研究思路和操作原则，模拟和把握互联网宗教舆情的社会心理机制、演化规律、治理效果预测等。

在三大类互联网佛教舆情案例建模调试的基础上，本书借鉴了社会学变量中心的传统量化实证研究步骤和流程，以及行动者中心建模传统步骤，对行动者中心建模方法建模步骤进行了一定创新性的重构，全面总结行动者中心建模方法的通用框架。此通用框架主要致力于三个方面：一是将其拓展为互联网宗教（不限于佛教）舆情事件的分析和把握工具；二是行动者中心建模的介入和有效应用还可以对舆情事件的演变过程进行一定程度的预警，指导必要的现实干预和现实疏导，为政、教、学三支队伍提供视野上的拓展与处理思路上的参考；三是为开展同类宗教学研究的学者提供操作化的使用手册，为初步涉入行动者中心建模类跨学科方法研究的学者，提供相对清晰和实用的研究步骤参照。

在建模互动规则对理论的转化上，本书有待进一步深入。一方面与客观的技术限制有关，另一方面受限于研究者的理论素养和技术水平。此外，宗教学研究方法与行动者中心建模的推进思路不同，虽然本书在一定程度上进行了相互参照和借鉴，但在灵活程度和驾驭能力上仍亟待提高，所提出的通用性框架还有进一步优化和拓展的空间。

在跨宗教对话研究上，本书有待进一步拓展。本书侧重探索该研究领域的整体框架，鉴于佛教研究在成果数字化转化、学科结构化建构、互联网宗教舆情问题意识等维度的积累较深厚，故选择了中国佛教作为研究对象。日后，笔者再将研究拓展至与宗教实际工作对话更密切的跨宗教对话研究。

当前数字人文宗教和互联网佛教舆情研究的重要推动力是数字技术发展、研究范式更迭和互联网舆情事件的发生，故本书是从方法论、宗教社会心理学理论、互联网佛教舆情案例角度切入。本书以跨学科方法论的范式迭代、社会心理学的解释水平、互联网佛教舆情的研究议题、中国数字人文宗教研究发展脉络开启体系化和结构化研究。中国佛教研究和宗教学对数字人文的领域特异性解读的结构化研究有待进一步深入。

参考文献

一 中文文献

（一）期刊

《〈法音〉在国际互联网（Internet）上发布电子版》，《法音》1996 年第 5 期。

《〈网络综艺节目内容审核标准细则〉：不得恶搞、调侃、攻击宗教》，《法音》2020 年第 2 期。

《2019 年统战工作这样干》，《中国宗教》2019 年第 1 期。

《佛教、道教教职人员信息查询系统上线发布》，《法音》2023 年第 2 期。

《国家宗教事务局相关负责人就〈互联网宗教信息服务管理办法〉答记者问》，《中国宗教》2022 年第 1 期。

《国家宗教事务局公布〈互联网宗教信息服务管理办法〉》，《中国宗教》2021 年第 12 期。

《团结奋斗新征程 2023 年统战工作怎么干》，《中国宗教》2023 年第 1 期。

《学习贯彻〈互联网宗教信息服务管理办法〉依法加强互联网宗教事务管理》，《中国宗教》2022 年第 7 期。

《宗教学术动态》，《中国宗教》2016 年第 4 期。

北京大学宗教文化研究院课题组，卢云峰执笔《当代中国宗教状况报告——基于 CFPS（2012）调查数据》，《世界宗教文化》2014 年第 1 期。

本刊编辑部：《对佛教道教商业化问题必须出重拳治理》，《中国宗教》，2017 年第 11 期。

曹振明、方光华：《汉传佛教"祖庭"的渊源、内涵及文化意义——佛教中国化突出标识探析》，《世界宗教研究》2020 年第 2 期。

朝乐门、邢春晓、张勇：《数据科学研究的现状与趋势》，《计算机科学》

2018 年第 1 期。

陈浩、薛婷、乐国安：《工具理性、社会认同与群体愤怒——集体行动的社会心理学研究》，《心理科学进展》2012 年第 1 期。

陈华、乔博：《新时代提升互联网宗教事务治理法治化水平探析》，《中国宗教》2023 年第 11 期。

陈丽：《数字宗教学的研究域和研究方法探析——基于段德智先生〈宗教社会学〉的思考》，《宗教学研究》2023 年第 3 期。

陈戎女：《数字化时代的信仰》，《世界宗教文化》2000 年第 3 期。

陈伟涛：《简析互联网对佛教传播的影响》，《学理论》2012 年第 23 期。

陈钟：《从人工智能本质看未来的发展》，《探索与争鸣》2017 年第 10 期。

褚国锋：《我所主办的"数字宗教学与智库发展论坛"成功举行》，《宗教学研究》2020 年第 4 期。

传明：《金山江天禅寺》，《法音》1992 年第 4 期。

传印：《中国佛教协会六十年》，《佛学研究》2013 年第 1 期。

丛颖男、李务起：《数字时代宗教艺术科技化发展趋势研究》，《中国宗教》2022 年第 10 期。

董栋：《压实互联网平台主体责任把好互联网宗教事务管理"第一道关口"》，《中国宗教》2022 年第 1 期。

董栋：《关于新修订〈宗教事务条例〉部分条款的理论分析》，《世界宗教文化》2018 年第 1 期。

董栋：《做好涉宗教网络舆情工作》，《中国宗教》2017 年第 6 期。

董栋：《关于我国网络宗教事务管理问题的思考》，《世界宗教文化》2016 年第 5 期。

董琳：《数字化技术视域下互联网宗教信息的特征及管理——兼论〈互联网宗教信息服务管理办法〉的实施意义》，《世界宗教文化》2022 年第 6 期。

方广锠：《谈汉文佛教文献数字化总库建设》，《世界宗教研究》2016 年第 1 期。

方广锠：《古籍数字化视野中的〈大正藏〉与佛典整理》，《上海师范大学学报（哲学社会科学版）》2015 年第 4 期。

方广锠:《〈中国国家图书馆藏敦煌遗书总目录〉的编纂》,《敦煌研究》
    2013 年第 3 期。

方广锠:《略谈汉文大藏经的编藏理路及其演变》,《世界宗教研究》
    2012 年第 1 期。

方立天:《中国大陆佛教研究的回顾与展望》,《世界宗教研究》2001 年
    第 4 期。

方文:《转型心理学:以群体资格为中心》,《中国社会科学》2008 年第
    4 期。

方文:《群体资格:社会认同事件的新路径》,《中国农业大学学报》(社
    会科学版)2008 年第 1 期。

方文:《群体边界符号如何形成?——以北京基督新教群体为例》,《社
    会学研究》2005 年第 1 期。

方文等:《学科制度建设笔谈》,《中国社会科学》2002 年第 3 期。

费孝通:《中国城乡发展的道路——我一生的研究课题》,《中国社会科
    学》1993 年第 1 期。

付心仪、李岩、孙志军、杜鹃、王凤平、徐迎庆:《敦煌莫高窟烟熏壁画
    的数字化色彩复原研究》,《敦煌研究》2021 年第 1 期。

高奇琦:《智能革命与国家治理现代化初探》,《中国社会科学》2020 年
    第 7 期。

巩一璞、王小伟、王济民、王顺仁:《命名实体识别技术在"数字敦煌"
    中的应用研究》,《敦煌研究》2022 年第 2 期。

郭金龙、许鑫:《数字人文中的文本挖掘研究》,《大学图书馆学报》
    2012 年第 3 期。

郭凯明、杭静、颜色:《中国改革开放以来产业结构转型的影响因素》,
    《经济研究》2017 年第 3 期。

韩水法:《人工智能时代的人文主义》,《中国社会科学》2019 年第 6 期。

何光沪:《造物·风险·规限——从宗教角度看人工智能》,《探索与争
    鸣》2018 年第 4 期。

侯玉波、李昕琳:《中国网民网络暴力的动机与影响因素分析》,《北京
    大学学报》(哲学社会科学版)2017 年第 1 期。

胡家祥:《马斯洛需要层次论的多维解读》,《哲学研究》2015 年第 8 期。

黄旦:《媒介变革视野中的近代中国知识转型》,《中国社会科学》2019
年第 1 期。

黄海波:《散布与聚合:宗教信息在互联网上的结构性特征初探》,《世
界宗教文化》2023 年第 5 期。

黄海波、黑颖:《互联网宗教的"复兴神话"及其祛魅》,《世界宗教文
化》2022 年第 4 期。

黄海波:《信任视域下的宗教:兼论基督教中国化——基于长三角宗教信
仰调查数据的分析》,《世界宗教研究》2017 年第 3 期。

黄奎、王静、张小燕、向宁:《新时代宗教学热点问题回顾与展望》,
《世界宗教文化》2021 年第 6 期。

黄绿萍:《日本宗教团体的 O2O 模式探索——以金光教桃山教会为例》,
《世界宗教文化》2018 年第 1 期。

黄平:《互联网、宗教与国际关系——基于结构化理论的资源动员论观
点》,《世界经济与政治》2011 年第 9 期。

黄水清、刘浏、王东波:《计算人文的发展及展望》,《科技情报研究》
2021 年第 4 期。

胡绍皆:《新时代宗教媒体的机遇与挑战》,《中国宗教》2020 年第 7 期。

胡士颖:《道教数字人文平台建设刍议》,《中国道教》2019 年第 6 期。

胡泳、刘纯懿:《元宇宙作为媒介:传播的"复得"与"复失"》,《新
闻界》2022 年第 1 期。

韩彦超:《策略信任视角下的宗教与一般信任——基于 2012 中国综合社
会调查的实证研究》,《世界宗教文化》2017 年第 4 期。

贾志军:《以大数据思维构建基层宗教事务管理新格局》,《中国宗教》
2023 年第 7 期。

蒋谦、方文:《当代宗教与灵性心理学学科制度图景》,《世界宗教文化》
2022 年第 5 期。

姜胜洪:《网络谣言的形成、传导与舆情引导机制》,《重庆社会科学》
2012 年第 6 期。

姜子策:《道教界的"互联互通"转型中的道教互联网建设与新媒体发
展》,《中国道教》2016 年第 5 期。

金良、薄龙伟、宋利良、吴健、俞天秀:《莫高窟第 249 窟 VR(虚拟现

实）展示系统的设计与实现》，《敦煌研究》2021年第4期。

金勋：《互联网、人工智能与新宗教》，《世界宗教文化》2018年第1期。

金勋：《互联网时代世界宗教的新形态》，《中国宗教》2015年第4期。

景军：《艾滋病谣言的社会渊源：道德恐慌与信任危机》，《社会科学》2006年第8期。

柯平、宫平：《数字人文研究演化路径与热点领域分析》，《中国图书馆学报》2016年第6期。

刘爱利、涂琼华、刘敏、刘福承：《宗教型遗产地旅游商业化的演化过程及机制——以嵩山少林寺为例》，《地理研究》2015年第9期。

李峰：《宗教信仰影响生育意愿吗？基于CGSS2010年数据的分析》，《世界宗教研究》2017年第3期。

李峰：《科学主义、文化民族主义与民众对佛道耶之信任：以长三角数据为例》，《世界宗教研究》2015年第3期。

李光富：《学习贯彻〈办法〉扎实推进宗教工作法治化进程》，《中国宗教》2022年第7期。

李华伟：《大数据与互联网宗教信息的治理》，《世界宗教文化》2022年第4期。

李建欣：《新时代宗教学学科体系建设刍议》，《世界宗教文化》2020年第5期。

李凌：《互联网宗教信息传播形态、风险及其治理》，《世界宗教文化》2023年第1期。

李明杰、俞优优：《中文古籍数字化的主体构成及协作机制初探》，《图书与情报》2010年第1期。

李沁：《沉浸媒介：重新定义媒介概念的内涵和外延》，《国际新闻界》2017年第8期。

李然、林政、林海伦、王伟平、孟丹：《文本情绪分析综述》，《计算机研究与发展》2018年第1期。

李湘豫、梁留科：《佛教史料数字化的运用与展望》，《中国宗教》2011年第6期。

李艳霞：《何种信任与为何信任？——当代中国公众政治信任现状与来源的实证分析》，《公共管理学报》2011年第2期。

梁卫国：《信众的网络体验和权威的流变治理——国外和国内"互联网＋宗教"研究述要》，《世界宗教研究》2020 年第 3 期。

林璐、王丹彤：《宗教中国化的当代实践 武汉市黄陂区佛教协会的抗疫行动》，《中国宗教》2021 年第 2 期。

刘金光：《国际互联网与宗教渗透》，《中国宗教》2003 年第 8 期。

刘思琴、冯胥睿瑞：《基于 BERT 的文本情感分析》，《信息安全研究》2020 年第 3 期。

刘炜、叶鹰：《数字人文的技术体系与理论结构探讨》，《中国图书馆学报》2017 年第 5 期。

刘炜、谢蓉、张磊、张永娟：《面向人文研究的国家数据基础设施建设》，《中国图书馆学报》2016 年第 5 期。

刘畅：《"网人合一"：从 Web1.0 到 Web3.0 之路》，《河南社会科学》2008 年第 2 期。

刘国鹏：《国家社科基金重点课题资助项目〈梵蒂冈原传信部所藏中国天主教会档案文献编目（1622 年—1939 年）〉开题会综述》，《世界宗教研究》2015 年第 2 期。

卢云峰、吴越、张春泥：《中国到底有多少基督徒？——基于中国家庭追踪调查的估计》，《开放时代》2019 年第 1 期。

卢云峰、张春泥：《当代中国基督教现状管窥：基于 CGSS 和 CFPS 调查数据》，《世界宗教文化》2016 年第 1 期。

卢云峰：《从类型学到动态研究：兼论信仰的流动》，《社会》2013 年第 2 期。

罗华庆、杨雪梅、俞天秀：《流失海外敦煌文物数字化复原项目概述》，《敦煌研究》2022 年第 1 期。

罗玮等：《新计算社会学：大数据时代的社会学研究》，《社会学研究》2015 年第 3 期。

敏敬：《美国伊斯兰媒体的发展概况》，《世界宗教文化》2008 年第 1 期。

闵丽：《中国宗教管理法治化建设：理念、依据、条件》，《宗教学研究》2017 年第 6 期。

马戎：《中国社会的另一类"二元结构"》，《北京大学学报（哲学社会科学版）》2010 年第 3 期。

马文婧、向宁：《宗教与网络安全 第二届互联网＋宗教舆情论坛综述》，《中国宗教》2020年第10期。

马英林：《贯彻落实〈办法〉提升互联网宗教信息服务工作水平》，《中国宗教》2022年第7期。

孟天广、张小劲：《大数据驱动与政府治理能力提升——理论框架与模式创新》，《北京航空航天大学学报（社会科学版）》2018年第1期。

明贤：《佛教中国化的数字文献新成果 评〈禅宗六祖师集〉》，《中国宗教》2022年第10期。

明贤：《全国佛教活动场所"互联网＋"应用程度分析》，《中国宗教》2020年第12期。

明贤：《关于开发"互联网宗教舆情研判系统"的思考》，《中国宗教》2020年第4期。

明贤：《新时代佛教中国化：佛教网络舆情监测与公共美誉度维护探究》，《世界宗教文化》2018年第6期。

潘毅：《开创一种抗争的次文体：工厂里一位女工的尖叫、梦魇和叛离》，《社会学研究》1999年第5期。

庞娜娜：《数字人文视阈下的基督宗教研究：回溯、范式与挑战》，《世界宗教研究》2022年第5期。

裴振威：《2008—2019年国家社科基金宗教学立项课题分析报告》，《世界宗教文化》2019年第5期。

濮灵：《网络宗教事务法治化管理进程回顾》，《中国宗教》2019年第6期。

邱泽奇：《数字社会与计算社会学的演进》，《江苏社会科学》2022年第1期。

任羿：《政府信息可得性、治理能力与政治信任》，《人文杂志》2018年第3期。

桑吉扎西：《加强佛教自身建设 共同构建和谐社会——参加中国佛教协会会长扩大会议的三大语系佛教代表访谈录》，《法音》2005年第4期。

山东省宗教局：《积极作为 依法处理 山东日照市处理佛教商业化问题典型案例解析》，《中国宗教》2018年第5期。

上官酒瑞：《政治信任模式的根本分野及演进逻辑》，《理论与改革》
　　2014 年第 1 期。

邵佳德：《近代佛教的世界格局：以晚清首份汉文佛教报纸〈佛门月报〉
　　为例》，《世界宗教研究》2019 年第 6 期。

邵彦敏、侯文鑫、李开：《"数字宗教"的产生、发展及其研究现状》，
　　《世界宗教研究》2023 年第 10 期。

沈阳：《元宇宙的大愿景》，《青年记者》2022 年第 4 期。

石丽：《网络宗教、网络社会与社会治理研究——以 S 市调研为例》，
　　《世界宗教文化》2016 年第 5 期。

石梁：《人工智能时代的宗教变化与治理展望》，《中国宗教》2022 年第
　　1 期。

释明贤：《互联网宗教研究与治理：上层架构、中层策略与落地路径》，
　　《世界宗教文化》2020 年第 6 期。

释演觉：《坚持佛教中国化方向 推动佛教事业健康发展 为实现中华民族
　　伟大复兴的中国梦贡献力量——中国佛教协会第九届理事会工作报
　　告》，《法音》2020 年第 12 期。

苏涛、彭兰：《技术与人文：疫情危机下的数字化生存否思——2020 年
　　新媒体研究述评》，《国际新闻界》2021 年第 1 期。

孙立媛、孟凯、王东波：《基于 CSSCI 的马克思著作对宗教学影响力探
　　究》，《西南民族大学学报（人文社科版）》2019 年第 1 期。

索昕煜：《浅议互联网时代的宗教舆情及其治理》，《中国宗教》2022 年
　　第 1 期。

苏振华、黄外斌：《互联网使用对政治信任与价值观的影响：基于 CGSS
　　数据的实证研究》，《经济社会体制比较》2015 年第 5 期。

唐慧丰、谭松波、程学旗：《基于监督学习的中文情感分类技术比较研
　　究》，《中文信息学报》2007 年第 6 期。

唐名辉：《在线宗教浏览行为的基本特征探索——以长沙市圣经学校教堂
　　为调查点》，《宗教学研究》2009 年第 3 期。

陶金：《互联网＋时代的宗教生活 上海道教科仪的数字化保存》，《中国
　　宗教》2016 年第 4 期。

王国华、汪娟、方付建：《基于案例分析的网络谣言事件政府应对研

究》,《情报杂志》2011 年第 10 期。

王海全:《〈互联网宗教信息服务管理办法〉颁布实施的重大意义及贯彻落实的对策建议》,《世界宗教文化》2022 年第 4 期。

王建平:《电子网络与宗教》,《中国宗教》1998 年第 2 期。

王建平:《电子网络会改变宗教吗?》,《世界宗教研究》1997 年第 4 期。

王开队:《数字人文与区域史研究:以徽学为例》,《江汉论坛》2017 年第 11 期。

王术:《公众如何关注基督教和天主教? ——基于关键词采集技术的大数据分析》,《世界宗教文化》2016 年第 4 期。

王婷、杨文忠:《文本情感分析方法研究综述》,《计算机工程与应用》2021 年第 12 期。

王伟:《互联网时代萨满教的公众关注及存在形态研究》,《世界宗教文化》2016 年第 4 期。

王卫东、金知范、高明畅:《当代韩国社会的宗教特征及其影响:基于韩国综合社会调查 2003—2018》,《世界宗教文化》2022 年第 1 期。

王晓光、谭旭、夏生平:《敦煌智慧数据研究与实践》,《数字人文》2020 年第 4 期。

王晓光、徐雷、李纲:《敦煌壁画数字图像语义描述方法研究》,《中国图书馆学报》2014 年第 1 期。

王晓升:《"公共领域"概念辨析》,《吉林大学社会科学学报》2011 年第 4 期。

王玉鹏:《"数字人文"与天主教学术研究》,《中国天主教》2021 年第 5 期。

王作安:《在汉传佛教祖庭文化国际学术研讨会上的致辞》,《法音》2016 年第 12 期。

魏道儒:《改革开放四十年来的佛教研究(上)》,《中国宗教》2018 年第 8 期。

魏道儒:《改革开放四十年来的佛教研究(下)》,《中国宗教》2018 年第 9 期。

韦欣、向宁:《新冠疫情下互联网宗教舆情治理效能研究——以微博社交媒体数据为例》,《世界宗教研究》2023 年第 11 期。

韦欣、厉行、向宁:《互联网佛教去商业化行动与政府信任——一个基于实证模型的考察》,《世界宗教研究》2020 年第 2 期。

韦欣、向宁:《道术之衡〈道德经〉对人工智能发展趋势的启示》,《中国宗教》2019 年第 10 期。

吴军:《大数据、机器智能和未来社会的图景》,《文化纵横》2015 年第 2 期。

吴俊:《我国宗教学期刊引用网络分析》,《西南民族大学学报》(人文社会科学版)2011 年第 9 期。

吴巍:《以落实〈办法〉为契机 推进全面从严治教》,《中国宗教》2022 年第 7 期。

吴义雄:《互联网上的基督教新教》,《世界宗教文化》2000 年第 2 期。

吴莹、卢雨霞、陈家建、王一鸽:《跟随行动者重组社会——读拉图尔的〈重组社会:行动者网络理论〉》,《社会学研究》2008 年第 2 期。

吴越:《网络的宗教使用和宗教的网络复兴——国外宗教与网络研究综述》,《世界宗教文化》2016 年第 5 期。

习近平:《完整、准确、全面贯彻落实关于做好新时代党的统一战线工作的重要思想》,《求是》2024 年第 2 期。

向德平、陈琦:《社会转型时期群体性事件研究》,《社会科学研究》2003 年第 4 期。

向宁:《中国数字人文宗教研究的转型》,《西南民族大学学报》(人文社会科学版)2023 年第 2 期。

向宁:《对挂寺名景区的涉佛教商业化治理现代化研究》,《世界宗教文化》2022 年第 5 期。

向宁:《宗教学与数字人文研究的新趋势》,《世界宗教文化》2020 年第 6 期。

向宁、韦欣:《互联网佛教去商业化行动对政府执行力感知影响的实证研究》,《世界宗教文化》2019 年第 6 期。

向宁:《佛教互联网舆情观点演化机制的行动者中心模型研究》,《世界宗教文化》2017 年第 5 期。

向宁:《新媒体使用中的"心理诉求错位解决"现象及其解释机制》,《兰州文理学院学报》(社会科学版)2017 年第 3 期。

肖尧中：《试论网络视域中的宗教传播——以佛教网站为例》，《宗教学研究》2008 年第 4 期。

许正林、乔金星：《梵蒂冈网络传播态势》，《世界宗教研究》2011 年第 1 期。

演觉：《规范互联网宗教信息服务 促进佛教健康传承》，《中国宗教》2022 年第 7 期。

杨发明：《学习〈办法〉精神 依法依规做好互联网宗教信息服务》，《中国宗教》2022 年第 7 期。

杨浩：《数字化时代太虚大师研究史料的新发掘 评〈太虚大师新出文献资料辑录·民国报刊编〉》，《中国宗教》2020 年第 2 期。

杨鸣宇：《谁更重要？——政治参与行为和主观绩效对政治信任影响的比较分析》，《公共行政评论》2013 年第 2 期。

杨文法：《积极打造高水平互联网宗教事务智库》，《信息安全与通信保密》2018 年第 3 期。

应星：《草根动员与农民群体利益的表达机制——四个个案的比较研究》，《社会学研究》2007 年第 2 期。

余才忠、熊峰、陈慧芳：《舆情民意与司法公正——网络环境下司法舆情的特点及应对》，《法制与社会》2011 年第 4 期。

于建嵘：《当前我国群体性事件的主要类型及其基本特征》，《中国政法大学学报》2009 年第 11 期。

喻国明、耿晓梦：《元宇宙：媒介化社会的未来生态图景》，《新疆师范大学学报（哲学社会科学版）》2022 年第 3 期。

喻国明、李彪：《2009 年上半年中国舆情报告（下）——基于第三代网络搜索技术的舆情研究》，《山西大学学报》（哲学社会科学版）2010 年第 1 期。

余生吉、吴健、王春雪、俞天秀、胡琢民：《敦煌莫高窟第 45 窟彩塑高保真三维重建方法研究》，《文物保护与考古科学》2021 年第 3 期。

俞天秀、吴健、赵良、丁晓宏、叶青：《"数字敦煌"资源库架构设计与实现》，《敦煌研究》2020 年第 2 期。

乐国安、薛婷、陈浩：《网络集群行为的定义和分类框架初探》，《中国人民公安大学学报》（社会科学版）2010 年第 6 期。

曾蕾、王晓光、范炜：《图档博领域的智慧数据及其在数字人文研究中的角色》，《中国图书馆学报》2018 年第 1 期。

张诚达：《互联网时代道教发展的方向和举措》，《中国宗教》2017 年第 6 期。

张舵、吴跃伟：《国外图书馆支持数字人文的实践及启示》，《图书馆杂志》2014 年第 8 期。

张国产：《藏传佛教活佛查询系统正式上线　首批可查 870 名活佛》，《中国西藏》2016 年第 2 期。

张高澄：《对道教网络化数字化管理体系建设的思考》，《中国宗教》2010 年第 6 期。

张华、张志鹏：《互联网＋时代的宗教新形态》，《世界宗教文化》2016 年第 4 期。

张明新、刘伟：《互联网的政治性使用与我国公众的政治信任——一项经验性研究》，《公共管理学报》2014 年第 1 期。

张荣强：《简纸更替与中国古代基层统治重心的上移》，《中国社会科学》2019 年第 9 期。

张世辉：《民族宗教领域：有待开发和规范的信息宝库——以中国民族宗教网为例》，《世界宗教文化》2013 年第 2 期。

张阳：《数字人文宗教学视阈下的道教问题探析》，《宗教学研究》2023 年第 2 期。

张阳：《浅议互联网传播视域下的当代道教研究》，《中国宗教》2021 年第 3 期。

张耀法、孙雅国、李峰：《杭州市基督教互联网宗教信息服务平台启用》，《天风》2022 年第 10 期。

张卓：《互联网宗教传播实践及其风险治理——以汉传佛教为中心的考察》，《世界宗教文化》2022 年第 2 期。

赵冰：《国内宗教群体网络动员行为分析——基于基督教的调研》，《科学与无神论》2020 年第 1 期。

赵冰：《互联网传播环境下的"基督教中国化"论析》，《世界宗教文化》2018 年第 1 期。

赵冰：《"四全媒体"与"神圣网络"：当代西方基督教会"网络传教"

行为分析》,《世界宗教文化》2016 年第 4 期。

赵冰:《"网上宗教"现象在中国的现状、特征与影响》,《世界宗教文化》2015 年第 1 期。

赵冰:《中国宗教互联网状况简析》,《理论界》2010 年第 4 期

赵国军:《中国穆斯林网络传媒的兴起与现状》,《甘肃社会科学》2010 年第 5 期。

赵洪涌、朱霖河:《社交网络中谣言传播动力学研究》,《南京航空航天大学学报》2015 年第 3 期。

赵娜:《佛教历史上的"法海"》,《法音》2021 年第 7 期。

赵沁平:《虚拟现实综述》,《中国科学(F 辑:信息科学)》2009 年第 1 期。

赵汀阳:《人工智能提出了什么哲学问题?》,《文化纵横》2020 年第 1 期。

赵薇:《数字时代人文学研究的变革与超越——数字人文在中国》,《探索与争鸣》2021 年第 6 期。

郑筱筠:《数字化时代"信息茧房"风险与互联网宗教治理》,《世界宗教文化》2023 年第 1 期。

郑筱筠:《关于全球风险时代的宗教治理之思考》,《中国宗教》2020 年第 5 期。

郑筱筠:《关于在国家治理体系现代化进程中的宗教治理体系建设之思考》,《世界宗教研究》2019 年第 5 期。

郑筱筠:《"一带一路"沿线国家民族宗教热点问题研究》,《思想战线》2019 年第 6 期。

郑筱筠:《互联网宗教与人类命运共同体》,《世界宗教文化》2018 年第 1 期。

郑筱筠:《全方位开展互联网宗教研究》,《中国宗教》2016 年第 7 期。

郑筱筠:《试论南传佛教的区位优势及其战略支点作用》,《世界宗教文化》2016 年第 2 期。

周齐:《维护佛教优良文化蕴涵 抵制借佛敛财及商业化》,《世界宗教文化》2018 年第 3 期。

周涛、高馨、罗家德:《社会计算驱动的社会科学研究方法》,《社会学

研究》2022 年第 5 期。

周艳:《涉宗教网络舆情的基本特征、生成规律与化解思路 以处理南京
　　玄奘寺事件为例》,《中国宗教》2023 年第 7 期。

朱本军、聂华:《跨界与融合:全球视野下的数字人文——首届北京大学
　　"数字人文论坛"会议综述》,《大学图书馆学报》2016 年第 5 期。

朱慧劼:《时政亲和、媒介使用与网络青年的政治信任》,《北京青年研
　　究》2017 年第 2 期。

朱瑞:《总体国家安全观视域下互联网宗教的法律治理——以〈互联网
　　宗教信息服务管理办法〉为中心》,《世界宗教文化》,2023 年第
　　5 期。

庄福振、罗平、何清、史忠植:《迁移学习研究进展》,《软件学报》
　　2015 年第 1 期。

(二) 专著

陈力丹:《舆论学——舆论导向研究》,上海交通大学出版社,2021。

段琦:《奋进的历程——中国基督教的本色化》,商务印书馆,2017。

方文:《文化自觉之心》,中国人民大学出版社,2022。

方文:《学科制度和社会认同》,中国人民大学出版社,2008。

太虚:《中国佛教特质在禅》,东方出版社,2016。

王皓月:《析经求真:陆修静与灵宝经关系新探》,中华书局,2017。

魏道儒等《世界佛教通史》(第四卷),中国社会科学出版社,2015。

吴军:《计算之魂》,人民邮电出版社,2022。

夏德美:《世界佛教通史》(第十四卷),中国社会科学出版社,2015。

玄奘述,辩机撰《大唐西域记》,广西师范大学出版社,2007。

姚东旻:《因果推断初步:微观计量经济学导论》,清华大学出版社,
　　2022。

周裕琼:《当代中国社会的网络谣言研究》,商务印书馆,2012。

(三) 编著

方兴东、熊剑主编《网络舆情蓝皮书 (2013 – 2014)》,电子工业出版
　　社,2015。

胡泳、王俊秀主编《连接之后:公共空间重建与权力再分配》,人民邮

电出版社，2017。

金泽、邱永辉主编《中国宗教报告（2009）》，社会科学文献出版社，2009。

李子奈、史代敏主编《现代经济学大典（计量经济学分册）》，经济科学出版社，2016。

刘石、孙茂松、顾青主编《数字人文（创刊号）》，中华书局，2020。

刘石、孙茂松、顾青主编《数字人文（第2期）》，中华书局，2020。

刘石、孙茂松、顾青主编《数字人文（第3期）》，中华书局，2020。

刘石、孙茂松、顾青主编《数字人文（第4期）》，中华书局，2020。

刘石、孙茂松、周绚隆主编《数字人文（2021年第1期）》，中华书局，2021。

刘石、孙茂松、周绚隆主编《数字人文（2021年第2期）》，中华书局，2021。

刘石、孙茂松、周绚隆主编《数字人文（2021年第3期）》，中华书局，2021。

刘石、孙茂松、周绚隆主编《数字人文（2021年第4期）》，中华书局，2021。

刘晓华等编著《UML基础及Visio建模》，电子工业出版社，2004。

罗晓沛等主编《系统分析师教程》，清华大学出版社，2005。

罗昕、支庭荣主编：《互联网治理蓝皮书 中国网络社会治理研究报告（2020~2021）》，社会科学文献出版社，2022。

吕大吉主编《宗教学纲要》，高等教育出版社，2019。

邱永辉主编《中国宗教报告（2017~2018）》，社会科学文献出版社，2020。

唐朔飞编著《计算机组成原理》，高等教育出版社，2008。

唐绪军主编《中国新媒体发展报告（2013）》，社会科学文献出版社，2013。

王颂主编，刘泳斯、张雪松、纪赟整理《太虚大师新出文献资料辑录·民国报刊编》，宗教文化出版社，2019。

熊坤新主编《世界民族宗教热点问题年度追踪报告（2005—2014）》，民族出版社，2018。

杨兴坤、周玉娇编著《网络舆情管理：检测、预警与引导》，知识产权
　　出版社，2019。

喻国明、李彪主编《中国社会舆情年度报告（2020）》，人民日报出版
　　社，2020。

曾润喜、张薇主编《网络舆情学》，科学技术文献出版社，2017。

郑筱筠、向宁主编《数字化时代的"互联网＋"宗教研究》，中国社会
　　科学出版社，2023。

周蔚华、徐发波主编《网络舆情概论》，中国人民大学出版社，2016。

（四）译著

〔美〕Bruce Eckel：《Java 编程思想》，陈昊鹏译，机械工业出版
　　社，2019。

〔美〕阿莱克斯·彭特兰：《智慧社会：大数据与社会物理学》，汪小帆、
　　汪容译，浙江人民出版社，2015。

〔美〕巴拉赫等《UML 面向对象建模与设计》，车皓阳、杨眉译，人民邮
　　电出版社，2011。

〔美〕弗郎西斯·福山：《信任：社会美德与创造经济繁荣》，郭华译，
　　广西师范大学出版社，2016。

〔法〕E. 迪尔凯姆：《社会学方法的准则》，狄玉明译，商务印书
　　馆，2013。

〔美〕罗森伯格等《UML 用例驱动对象建模：一种实践方法》，徐海、周
　　靖、陈华伟译，清华大学出版社，2003。

〔美〕马丁等《敏捷软件开发：原则、模式与实践》，邓辉等译，人民邮
　　电出版社，2013。

〔潘〕迈克尔·A·豪格、〔英〕多米尼克·阿布拉姆斯：《社会认同过
　　程》，高明华译，中国人民大学出版社，2011。

〔加拿大〕马歇尔·麦克卢汉：《理解媒介：论人的延伸》，何道宽译，
　　译林出版社，2015。

〔美〕尼古拉·尼葛洛庞帝：《数字化生存》，胡泳、范海燕译，电子工
　　业出版社，2017。

〔英〕奈杰尔·吉尔伯特：《基于行动者的模型》，盛智明译，上海人民
　　出版社，2012。

〔美〕潘德：《UML宝典》，耿国桐等译，电子工业出版社，2004。

〔美〕乔治等《面向对象系统分析与设计》，龚晓庆等译，清华大学出版社，2008。

〔美〕史蒂芬·卢奇、丹尼·科佩克：《人工智能（第2版）》，林赐译，人民邮电出版社，2020。

〔澳〕特纳等《自我归类论》，杨宜音等译，中国人民大学出版社，2011。

〔比利时〕威廉·杜瓦斯：《社会心理学的解释水平》，赵蜜等译，中国人民大学出版社，2011。

〔美〕韦森菲尔德：《面向对象的思考过程》，杨会珍等译，中国水利水电出版社，2004。

杨庆堃：《中国社会中的宗教》，范丽珠译，四川人民出版社，2020。

〔美〕赵志裕、康萤仪：《文化社会心理学》，刘爽译，中国人民大学出版社，2011。

（五）析出文献

陈浩：《中国社会情绪的脉搏：网络集群情绪的测量与应用》，胡泳、王俊秀主编《连接之后：公共空间重建与权力再分配》，人民邮电出版社，2017。

郭硕知：《宗教心理学研究领域的可视化分析——基于Web of Science数据库的CiteSpace的研究》，梁恒豪主编《宗教心理学（第六辑）》，社会科学文献出版社，2021。

李峰：《宗教信仰与政治信任：基于世界价值观调查中中国数据的分析》，李灵、李向平主编《基督教与社会公共领域》，上海人民出版社，2012。

向宁：《2017年度当代宗教学科发展研究综述》，郑筱筠主编《中国宗教研究年鉴（2017）》，北京：中国社会科学出版社，2022。

向宁：《当代宗教研究（2009–2018）》，卓新平主编《中国宗教学40年（1978–2018）》，北京：中国社会科学出版社，2019。

周齐：《2013年中国佛教发展形势及其热点事件评析报告》，邱永辉主编《中国宗教报告（2014）》，社会科学文献出版社，2015。

（六）报纸

方广锠：《数字化：开创古籍整理新局面》，《中国社会科学报》2015 年 11 月 10 日。

李华伟：《互联网宗教的特点及传播规律》，《中国社会科学报》2016 年 6 月 7 日。

默生：《"中国宗教研究数据库建设（1850—1949）"开题》，《社科院专刊》2017 年 3 月 24 日。

沈阳、向安玲：《把元宇宙同科幻和泡沫区分开》，《环球时报》2021 年 11 月 30 日。

王超文：《互联网宗教的娱乐化商业化问题应予反思》，《中国民族报》2018 年 10 月 16 日。

杨晓波等《标本兼治促进佛教道教健康发展》，《光明日报》2018 年 7 月 12 日第 15 版。

（七）电子文献

《12377 盘点 4 月份十大网络谣言》，《中国信息安全》2017 年 5 月（谣言 5）。

《2018 年爱德曼信任度调查中国报告正式发布》，https：//www. edelman. cn/research/2018 – edelman-trust-barometer. （阅读时间：2018 年 12 月）。

《法海你不懂爱，民法总则学起来!》，https：//v. qq. com/x/page/k0384 wuohbw. html（阅读时间：2017 年 10 月）。

《开放·融合·创新·共享 ——〈数字人文〉创刊仪式暨工作坊在清华大学举行》，清华大学人文社科图书馆网站 http：//hs. lib. tsinghua. edu. cn/content/1602. （阅读时间：2020 年 10 月）。

《"数字宗教学与智库发展论坛"在我校举行》，https：//www. scu. edu. cn/info/1207/17595. htm（阅读时间：2020 年 12 月）。

《"数字宗教学与智库发展论坛 2021"在四川大学召开》，https：//www. scu. edu. cn/info/1207/20908. htm（阅读时间：2021 年 12 月）。

《网络电影〈天蓬元帅之大闹天宫〉制片公司和发布平台优酷向道教界致歉》，https：//www. daoisms. org/article/sort028/info – 37022. html（阅读时间：2018 年 8 月 30 日）。

chan：《【辟谣】"五行币"邪教组织剃光头举办婚礼混淆视听，实与佛教无关!》，https：//mp. weixin. qq. com/s? src = 3&timestamp = 16597710 48&ver = 1&signature = DmIQd3esaq5EJVktSYff49ND0XUk3ySr OcF5vn ∗ Ce0X‐77c4CGrHpMGHJbhhkTAt5rBVKgIMUMuuQ‐7scJ1xmzjML8XelU0 dmBWXAGtTeAZGEJRJLNuKs3IS7IQkpa0HTPNn ∗ jB3sXVfmcVB1nHJaj8 jweeIVZGbiW1iNdPwWkM =. （阅读时间：2017 年 4 月）。

禅林网：《辱佛（道）谤僧历年道歉清单》，https：//www. sohu. com/a/ 243478654_ 466973 （阅读时间：2018 年 11 月）。

道教数位博物馆，http：//dao. crs. cuhk. edu. hk/digitalmuseum/CH/ （阅读时间：2022 年 9 月）。

丹珍旺姆：《格力空调迅速处理戏谑佛教广告赢得佛教徒喝彩》，https：// fo. ifeng. com/news/detail_ 2013_ 03/07/22833597_ 0. shtml. （阅读时间：2013 年 3 月）。

丹珍旺姆：《"法海事件"良效突显 中移动撤销戏谑佛教广告》，https：// fo. ifeng. com/news/detail_ 2013_ 04/01/23741406_ 0. shtml. （阅读时间：2013 年 4 月）。

凤凰网佛教：《收 17 万造"和尚船震"案宣判：获刑四年罚 15 万》，ht‐ tps：//fo. ifeng. com/a/20141119/40873048_ 0. shtml. （阅读时间：2014 年 11 月）。

凤凰网佛教：《知名网络写手水木然被刑拘：造谣莆田人承包 90% 寺庙》，https：//fo. ifeng. com/a/20160522/41611588_0. shtml. （阅读时间：2016 年 5 月）。

凤凰网华人佛教：原创《问道》节目特辑（1）《别拿信仰开玩笑 不是道歉那点事》，https：//fo. ifeng. com/special/wendaotj1/ （阅读时间：2013 年 3 月 15 日）。

凤凰网华人佛教：原创《问道》节目特辑（2）《别拿信仰开玩笑 敢发声说话是历史的进步》，https：//fo. ifeng. com/special/ganfashengsjb/ （阅读时间：2013 年 3 月 18 日）。

凤凰网华人佛教综合：《法海事件始末》，https：//fo. ifeng. com/special/ wendaotj1/xinuezs/detail_2013_03/07/22841972_0. shtml （阅读时间：2013 年 3 月 10 日）。

凤凰网华人佛教综合：《"和尚船震"真相大白 抹黑佛教网友要索赔》，https://fo. ifeng. com/news/detail_2014_08/14/38189442_0. shtml. （阅读时间：2014 年 8 月 20 日）。

环球时报：《俄媒：俄准备启用本国互联网》，2022 年 3 月 2 日，https://world. huanqiu. com/article/471U8axR0MX. （阅读时间：2022 年 3 月 3 日）。

环球网：《苏州寒山寺"高薪招聘尼姑"寺院辟谣：不收女僧》，https://china. huanqiu. com/article/9CaKrnJIJkM. （阅读时间：2015 年 4 月）。

极目新闻：《网传"五台山一女尼结婚，众师姐妹来参加婚礼"？假消息》，https://www. 163. com/dy/article/HD6MJ9VP053469LG. html. （阅读时间：2022 年 7 月）。

明贤：《佛教中国化数字文献新成果：〈禅宗六祖师集〉正式出版发行》，https://mp. weixin. qq. com/s/X－9mbTgwacy72LVT1KrhUA （阅读时间：2022 年 10 月）。

妙传：《维他奶就戏谑包装道歉 解决冲突需制度保障》，https://fo. ifeng. com/news/detail_2013_03/21/23348331_0. shtml. （阅读时间：2013 年 3 月）。

南方都市报：《保住有僧人的兴教寺 没和尚的寺庙是荒唐》，http://bodhi. takungpao. com/topnews/2013－04/1548315. html （阅读时间，2013 年 4 月）。

南方法治报：《网上疯传的"五台山尼姑结婚"视频真相……》，https://www. sohu. com/a/133499409_117916. （阅读时间：2017 年 5 月）。

人民网：《5000 元一枚五行币 1 年后至少价值 400 万元？别再被骗》，http://finance. people. com. cn/n1/2017/0409/c1004－29197467. html. （阅读时间：2017 年 4 月）。

人民网：《千年古寺内，"功德箱"鱼目混珠竟成上市公司"小金库"》，http://finance. people. com. cn/n/2014/1218/c1004－26231075. html. （阅读时间：2014 年 12 月 18 日）。

水木然：《比承包医院更黑：莆田人承包了中国 90% 的寺庙！》，https://www. sohu. com/a/73157421_405468. （阅读时间：2016 年 5 月）。

新华社：《全国宗教工作会议在京召开 习近平讲话 李克强主持》，http://

www. gov. cn/xinwen/2016 - 04/23/content_ 5067281. htm （阅读时间：
2016 年 4 月）。

新华社：《习近平：决胜全面建成小康社会 夺取新时代中国特色社会主
义伟大胜利——在中国共产党第十九次全国代表大会上的报告》，
http://www. gov. cn/zhuanti/2017 - 10/27/content_ 5234876. htm （阅
读时间：2017 年 10 月）。

央视网：《中国佛协：呼吁严肃查处“假僧人”事件》，http://news.
cntv. cn/20120410/117086. shtml. （阅读时间：2012 年 4 月）。

央视网：《〈焦点访谈〉：五行币到底是什么》，http://m. news. cctv. com/
2017/04/08/ARTIsHGKCSIrVXyyjEtWgxFY170408. shtml. （阅读时间：
2017 年 4 月）。

中国道教协会：《关于抖音账号“中国道教协会”非我会抖音账号的声
明》，https://mp. weixin. qq. com/s/ - Jx9umHejopV0JW0IFnD6A （阅
读时间：2022 年 10 月 12 日）。

中国佛教协会：《关于网络招聘和尚等不实信息的声明》，https://www.
chinabuddhism. com. cn/e/action/ShowInfo. php? classid = 506&id =
40374. （阅读时间：2019 年 4 月）。

中国佛教协会：《抹黑佛教的用意何在?》，https://www. chinabuddhism.
com. cn/xw1/hwzx/2017 - 08 - 03/19350. html. （阅读时间：2016 年
5 月）。

中国佛教协会：《中国佛教协会回应假僧人事件吁严处还佛门清净》，ht-
tps://www. chinabuddhism. com. cn/xw1/hwzx/2017 - 08 - 03/18791.
html. （阅读时间：2012 年 4 月）。

中国互联网络信息中心（CNNIC）：《第 48 次〈中国互联网络发展状况
统计报告〉》，http://www. cnnic. net. cn/hlwfzyj/hlwxzbg/hlwtjbg/
202109/P020210915523670981527. pdf. （阅读时间：2021 年 10 月）。

中国互联网络信息中心（CNNIC）：《第 49 次〈中国互联网络发展状况
统计报告〉》，http://www. cnnic. net. cn/hlwfzyj/hlwxzbg/hlwtjbg/
202202/P020220721404263787858. pdf. （阅读时间：2022 年 9 月）。

中国互联网络信息中心（CNNIC）：《第 53 次〈中国互联网络发展状况
统计报告〉》，https://wwwwww. cnnic. net. cn/NMediaFile/2024/0325/

MAIN1711355296414FIQ9XKZV63. pdf. （阅读时间：2024 年 3 月）。

赵薇：《数字人文在中国（1980 – 2020）——一个人文视角的回顾与观察》。https：//mp. weixin. qq. com/s/SPTqfV8YB17wer0IlNTiGg. （阅读时间：2022 年 3 月）。

中外法制网：《2016 年终盘点：中国佛教年度二十大网络热点》，http：//zwfz. net/news/shehui/zongjiao/61063_2. html. （阅读时间：2017 年 2 月）。

中央广播电视总台央视新闻：《习近平在全国宗教工作会议上强调 坚持我国宗教中国化方向 积极引导宗教与社会主义社会相适应》，http：//news. cnr. cn/native/gd/20211204/t20211204 _ 525678651. shtml. （阅读时间：2021 年 12 月 5 日）。

中央统战部宗教研究中心：《世界宗教形势研讨会征文启事》，https：// www. sara. gov. cn/xzxk/344352. jhtml （阅读时间：2020 年 10 月）。

中央统战部宗教研究中心：《2021 年国内、国际宗教形势研讨会征稿启事》，https：//mp. weixin. qq. com/s/XanKO9gXCh42SeadR2nVYg （阅读时间：2021 年 11 月）。

中央统战部宗教研究中心：《国家宗教事务局 2022 年度招标科研项目申报公告》，https：//www. sara. gov. cn/xzxk/368653. jhtml （阅读时间：2022 年 3 月）。

二 英文文献

（一）期刊

Altaweel, M. , Sallach, D. , & Macal, C. (2013), Mobilizing for Change: Simulating Political Movements in Armed Conflicts, *Social Science Computer Review*, 31 (2).

Anderson, P. W. (1972), More Is Different: Broken Symmetry and the Nature of the Hierarchical Structure of Science, *Science*, 177 (4047).

Axelrod, R. , & Hamilton, W. D. (1981), The Evolution of Cooperation, *Science*, 211 (4489).

Axelrod, R. , & Tesfatsion, L. (2006), Appendix AA Guide for Newcomers to Agent-based Modeling in the Social Science, *Handbook of Computational Economics*, 2.

Bonabeau, E. (2002), Agent-based Modeling: Methods and Techniques for Simulating Human Systems, *Proceedings of the National Academy of Sciences*, 99 (3).

Cederman, L. E. (2005), Computational Models of Social Forms: Advancing Generative Process Theory, *American Journal of Sociology*, 110 (4).

Citrin, J. (1974), Comment: the Political Relevance of Trust in Government, *American Political Science Review*, 68 (3).

Dean, J. S., Gumerman, G. J., Epstein, J. M., Axtell, R. L., Swedlund, A. C., Parker, M. T., & McCarroll, S. (2000), Understanding Anasazi Culture Change through Agent-based Modeling, *Dynamics in Human and Primate Societies: Agent-based Modeling of Social and Spatial Processes*.

Doreian, P. (2001), Causality in Social Network Analysis, *Sociological Methods & Research*, 30 (1).

Duggan, F., & Banwell, L. (2004), Constructing a Model of Effective Information Dissemination in a Crisis, *Information Research*, 9 (3).

Emmons, R. A., & Paloutzian, R. F. (2003), The Psychology of Religion, *Annual Review of Psychology*, 54 (1).

Epstein, J. M. (2002), Modeling Civil Violence: An Agent-based Computational Approach, *Proceedings of the National Academy of Sciences*, 99 (3).

Epstein, J. M. (1999), Agent-based Computational Models and Generative Social Science, *Complexity*, 4 (5).

Gilbert, N., & Terna, P. (2000), How to Build and Use Agent-based Models in Social Science, *Mind & Society*, 1 (1).

Grimm, Volker, et al. (2005), Pattern-oriented Modeling of Agent-based Complex Systems: Lessons From Ecology, *Science*, 310 (5750).

Halpin, B. (1999), Simulation in Sociology, *American Behavioral Scientist*, 42 (10).

Hanneman, R., & Patrick, S. (1997), On the Uses of Computer-assisted Simulation Modeling in the Social Sciences, *Sociological Research Online*, 2 (2).

Helliwell, J. F. (2003), How's Life? Combining Individual and National Variables to Explain Subjective Well-Being, *Economic Modelling*, 20 （2）.

Heppenstall, A. , Evans, A. , & Birkin, M. （2006）, Using Hybrid Agent-based Systems to Model Spatially-influenced Retail Markets, *Journal of Artificial Societies and Social Simulation*, 9 （3）.

Heppenstall, A. J. , Evans, A. J. , & Birkin, M. H. （2007）, Genetic Algorithm Optimisation of An Agent-based Model for Simulating a Retail Market, *Environment and Planning B: Planning and Design*, 34 （6）.

Hetherington, M. J. （1998）, The Political Relevance of Political Trust, *American Political Science Review*, 92 （4）.

Hummon, N. P. , & Doreian, P. （1990）, Computational Methods for Social Network Analysis, *Social Networks*, 12 （4）.

Inchiosa, M. E. , & Parker, M. T. （2002）, Overcoming Design and Development Challenges in Agent-based Modeling Using ASCAPE, *Proceedings of the National Academy of Sciences*, 99 （3）.

Johns, M. , Schmader, T. , & Martens, A. （2005）, Knowing Is Half the Battle: Teaching Stereotype Threat as a Means of Improving Women's Math Performance, *Psychological Science*, 16 （3）.

Klügl, F. , & Bazzan, A. L. （2012）, Agent-based Modeling and Simulation, *AI Magazine*, 33 （3）.

Lazer, D. , et al. （2009）, Computational Social Science, *Science*, 323 （5915）.

Malleson, N. , Heppenstall, A. , & See, L. （2010）, Crime Reduction Through Simulation: An Agent-based Model of Burglary, *Computers, Environment and Urban Systems*, 34 （3）.

Macy, M. W. , & Willer, R. （2002）, From Factors to Actors: Computational Sociology and Agent-based Modeling, *Annual Review of Sociology*, 28 （1）.

Ming, X. （2012）. E-Participation in Government Decision-Making in China, Vienna: Institute of Technology Assessment （ITA）.

Nielbo, K. L. , et al. （2012）, Computing Religion: A New Tool in the Multilevel Analysis of Religion, *Method & Theory in the Study of Religion*, 24 （3）.

Nowak, A. (2004), Dynamical Minimalism: Why Less is More in Psychology, *Personality and Social Psychology Review*, 8 (2).

Nowak, A., De Raad, W., & Borkowski, W. (2012), Culture Change: The Perspective of Dynamical Minimalism, *Advances in Culture and Psychology*, 2.

Nowak, A., & Sigmund, K. (1998), Evolution of Indirect Reciprocity by Image Scoring, *Nature*, 393 (6685).

Ostrom, E. (2000), Collective Action and the Evolution of Social Norms, *Journal of Economic Perspectives*, 14 (3).

Robert M. Geraci. (2006), Spiritual Robots: Religion and Our Scientific View of the Natural World, *Theology and Science*, 4 (3).

Sawyer, R. K. (2003), Artificial Societies: Multiagent Systems and the Micro-macro Link in Sociological Theory, *Sociological Methods & Research*, 31 (3).

Schelling, T. C. (1971), Dynamic Models of Segregation, *Journal of Mathematical Sociology*, 1 (2).

Smith, E. R., & Conrey, F. R. (2007), Agent-based Modeling: A New approach for Theory Building in Social Psychology, *Personality and Social Psychology Review*, 11 (1).

Uslaner, E. M., & Brown, M. (2005), Inequality, Trust, and Civic Engagement, *American Politics Research*, 33 (6).

Xu, S., & Campbell, H. A. (2021), The Internet Usage of Religious Organizations in Mainland China: Case Analysis of the Buddhist Association of China, *Human Behavior and Emerging Technologies*, 3 (2).

Xu S, Campbell H A. (2018), Surveying Digital Religion in China: Characteristics of Religion on the Internet in Mainland China, *The Communication Review*, 21 (4).

（二）专著

Chomsky, N. (2014), *The Minimalist Program*, Cambridge: MIT Press.

Epstein, J. M. (2006), *Generative Social Science: Studies in Agent-based Computational Modeling*, Princeton: Princeton University Press.

Gilbert, G. N. , & Troitzsch, K. G. (1999), *Simulation for the Social Scientist*, *Maidenhead*: *Open University Press*.

Norris, P. (2000), *A Virtuous Circle*: *Political Communications in Postindustrial Societies*, Cambridge: Cambridge University Press.

（三）编著

Sichman, J. S. , Conte, R. , & Gilbert, N. (Eds.). (2005), *Multi-agent Systems and Agent-based Simulation*: *First International Workshop*, MABS´ 98, Paris, France, July 4 - 6, 1998, Proceedings. Springer.

（四）会议论文

Borshchev, A. , & Filippov, A. (2004), From System Dynamics and Discrete Event to Practical Agent Based Modeling: Reasons, Techniques, Tools. in Proceedings of the 22nd International Conference of the System Dynamics Society, 22.

Liu, D. , Chen, X. (2011), Rumor Propagation in Online Social Networks Like Twitter-A Simulation Study. 2011 Third International Conference on Multimedia Information Networking and Security (MINES), IEEE.

Serrano, E. , et al. (2015), A Novel Agent-based Rumor Spreading Model in Twitter. Proceedings of the 24th International Conference on World Wide Web.

Odell, J. , Nodine, M. , & Levy, R. (2004), A Metamodel for Agents, Roles, and Groups. in International Workshop on Agent-Oriented Software Engineering. Berlin, Heidelberg: Springer Berlin Heidelberg.

Kennedy, W. G. (2011), Modelling Human Behavior in Agent-based Models. in Agent-based Models of Geographical Systems. Springer Netherlands.

Macal, C. M. , & North, M. J. (2005), Tutorial on Agent-based Modeling and Simulation. in Proceedings of the Winter Simulation Conference. IEEE.

（五）电子文献

Nature. (2015), 525 (7569), https://www. nature. com/nature/volumes/ 525/issues/7569. （阅读时间：2015 年 12 月）。

Netlogo. (2016), http://ccl. northwestern. edu/netlogo/. （阅读时间：2016 年 12 月）。